本书由中央高校基本科研业务费平台培育项目资助
（项目名称：转变中的媒介生态与认知；项目编号：2018CDJSK06PT20）

新媒体与社会变革丛书

转变中的媒介生态与认知

MEDIA ECOLOGY AND
PERCEPTION IN TRANSITION

余志为 ◎ 著

中国传媒大学出版社

·北京·

前　言

　　新兴电子媒介给全球媒介生态带来了重大影响,这些媒介正使麦克卢汉"全球村"的预言变为现实。新技术使媒介生态圈中出现一种新的趋势:媒介融合。媒介融合带来了一系列效应:经济、政治和文化等的融合。出于不同角度的思考,学界及业界对媒介融合持两种截然相反的态度:恐慌和兴奋。迄今为止,学者都认为融合的未来还无法预测,它没有一个完整的解决方案和日期,它是一个演变过程。

　　为什么麦克卢汉说媒介的出现和影响"处于我们的意识之外"？为什么说"雅典本身比它构想的任何大学都更为完美"？为什么中国成为新技术应用的先锋地带？为什么中国人能够更快更灵活地接受变化的媒介环境？在中国新兴媒介环境下,这些问题值得我们重新思考。

　　歌唱竞赛真人秀节目《美国偶像》在北美取得了巨大的成功,进而将这种传播和成功扩散到全球,《美国偶像》的中国版本《超级女声》也在2005年的中国引起轰动,中美两个版本都创造了无可比拟的收视奇迹和商业效益,编织了一幅新奇而壮观的媒介融合的情景。多种电子媒介的新环境通过《超级女声》节目引爆新兴媒介和用户参与的巨大潜能,并由此带来某种文化转变的预示性。本书从转变中的媒介环境及其认知的角度对《美国偶像》节目现象进行考察,分析媒介融合发展趋势,进而观察二者的媒介策略和用户参与的行为倾向,分析其与中西方认知和思维模式的关联所在。《美国偶像》节目现象的共时交互和异步交互带来媒介及文化融合的新秩序。《超级女声》方面,手机短信在投票参与的即时交互中与用户的情绪生成相辅相成,共同作用于深度卷入。"超女贴吧"的繁荣给网络参与文化铺路,并成为"集体智慧"文化模式生成的积极促进因素。《美国偶像》一边,大众投票方式和行为仍然体现出规则的稳定性与相对的理性。深度参与使个人化的单一媒介使用转向全方位的媒介参与行为。《美国偶像》节目现象表明,无论是在中国还是北美,媒介的"自我意识"先于人们的控制和意识。

"冷媒介"是麦克卢汉提出的一种媒介划分论,用以界定电子媒介之于人类媒介认知特性。媒介生态正处于转变阶段,曾引发争议的"冷媒介"在网络时代看来不再像电视出现初期那样难于理解。

麦克卢汉从温度的隐喻来界定媒介的属性,实际上是为了区分不同媒介对人的感知体系的不同影响,由此来理解不同媒介的不同语法。麦克卢汉"冷媒介"理论更多的是一种工具,一种方法。应用于不同的媒介环境、不同的文化背景会有不同的判断。媒介生态正在发生根本性的改变,电视时代开启的整体感知时代到互联网时代已经获得了新的契机。从认知的视角,"冷""热"媒介的内涵所指是什么,新媒体以何种方式作用于人的认知,它们在中国媒介发展语境中与在西方语境中有什么不同,这些都是值得我们深究的问题。

本书将以"冷媒介"的视角简单探讨中国媒介发展史,探讨"参与"和"互动"两个核心概念,结合当前的新兴电子媒体环境,以社交媒体和视频媒体二者为考察对象,分析新媒体的参与和互动特性,挖掘它们作为最"冷"的"冷媒介"的认知内涵。讨论从传统电子媒体到新兴电子媒体的媒介转变,其中重点分析电视的转变和微博的认知意义。

目前国内的研究多流于麦克卢汉"冷媒介"理论的表面,而且在仅有的文献中也存在对这一理论的误读,同时缺少从认知的角度对中国媒介环境做深入考察的文献。本书将考察电子媒介在不同文化环境里的不同效应。麦克卢汉认为,一种媒介放到"冷文化"与"热文化"里的效应有所不同。本书运用"冷媒介"理论分析新媒体环境特征及其认知效应,并将其置于中国媒介发展史的线索中,考察其与中国传统的认知方式是否以某种形式对接或者转型。

在另一个比较的纬度上,中西认知思维方式与"大脑单侧化"的感知偏好关联密切。《超级女声》节目的跨文化表现体现了作为右脑思维主导的中国文化的"整体感知"和"关联思维"。中国传统文化中的"超链接"式思维在电子媒介融合时代悄然对接,将在中国产生双重效应:深度卷入使得情绪和直觉得到绝对显性放大,当它成为一种景观,就成为一种文化幻觉。同时,人们的深度卷入又可能通过合作和交互形成一个理性建构的平台。在西方,新兴电子媒介则促进了以左脑思维主导的西方文化中"整体感知"的恢复。在"工具理性"和"科学主义"的文化语境下,融合中的媒介为从逻各斯向秘索斯回归的感知平衡提供了契机。

转变中的媒介生态是一种新的媒介形式和秩序。这种秩序由电子技术铺设,由用户参与创造,这种秩序的核心含义是:媒介形式已经成为内容,并以形塑我们的行为方式进入潜意识系统并将再次内化为人们的行为和思维模式。同时,在历史的坐标上,新的媒介生态在文化的意义上标志着中西方认知方式正在走向对方,寻求一个理性与感性相平衡的支点,而这个支点很有可能就是雅克·巴尔赞意义上的浪漫主义的文化结构:一种"灵与智的结合"的审美和感知倾向。于西方而言,电子媒介的整体感知可能是走向感性平衡的方式;于中国而论,电子媒介或可成为其走向理性平衡的路径。

本书的总体理论框架为麦克卢汉"媒介形塑我们"的媒介心理学哲学理论。作为对麦克卢汉"全球村"媒介生态研究的继续研究和发展,"媒介融合"理论也作为描述与定位多媒介生态的概念在书中被加以考察。本书重点分析了转变中的媒介生态对人类认知方式的影响,分析了新媒介在不同的文化语境中所带来的文化效应;在吸收麦克卢汉媒介思想的基础上,结合中国传统文化理论资源,围绕媒介融合、新媒介作为"冷媒介"、社交和视频媒体、脑认知偏倾与中西思维、大数据等议题展开具体讨论,以期全面理解当前中国媒介生态现实,为中西方跨文化媒介研究提供参考。

CONTENTS 目录

导 论 …………………………………………………… 1

第一章 转变中的媒介 …………………………………… 8
- 第一节 转变中的媒介生态:媒介融合 / 11
- 第二节 媒介融合的创新内涵 / 15
- 第三节 一个演变过程 / 20
- 第四节 "自我意识"媒介:媒介本质论 / 26

第二章 新媒体:最"冷"的"冷媒介" …………………… 32
- 第一节 何为新媒体? / 32
- 第二节 麦克卢汉"冷媒介"论 / 40
- 第三节 最冷的"冷媒介" / 51
- 第四节 "冷"眼看中国媒体环境 / 60

第三章　社交媒体 …………………………………… 68
   第一节　微博　/ 69
   第二节　微博的认知效应　/ 80

第四章　视频媒体 …………………………………… 91
   第一节　电视的转变　/ 91
   第二节　网络视频媒体　/ 102

第五章　电视2.0时代的"偶像"现象媒介生态 ………… 111
   第一节　"偶像"现象　/ 111
   第二节　电视媒体与媒介融合　/ 129

第六章　媒介形式与认知 …………………………… 150
   第一节　速度问题：改变的时空结构　/ 150
   第二节　"脑认知偏倾"与中西文化　/ 156
   第三节　转变中的媒介生态对认知的影响　/ 162
   第四节　中西媒介文化语境及效应　/ 170

第七章　新媒体认知方法与路径探索 ……………… 177
   第一节　大数据方法与中国哲学思维的关系及其影响　/ 178
   第二节　《易经》与大数据：对两个预测系统思维与算法的
   　　　　对比研究　/ 191

结　语 ………………………………………………… 205

参考文献 ……………………………………………… 212

导　论

全球媒介生态正在发生重大改变,麦克卢汉"全球村"的预言已经成为现实。新兴电子技术带来一种新的媒介生态发展趋势:媒介融合。在美国,以麻省理工学院的媒介研究中心为代表的媒介研究机构正在与商界共同研究如何在媒介及文化融合的新的现实面前谋划下一步的商业及文化策略,全球化大公司显然为发现了新的经济增长领域而兴奋不已。在中国,有学者开始为融合作传播学的蓝图规划,商界也开始大提"融合""整合""重组"等,甚至尚属国家机构的电视媒介也开始制订"融合"计划或着手"合并"。但是,对于新旧媒体的交替,学界的态度向来趋于消极,有学者认为新媒体的出现会淘汰旧的媒体。然而,实际情形却是,新媒体并未淘汰旧媒体。新媒体的出现使原有媒体的功能部分被取代,旧媒体成为新媒体的内容,但是旧媒体并没有消失,而新媒体的出现将使旧媒体重新发现自己独特的功能。

媒介融合是一个过程。媒介融合是一种新的现象,迄今为止,学者们或许都认为它的未来还无法预测,但学者们在有一点上的看法却是一致的,即媒介融合还没有一个完整的解决方案和日期,它是一个演变过程。并且,随着更多新技术的出现,媒介在融合中的功能和角色还将不断调整。

要理解并对媒介融合生态有一定的控制,就必须对媒介融合的语法有所认知。让我们来看看西方媒介研究的当前发展趋势。麦克卢汉的名言"媒介即讯息"于20世纪60年代在业界和学界产生了深远影响,此后,对"媒介"本身的认知被作为研究对象列入媒介及传播研究的范畴,并日益受到重视。正像每个人可能都会体会但并不一定会意识到的那样,我们的电子媒介生态正在发生巨大的改变,尤其是从1997年互联网开始普及以后。国内绝大部分学者的研究思路基本上都源于20世纪上中期欧洲的文化批判路线,少有知识建构的实用主义哲学路径。而北美的媒介研究仍以知识建构为主,当然,这其中也不乏政治科学的研究。目前,欧洲学界的研究也已基本转向北美的研究思路,其研究方法为建构型而非批判型。这种研究思路提出了一些非常重要的问题:如何对我们的新兴媒介及急速改变的媒介环境有科学的认知,我们对技术的了解到底有多少,技术的潜能何在以及它是否正在改变我们的行为模式和思维结构,等等。

技术与文化的关联正是麦克卢汉、德克霍夫和麻省理工学院媒体实验室的詹金斯等媒介哲学家的研究重点,而这也正是中国媒介研究中所缺失的地方。研究方法也关乎思维方式,要抛弃麦克卢汉所说的人们长期习惯、舒服并安于其上的"后视镜"思维状态并不是一个小小的改变,它涉及整个思维模式的调整。新兴媒介使媒介格局及其相关研究产生了重大调整,西方媒介研究甚至包括相关的其他人文学科的研究都将注意力转向了新媒体,如新媒体的结构、修辞、本体论、认知论……一种新的媒介与传播模式正在改变时间与空间结构,重塑人类的社会模式,这些不仅促使媒介工业重新调整其媒介行为,也极大地挑战和改变着媒介与人文学科的研究生态。因此,有必要在中国的研究语境中唤醒这种研究的意识。

麦克卢汉理论的再次兴起也表明它适应于解释当前媒体生态的转变。麦克卢汉的理论一开始就旨在处理媒介交替阶段的媒介认知,目前阶段,新媒体大大改变了传统媒体生态,传统媒体如报纸、电视等出现危机。新媒体技术日新月异,新的实践和问题不断出现,而我国对新媒体的日常认知还处于非常模糊的阶段,学理分析相对而言更有时滞,也验证了麦克卢汉所判断的:人的认知迟于媒介自身的探索。麦克卢汉和多伦多学派的媒介生态理论从始至终都在关心转变中的媒体生态,那么用它来分析新媒体的认知就再适合不过了。

麦克卢汉用"冷"与"热"区分媒介。"热媒介有排斥性,冷媒介有包容性。""热媒介"没给受众留下任何空间去填充和完成任何信息,它是低参与度的,而"冷媒介"则相反,它的低定义、低清晰度要求高参与度,并且由受众去填补信息点之间的间隙。麦克卢汉有争议性地提出将电视划归为"冷媒介"。由于一直受到线性思维的困扰,人们以阅读书本的方式去解读电视,去制作节目,因此,电视这种"冷媒介"的高参与性特性不仅难以被学界理解,更为业界所忽略。"完全有把握弄清这种区别意义何在的批评家,可真是百里挑一。"[1] 而在今天,当其他新兴电子媒介出现的时候,"冷媒介"不再那么难于理解了。

"冷媒介"的概念提出以来,一直争议不断。路易斯·拉潘姆(Lewis Lapham)在《理解媒介——论人的延伸》麻省理工三十周年纪念版的序言《永远的现在》中说:"到了1994年,麦克卢汉所说的很多东西显然比1964年更容易为人所理解。"拉潘姆作序20年后的现在,媒介技术发生了巨大改变,电视等传统媒体也随之发生演化,微信、微博、QQ等社交工具流行,新的媒介生态需要一种新的视角。本书将重点讨论一些具有代表性的论点,对"冷媒介"的内涵及其发展作系统梳理和论述,本书对于"冷媒介"的理解主要在于感知层面的参与,从这一角度出发,研究传统电子媒体和新兴电子媒体的认知内涵。在麦克卢汉将电视定义为"冷媒介"之后,许多研究人员注意到了新兴电子媒体"冷"的面向,新媒体鼓励用户

---

[1] 麦克卢汉.理解媒介——论人的延伸[M].何道宽,译.北京:商务印书馆,2000.

参与和互动，这是其有别于其他媒体的主要特征。雪莉·特克尔(Sherry Turkle)将"冷媒介"的特质称为是"软性的"，它允许灵变性和非专制性的互动。在其他电子媒体的共同作用下，参与和交互文化已经形成。从使用者的视角来看，新媒体时代的文化打破了过去单向的、被动的传播模式，而拥抱双向的、主动的交流。从信息点的填充和参与这个意义上来说，新兴的互动媒介是最"冷"的"冷媒介"。

本书将以麦克卢汉的大媒介观为依据来梳理中国媒介发展史，包括中国媒介独特的书写体系、传统艺术观念和当代媒介发展现状，从媒介生态史的角度考察感知模式的发展演变。感知是麦克卢汉关于媒介与人的关系研究的最核心范畴之一，也是本书最为关心的问题。从心理学角度来说，这个世界是我们感知到的世界，它通过我们的感官体系塑造我们看世界的角度与方式，最终形成我们的思维方式与行为模式。因此，"冷媒介"以怎样的方式介入我们的生活和思想世界、媒介技术对人的心理和思维模式产生什么影响将是我们关注的议题。

新媒体所指之一是传统意义上的电子媒体，即电报发明以来的电子媒体，包括电报、电话、电影、电视等，本书论及传统媒体环境时主要以电视为讨论对象。新媒体所指之二是依托计算机网络技术发展起来的新兴电子媒体，包括互联网以及电脑、平板电脑、手机等媒介终端。如果说，人类历史上的媒介进化共分为以语言、文字、印刷术、电报和互联网为标志的五个阶段的话，那么本书将主要讨论从以电视为代表的第四阶段向第五阶段网络技术时代的媒介演化阶段。这样的考虑主要出于这两个阶段的过渡可作为当前研究媒介转变的切入点：前者基于电子技术，电报宣告它的诞生，而电视将它送达媒介普及的顶峰；后者基于数字技术，它是计算机网络技术发展的结果，它从军事、经济、实业界逐渐向家庭蔓延，最终嵌入人们的生活，成为生活方式媒体，在一定程度上推动了社会结构的重组。麦克卢汉提出"冷媒介"的概念是在电视兴起的20世纪60年代中期,在媒介环境发生变化的阶段,"冷媒介"成为一种有效的解读手段。当前,媒介环境因为新兴电子媒介的普及再次发生重大改变,重新审视该理论并将其应用于新的环境将为研究媒介转变提供一个新的视角。

歌唱竞赛真人秀节目《美国偶像》在北美获得了巨大成功,进而将影响扩散到全球,中国的《超级女声》节目就是一个成功模仿的案例。正是在媒介融合的情境中,中美两个版本的真人秀节目才通过多种媒介得到潜能的最大释放。它通过电视这种大众媒介传播,此后手机媒介在投票和后续互动中发力,网络媒体深度参与粉丝社群的形成和扩散,进而形成一个无法分清边界的媒介融合图景。在这幅媒介融合的情景中,中美用户面对新兴电子媒介环境表现出巨大的参与和创造热情。但是不能忽视的是,文化语境仍然是一个观察各自媒介生态异同的重要视角。

本书的理论框架主要设定在两个纬度。首先是麦克卢汉"媒介形塑我们"的媒介哲学观。笔者将以麦克卢汉为代表的多伦多传播学派"媒介形塑社会和我们"的媒介哲学和心理学理论作为本书的总体理论框架。其中,重点采用英尼斯的媒介偏向理论、麦克卢汉"媒介形塑我们"的媒介哲学与心理学理论,以及德克霍夫提出的"联结智能"的新媒体观的研究路径,观察新兴电子媒介在何种程度上如何形塑我们,并试图将其中的媒介融合生态置于各自的文化语境中做历史性考察,思考它们是否具有某种文化延续性或转变的暗示性。

作为"传媒哲学的奠基者",麦克卢汉推理的前提是:"我们自身变成我们观察的东西。""我们塑造了我们的工具,此后工具又塑造了我们。"[①]在麦克卢汉的媒介哲学中,我们与世界的传媒性关系(即传媒与世界、传媒与我们的关系互为一体)体现为"建构"的关系,[②]这种互为一体的共生

[①] 麦克卢汉.理解媒介——论人的延伸[M].何道宽,译.北京:商务印书馆,2000.
[②] 谢锐.传媒哲学视野下的麦克卢汉媒介观——兼论我们与世界的传媒性关系[D].兰州:兰州大学,2007.

关系是麦克卢汉媒介哲学的核心。在新兴电子媒介时代,当用户成为媒介内容,并将其自身作为填充信息时,对"冷媒介"的重新理解显得更为必要。这就是为什么到了 1994 年,麦克卢汉所说的很多东西比 1964 年更容易为人所理解,因为现实使这些判断一一得到了证实。有学者认为麦克卢汉的理论是中国传播学者无法绕开的理论之原因有四:一是媒介理论本身的魅力和在世界的影响力;二是其表述具有文学气息,既晦涩难懂,又有阐释空间;三是较早地进入了学者们的视域;四也是最为重要的,"在互联网兴起的时代,他的理论在西方传播学界复兴,中国也面临着同样的传播变幻背景"①。

其次是"媒介融合"理论,即新兴电子媒介认知行为和社会结构理论。从媒介融合的角度观察中美同时面对类似的技术环境时所体现出的感知方式上的异同,观察中美思维方式与文化差异的共时表征,并进一步探讨建立中国媒介理性的可能性。作为对麦克卢汉"全球村"媒介哲学研究的继续研究和发展,"媒介融合"概念将作为描述与定位多媒介生态的主要概念在书中提出。"媒介融合"首先是技术融合及其带来的一系列经济、文化、政治效果。本书将重点探讨媒介技术融合对受众心理和行为模式的影响。美国麻省理工学院媒体实验室媒介哲学理论家普尔(Ithiel de Sola Pool)、索伯恩(David Thorburn)、詹金斯(Henry Jenkins)对"媒介融合"的概念与历史内涵的表述将作为本书的重点关注对象,由此对照中国学者喻国明对"WebX.0 时代"的理论构想,通过歌唱类真人秀现象考察两个地域的媒介融合现实及发展脉络,观察中美媒介的融合趋势,研究不同的媒介同时在一个事件中汇合或融合的动因,在哪些层面上发生何种融合,以及它们之间的关系是什么,并进一步阐释"全球村"背景下媒介及文化融合的内涵。作为"群体智慧"(collective intelligence)和"联结智能"

---

① 杨富波.麦克卢汉媒介理论研究[D].长春:吉林大学,2007.

(connected intelligence)的新兴媒介社会及文化内涵也是本书的讨论对象。

本书的研究意义在于探寻麦克卢汉"媒介即讯息"在新兴电子媒介环境下的新内涵。麦克卢汉"媒介即讯息"理论将"媒介"提到前所未有的文化地位,一度引起人们关于媒介与内容关系问题的激烈争论,参与争论的有早期的传播学者威尔伯·施拉姆、雷蒙德·威廉姆斯等。施拉姆认为,信息用什么媒介发出不重要,重要的是内容本身,媒介仅发挥渠道作用。而雷蒙德则认为麦克卢汉强调媒介的决定性作用,忽视了它的历史性,强调媒介本身是人的发明,人对其应该有控制力。那么,当技术的发展使我们面临新的传播和媒介环境时,有必要再次检讨这些争论,发掘"媒介即讯息"在新兴电子媒介环境下的新内涵。

在当前这样一个概念不确定和技术转变的阶段,急需一种实用主义的(哲学意义上)、历史性的视野,找到一个居于乌托邦与恐慌萦绕的明智的"中间地带",在媒介化和部分技术改变的过程中,帮助我们理解经济、政治、社会和文化机构所处的位置。

通过"理解媒介",麦克卢汉的媒介哲学让我们回到哲学的最根本问题,那就是人与世界的关系问题,它是"爱智慧"与"爱人生"的不断求索与追问。就像我们每一个人都要面对的第一个问题:"你是否了解你自己、认识你自己。"这是心理学首先要解答的最重要的一个问题。同样,麦克卢汉从"理解媒介"的角度强调媒介认知,具有深刻的社会意义与人文关怀,他的求索"从一开始就打上了哲学的烙印","他的理论在哲学意义上与他同时代的以及此前和此后的很多研究者有着根本区别。正是在这个意义上,他的理论具有了启蒙式的影响力"[①]。用这种视角来观察中国的传媒生态具有哲学层面的含义。

---

① 谢锐.传媒哲学视野下的麦克卢汉媒介观——兼论我们与世界的传媒性关系[D].兰州:兰州大学,2007.

第一章　转变中的媒介

我们的文化正在从被纸张写作与印刷主导过渡到由电力及其不同的发展阶段所主导，那么，语言和技术在这个过程中发生了什么？图1展示了在人类历史上每种媒介及其语言的阶段性相关表现。

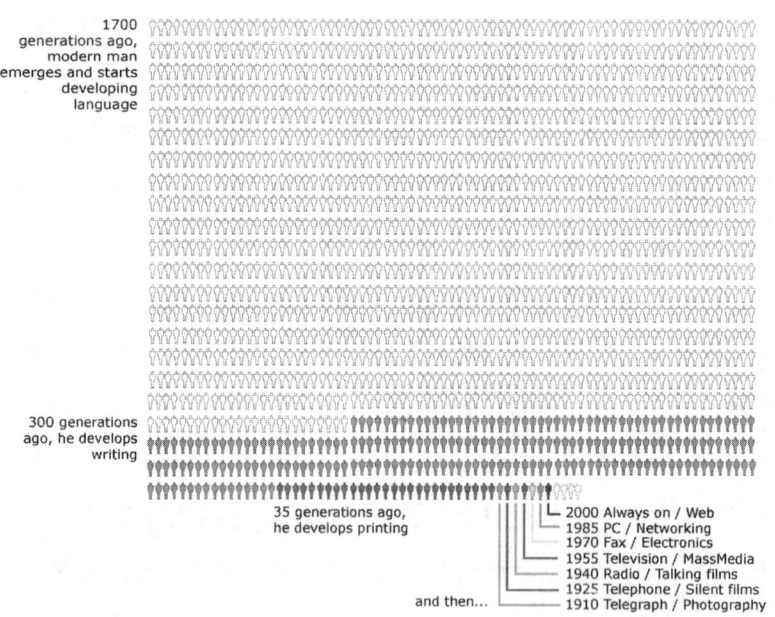

图1　在人类历史上每种媒介及其语言的阶段性相关表现①

---

① DE KERCKHOVE D, DE ALMEIDA C M. The point of being[M]. United Kingdom: Cambridge Scholars Publisher, 2014.

口头语言、文学语言和电子时代的语言是语言发展历史上的三个重要阶段,而语言的发展也正好标示了人类演化的三个显著阶段。我们可以看到,进化正在加速度进行,它不仅显示在历史坐标上,更展现于我们的生活中,这就是我们这个时代正在经历的,从口头语言媒介、文学语言媒介到电子语言媒介,现在我们面对的媒介不再是单一化的,而是多种媒介共生的媒介生态。现在,我们要试图去理解的问题是,从这个广阔的视角来看,当代电子技术正在以什么方式影响人类进化,在中西文化两个文化的平行轴上,人类感知正在接受何种改写。现在,媒介之间的关系越来越紧密,甚至变得互相依赖,并发展为共生关系。正如麦克卢汉所说:"没有一种媒介具有孤立的意义和存在,任何一种媒介只有在与其他媒介的相互作用中,才能实现自己的意义和存在。"①

　　麦克卢汉的"全球村"是这个世界的"戏剧性的逆向变化",它在使文化之间的沟通屏障得以消除的同时,也设置了一条彼此关联、相互牵制的不归路:

> 　　经过三千年专业分工的爆炸性增长之后,经历了由于肢体的技术性延伸而日益加剧的专业化和异化之后,我们这个世界由于戏剧性的逆向变化而收缩变小了。由于电力使地球缩小,我们这个地球只不过是一个小小的村落。一切社会功能和政治功能都结合起来,以电的速度产生内爆,这就使人的责任意识提到了很高的程度。这一个内爆的因素,改变了黑人、少年和其他一些群体的社会地位。从交往受到限制的政治意义上说,要遏制这些群体已经不再可能。他们现在与我们的生活息息相关,正如我们与他们的生活紧紧地纠缠在一起一样,这可得归因于

---

① 麦克卢汉.理解媒介——论人的延伸[M].何道宽,译.北京:商务印书馆,2000.

电力时代的媒介。①

其实,与媒介技术及其带来的媒介融合相关的议题早在20世纪60年代就被预言,麦克卢汉在《理解媒介——论人的延伸》中预言了一个"全球村"社会,他从宏观媒介生态演化的研究视角告诉我们——"媒介即讯息",媒介形塑我们。他分析了媒介技术的发展对社会结构和人们心理以及行为的形塑作用。在这个"全球村"里,对话连续不断地进行,机会和意识得到最大化。在电子媒介社会,一切都在高速运行,这给我们的感知提供了一个回归到整体卷入和人类行为的机会,这是对西方文化语境里的工具理性的一个反转。到了20世纪末,"媒介融合"作为描述和概括多种媒介功能集成的概念被提出来。"媒介融合"研究者詹金斯认为:"如果《无线》杂志宣布马歇尔·麦克卢汉为数字革命的圣徒,我们可能可以把近来麻省理工学院政治科学家普尔(Ithiel de Sola Pool)称为媒介融合的先知。普尔的《技术自由》(1983)可能是第一本将融合作为媒介工业的改变力量来进行讨论的书。"②

什么是媒介融合?融合其实并没有一个清晰的概念,它运用于不同的语境,通常在定义上比较模糊。本书接下来就从不同的角度来讨论媒介融合的定义。

牛津词典对融合(convergence)的定义是:①(人或物)从不同方向聚集,汇合;②从四面八方汇集(某地);③(事物)趋同;④(线条)趋于相交。总之,"融合"这个词表述的是一个趋于相交或相同的状态,一个汇聚或相交的过程,它并非一个完全面目不清的局面。它是非平行线条,但并不表明它不能形成一种模式。美国西北大学的新媒体研究学者戈尔顿(Gordon)(2003)提供了一个有意思的历史视角,他发现,融合这个词可以追溯

---

① 麦克卢汉. 理解媒介——论人的延伸[M]. 何道宽,译. 北京:商务印书馆,2000.
② JENKINS H. Convergence culture:where old and new media collide[M]. New York:New York University Press,2008.

到十七八世纪的《英语牛津词典》，在那里，英国科学家威廉·德尔汉姆（William Derham）用这个词来描述他测试声音的实验，戈尔顿认为融合被用于任何"数字系列、非平行线条和革命性生物学"①。

融合首先涉及技术与传递内容的能力的混合。电子技术的发明和发展为融合提供了前提条件。技术使多媒体工具之间的交叉和集合成为可能。北美学者看到了不同媒介之间整合可能给不同媒介带来更多的内容和技术扩展的机会。西布（Seib）则看到了电视媒介与网络发展的融合与相互延伸的趋势，"融合包括将电视的熟练形式与几乎具备无限的信息提供能力的网络联姻"②。维茨（Wirtz）的定义集中于多媒介工具，"一种不同于传播和基于信息的市场工具带来的一种动力的途径或者部分整合，媒介融合的进一步意思是它带来整体化的多媒体产品和服务，使满足于额外的和多种消费者的选择成为可能"③。

第一节　转变中的媒介生态：媒介融合

全球媒介生态正在发生重大改变，麦克卢汉"全球村"的预言已经成为现实。新兴电子技术带来一种新的媒介生态发展趋势——媒介融合。在美国，以麻省理工学院的媒介研究中心为代表的媒介研究机构正在与商界共同研究如何在媒介及文化融合的新的现实面前谋划下一步的商业及文化策略，全球化大公司显然为发现了新的经济增长领域而兴奋不已。

---

① GORDON R, ed. The meanings and implications of convergence[M]//KAVAMOTO K. Digital journalism: emerging media and the changeing horizons of journalism. Lanham: Rowman & Littlefield, 2003.
② SEIB P. Going live: getting the news right in a real-time, online world[M]. Lanham: Rowman&Littlefield, 2001: 7.
③ WIRTZ B W. Convergence processes, value constellations and integration strategies in the multimedia business[J]. International journal of media management, 1999, 1(1): 14-22.

在中国,有学者开始为融合作传播学的蓝图规划,商界也开始大提"融合""整合""重组"等,甚至尚属国家机构的电视媒介也开始制订"融合"计划或着手进行机构"合并"。已有的失败案例看来也无法阻挡融合这一趋势了。

数字技术"1""0"的符号将音频、数据、视频进行编码,在电信、计算机和有线电视之间建立起一种共同语言。它打破了传统媒体之间的界限,所有信息在数字网中都成为统一的0/1比特流,而无任何区别。语音、数据、音频和视频等各种内容,无论其特性如何,都可以通过不同的网络来传输、交换。这就是媒介融合的技术基础。一旦这种共同的语言被建立起来,原先各自相对独立的内容体系便可以开始互相渗透和融通,合作与共享成为新的媒介运作规则。

首先,媒介融合表现为技术与内容传递能力的混合。电子技术的发明和发展为融合提供了前提条件,而网络技术使多媒体工具之间的交叉和集合成为可能。不同媒介之间的整合可能给不同媒介带来更多的内容和技术扩展的机会。西布认为,"融合包括将电视的熟练形式与几乎具备无限的信息提供能力的网络联姻"。

其次,融合对内容及其传播分发的渠道具有高度敏感。融合意味着更多传播方式的出现,内容也随着技术工具的多元而具有多种形态,互联网将在融合过程起主导作用。虽然看起来是多种信息和媒介的综合,但是,计算机与互联网在这一过程中所起的作用将是革命性的,它将促使其他媒介重新定位自己。罗森·伯尔德尔斯将技术给社会环境带来的改变称为"软性的技术决定主义",在这个环境里,技术使改变成为可能。数字时代的印刷与广播系统之间的多媒体内容合作是通过计算机与互联网而进行的,因此应该说,计算机与互联网在融合过程中起主导作用。计算机与互联网处于中心地位,处于其他媒介如无线网络、印刷、有线网、广播、电视等信息传递与转换的交叉地带。因此,对于互联网的传播性质以及它在联结与分化现有媒介生态上的影响力考察就显得十分重要。

当智能手机和微博等新的媒介工具和载体进入人们的日常生活引发热效应,"三网融合"一再成为业界与学界研究的热点,我们不再难以理解麦克卢汉20世纪关于"全球村"的预言和判断。今天看来,"全球村"是结果,而媒介融合是必经之路。媒介融合是一种新的现象,它是一个发展变化的过程。迄今为止,学者们或许都认为它的未来还无法预测,但在有一点上的看法却是一致的,即它还没有一个完整的解决方案和日期,它是一个演变过程,并且,随着更多新技术的出现,媒介在融合中的功能和角色还将不断调整。

数字技术催生出了新的媒介形式,这些新媒介对传播方式的影响将深刻地改变社会文化生活。尤其是互联网的出现,促使其他媒介重新定位自己,于是出现了"电视是否正在消亡"等议题。终端融合的代表苹果手机成为人们手中的新宠,却并不表明人们不再喜新厌旧,更多的新科技概念将得以应用,而改变的将是我们与世界联结的方式。

"三网融合"是一个现阶段的完美概念,它将广播电视网、互联网与电信网合并,技术与内容传递能力的扩展与相互延伸、媒介之间的合作与联盟将突破以往技术壁垒的限制。但是,轰动一时的时代华纳合并案例以失败告终,这说明内容与技术的关系并不如人们在初期想象的那么简单。媒介融合已是现实,过往理论对它已经不再完全适用,因此,这一阶段绝对化的批评都可能导致论据不足。如何在媒介动态发展过程中试图理解和把握媒介融合,是当前需要不断探索的议题。

新技术使媒介之间的关系越来越紧密,甚至互相依赖,发展为共生关系。正如麦克卢汉所说,"没有一种媒介具有孤立的意义和存在,任何一种媒介只有在与其他媒介的相互作用中,才能实现自己的意义和存在"。事实已然如此,再去以谈论"娱乐至死"的姿态来反对媒介社会就变得没有意义了。伦敦政治经济学院的利文斯通在2008年国际传播学会年会的主席致词中提出"一切都是媒介化"的论断。这是一个历史性的变化，在她看来，过去对媒介角色价值的消极性态度应该向积极性的层面转变了。

　　人与机器的关系是固有的共生关系。古今如此，只不过到了电力时代，人们才有机会认识到自己与机器的紧密关系。电力技术是久已存在的人—机关系的一种延伸。20世纪人与机器的关系，和史前人与船或轮子的关系，并非天然地截然不同。有一点差别是这样的：以前的一切技术对人的延伸都是外向的，是部分的和分割的，只有电力技术是总体的和无所不包的。正如麦克卢汉所说的那样，现在，人把脑子穿在头颅之外，把神经系统穿在皮肤之外。新技术养育新人。① 因为新技术延伸人的中枢神经系统，是一种内在的延伸而非物理上的向外扩张。

　　可以预见的是，未来的媒介在形式上的关键词将是集成与人机互动，未来的世界是人与人工智能人共同生存的世界，并且人在很大程度上利用和依赖人工智能。苹果所代表的终端融合，个人虚拟存在的未来即将来临。人类不再孤独，因为已经开始有机器人与人交流了，以后，机器读懂我们脑中的所思所想将不再只是幻想。人工智能与人通过一种新的方式相联结，可对话、可触摸、可感觉的另一种存在将无处不在。从积极的层面上看，一方面，我们可以利用人工智能和虚拟世界；另一方面，对于它的依赖也将使人类受其控制。因此，学会与另一个虚拟世界和谐共舞，需要从深刻理解媒介融合的文化效应开始。

　　20世纪60年代，麦克卢汉在《理解媒介——论人的延伸》一书中预见：媒介正在将我们引向一个"全球村"社会，"媒介即讯息"，媒介技术正在以人们难以察觉的"整体卷入"方式给社会和人们的心理带来改变，媒介具有形塑我们的力量，未来的媒介技术延伸的是我们的中枢神经系统。

---

① 麦克卢汉,秦格龙.1969年《花花公子》访谈录:"麦克卢汉——流行崇拜中的高级祭司和媒介形而上学家祖露心扉"[M]//麦克卢汉精粹.何道宽,译.南京:南京大学出版社,2000.

信息技术下的加速度所带来的效果不再是由中心向边缘发生的外向爆炸,"而是瞬间发生的内爆,是空间和各种功能的融合"①。在"全球村"里,对话连续不断地进行,机会和意识得到最大化实现。在那样的世界里,一切都在高速运行。从西方文化的视角出发,这是一个让人类回归到整体卷入和人类行为的机会。西方文化向来以文字和线性思维为主导,在这种理性逻辑分割模式中,社会与人的发展所丢失的有机整体性,正通过信息技术革命获得反转的契机。在中国文化语境下,"整体卷入"的感知方式本身就是麦克卢汉所谓的"东方的效应"。在当今瞬息万变的信息社会中,要理解融合,应特别意识到感知方式的另一层面:线性序列与理性逻辑,这是理解媒介融合演变过程的关键所在。

第二节 媒介融合的创新内涵

对于理解当前的媒体发展,媒介融合已经是无法绕过的话题,它在人们完全理解它之前就已经发生,但对于它的动态发展变化过程却不易把握。新旧媒体以什么方式重新组合并逐渐形成新的传播理念,将是未来媒介格局探索的重要课题。

在北美,以麻省理工学院为代表的媒介融合实践模型在实验室和市场中得到深入研究和验证,而以詹金斯为代表的媒体文化研究者同时对以粉丝文化为代表的"参与文化"的社群文化进行了深入研究。在中国,媒介产业的融合事件引发了学界与业界对媒介融合的专题讨论,有媒体人断言,未来十年将是传统媒体和新媒体融合的"全媒体时代"。② 传统

---

① 麦克卢汉. 理解媒介——论人的延伸[M]. 何道宽,译. 北京:商务印书馆,2000.
② 凤凰卫视董事局主席刘长乐:未来十年将是全媒体时代[EB/OL]. (2010-11-07)[2018-03-10]. http://finance.ifeng.com/news/special/mulround4th/20101107/2838216.shtml.

媒体的地位正在受到新媒体的极大冲击,甚至出现传统媒体"消亡论"的警示。在这样的背景下,我们不得不反思媒介融合的理想与现实,在充分理解媒介融合的特征的前提下,重新思考媒介融合中的误区和传统媒体的功能定位。

一、模糊的边界

融合阶段最明显的特征就是边界模糊化,传统媒体时代以地理、组织、主题等范畴划分的边界正在消失。学者王菲的研究关注到媒介融合"边界的模糊性"与"信息的平衡性"。"融合的模糊边界既包括实体,还包括虚体。实体例如产业之间、企业之间、组织之间、技术之间、设备之间等的融合边界,虚体例如政策之间、关系之间、空间之间、时间之间等的融合边界。"[①]瞬间即时的互动与互联使得地理边界消失,从而使区域界定失效。组织在"一切媒介化"的大环境下,自身已经交融,新媒体的出现就是其动力。主题的分门别类也不再能全面处理新媒体的内容,在平面化的世界里,新的时空感知替代了过去的分类模式。"模式识别"[②],一种非线性的整体感知方法更加适合于今天的信息爆炸时代的人们。

媒介融合一般从内容、网络和终端融合三个角度分类,后又有学者加进了媒介组织系统融合和规制系统融合[③]两个媒介生态环节的视角,但这种分类可能只是为了方便而做的梳理,未必真正适用于融合时代的研究需要。媒介以往的分类范畴,其本身已经出现交融,传统媒体意义上的"内容"和"网络"在新媒体时代的定义也已经发生变化,不再是分割开的两种概念。在近两年来中国的新闻事件中,表现突出的是如微博、微信这

---

① 王菲.媒介大融合:数字新媒体时代下的媒介融合论[M].广州:南方日报出版社,2007.
② 麦克卢汉.理解媒介——论人的延伸[M].何道宽,译.北京:商务印书馆,2000.
③ 邓瑜.媒介融合与表达自由[M].北京:中国传媒大学出版社,2011.

样的网络社交工具。作为电子设备,特别是移动电子设备,微博、微信等社交平台为人们获取信息、交流观点、分享生活提供了极大的便利,因而成为人们的新宠。它们聚合了各种不同类型、不同方面的内容,并以新的方式联结了个体与社区,建立起新型的用户社区关系。从定义上来看,它们到底属于内容还是渠道?这个问题并不容易回答,因为内容与渠道之间不再明显的分隔已经显示出这是又一种新融合的典范。

  媒介融合的现实内涵在于信息流动的合理性。信息的流通要能够在系统中根据需求自由分配,达到平衡,并且最终通过市场体现出来,看不到边界的模糊化和信息失衡的系统将无法达到真正的媒介融合。这种平衡需要由网络的去中心化、平等中立、自由的特点带来。在中国,被提出已十多年的"三网融合"之所以施行不畅,就是因为政策和行业壁垒的存在使其失去了信息流动在系统内外的平衡。平衡的系统需要多方面因素的推动才能最终实现:硬件层面,技术融合是基础;软件层面,政策与制度是保证。在具备了软硬件的双重前提下,要达到信息平衡,关键就在于用户有能力自由地使用网络技术系统。技术在用户中的普及程度将会影响系统平衡性。不同人群在使用电子设备和新技术上的能力差异,很有可能会造成"数字鸿沟",而这将进一步拉大各个年龄群体或者社会阶层之间的差距,并且可能随之带来一系列不平衡和不稳定的因素。

二、用户行为模式的改变

  技术升级和平台转换能同时引发用户行为模式的改变,这一改变意味深远。麻省理工学院媒体实验室的詹金斯教授强调新技术条件下受众参与的能动性:受众在多种媒体平台上的迁移行为会带来新的文化转变,它的直接效应是文化融合。因此,从这个意义上说,文化融合的主动权在于参与者,因为参与者的行为决定了未来文化的样式。"在我看来,融合的意思指的是跨越多种媒介平台的内容流,多种媒介工业之间的合作,以及为了寻找各种娱乐体验的媒介受众的迁移行为。"①媒介融合使一切都在瞬间同时发生,在这个媒介的世界里,"每一个重要的故事都有机会被说出来,每一个商标都能被卖出去,每一个客户都在利用多种媒介平台。"②

内容跨越不同的媒介系统,在媒介经济领域和国家边界展开竞争。这样的媒介内容的传播全靠消费者的积极参与。詹金斯反对将融合主要理解为一个将多种媒体功能集中于一种工具的技术过程,他认为,融合代表的是一种文化转变,在这个转变过程中,媒体用户获得了新的机会,由过去的"机构生产内容"到"用户生产内容",信息以新的方式被生产和获取。新的媒介接触方式改写了人们处理信息的方式,被动的接受者被赋予生产内容和交流的权利,能够输出内容并能通过内容平等地争取到受众,这些可能性将人们的积极性调动了起来,这种改变对于媒体的发展影响深远。

微博等社交媒体在中国的发展改变了人们使用与管理媒体的方式。这些社交媒体以用户生产的"微"内容讨论社会重大问题,以其独有的公民新闻方式表达对社会的紧密关切,挑战了长期以来传统媒体对信息的绝对掌控权。审片与审稿制时代的管理者已经无法完全掌控各种信息、观点的聚合与分流,"事前审查"突然被"事后处理"代替,新媒体成为政府与事业单位紧急学习与应对的公共关系与事务处理的新课题。这从另一个侧面说明,当前平台的设计应注重对媒体自身最早的,也是最终极的"新闻属性"的挖掘和对媒体的环境观望、自由表达、多种声音等特性的开发,以适应新媒体时代用户的体验需求。

---

①② JENKINS H. Convergence culture:where old and new media collide[M]. New York:New York University Press,2008.

三、媒介合作与联盟

新的技术条件下,媒介之间的内容可以相互推销,资源共享得以实现。媒体组织的控制与集中、数字化和管理多样化都获得了实现的可能。另外,所有权不同的媒介之间也可以合作共享,如分属不同媒介集团的报社与电视台之间进行合作,相互推介内容与共享一些新闻资源。这些都是媒介融合在媒介合作与联盟方面让人跃跃欲试的积极因素。但是,新的组织融合模式也令学者与业界感到担忧。他们担心这种模式可能会不利于促进竞争,因为竞争多数发生在少数几家大公司之间,对于想参与竞争的新进者来说门槛较高。另外,联合后的媒介容易发生内容与信息的垄断性竞争,不利于多种不同媒体声音的发出和新闻报道多样性的发展。

在中国,近年来新旧媒介合作、合并的呼声也此起彼伏,生怕错过了任何一个可能在未来媒介融合蓝图中立于主导地位的机会。但事实上,国际上已有的媒介组织合并失败的案例已经引起了人们对于融合前景的反思。时代华纳、微软版互动电视、美国广播公司版互动电视的合并宣告失败,导致了人们对于媒介组织融合前景的担忧。这些案例都有值得我们借鉴之处。其实,这些大公司的失败也许不在于融合,而在于硬操作给组织带来的震荡和用户的不适应。凡是失败案例都是"概念先行",而概念先行必定导致盲目的合并和兼并,一味地以追求大而全为目标的操作可能导致信息与系统运行不畅,导致失去了原来作为独立机构的单项优势。反过来看,如果独立机构不去考虑媒介整合的技术与市场变化的因素而沿用过去的模式,可能产生更多无法适应新型媒介环境的需求。在新的媒介环境里,内容与技术的选择权和决定权已经交给用户,而不再是新媒体一厢情愿所能策划出来的,用户体验才是硬指标,这是媒介合作与联盟过程中首先要关注的内容。

杰·尼尔森(Jakob Nielsen)曾在《传统媒体的终结》里预言说："未来五到十年间，大多数现行媒体样式将寿终正寝。它们将被以综合为特征的网络媒体所取代。"虽然这一带有激进色彩的媒体进化论有些危言耸听，但是网络的确在融合中扮演越来越重要的角色，媒介融合也的确会影响电影、电视等传播模式的演变。

第三节 一个演变过程

对于新兴传播技术，人们一度持怀疑或者中立态度，而媒介改变是一个累积的、渐变的过程，它在挑战"新技术会快速地淘汰原有系统"的观念。① 旧媒体不会被淘汰，而在新的媒介技术环境下，它们的功能和身份将发生转变。②

关于新旧媒体的未来，《经济观察报》副总裁陈辉从体制因素的角度提出媒介融合将有利于体制内媒体的市场化改制，制度化改造将释放出巨大的潜能，并提出了媒体价值生态系统平衡的观点。《超级女声》原制片人王平回顾了当年在湖南卫视以新媒体的思维将选择、表达、参与的权利与受众分享的奇迹。对于湖南卫视与盛大网络游戏合作的传统媒体与新媒体融合的判断，湖南广电总局原局长欧阳常林认为，两者之间的合作的划时代意义在于多种新兴媒体重写了原有的传统媒体或说单媒体格局，他断言"新媒体和传统媒体嫁接将产生巨大的生产力"③。陈天桥认

---

① THORBURN D, JENLINS H, EAWELL B(eds.). Rethinking media change: the aesthetics of transition[M]. Cambridge: MIT Press, 2003.
② JENKINS H. Convergence culture: where old and new media collide[M]. New York: New York University Press, 2008.
③ 湖南广电推改制进程, 龙丹妮成资本平台上"超女"[EB/OL]. (2010-03-01)[2018-03-10]. http://media.ifeng.com/school/guangdiangaigemoshi/qita/201003/0301_9577_1559859.shtml.

为这种融合的可行性在于双方共有的"游戏的基因"和交互的特点,"网络游戏和'超女'是过去五年最火的名词,这是因为双方都有一种游戏的基因,这基因就是透明的规则、公平的竞争、全民的互动和创新执着"①。两者合作的模式用经济学领域的术语表述就是"长尾效应",在媒介融合中,它是一个内容流经多种媒介产生的复合文化效应,比如,他们将原有的音乐、游戏、文学等既有产业与影视和新媒介结合,为媒介整合后的影视提供多种实现经济利益的资源。这也是"超女"媒介融合的后效应。

在技术与人的互动中,存在最基本的"控制"与"被控制"的关系问题:"每当我们使用或感觉到自己的技术延伸时,都必然要拥抱这一延伸。每当看电视、看书时,我们都要把这种延伸吸收进我们个人的肌体,都要经历感知的自动'关闭'或转换。除非我们逃避这种技术延伸,逃亡到一个隐蔽的洞穴里躲藏起来,否则我们就不能逃避对日常技术的拥抱。由于始终拥抱这些技术,我们必然与其相关,成为它们的伺服机制。因此,如果要利用它们,我们就必须像崇拜上帝一样地伺候它们。爱斯基摩人是小船和马的伺服机制,商人是钟表的伺服机制,控制论专家是计算机的伺服机制——很快全世界都会成为计算机的伺服机制。"②技术不断地改变人并且提供变革的动力,刺激人不断地寻找改进技术的手段。因为技术延伸的确减轻了人体一部分负担,比如有了洗衣机我们不再需要用手洗衣服。但同时,当我们开始不假思索地习惯技术现实时,我们就进入了一种麻醉状态。当人们逐渐意识到技术的存在已经在不知不觉中重新塑造了我们的思维模式和行为习惯之后,我们对眼前已变化的事实几乎无能为力。"当一个人或社会群体觉得,其整个身份受到社会变革或心理变化

---

① 湖南广电推改制进程,龙丹妮成资本平台上"超女"[EB/OL]. (2010-03-01)[2018-03-10]. http://media.ifeng.com/school/guangdiangaigemoshi/qita/201003/0301_9577_1559859.shtml.
② 麦克卢汉,秦格龙.1969年《花花公子》访谈录:"麦克卢汉——流行崇拜中的高级祭司和媒介形而上学家袒露心扉"[M]//麦克卢汉精粹.何道宽,译.南京:南京大学出版社,2000.

的危害时,自然的反应是以进为守、怒火万丈、大加挞伐。但是无可奈何徒叹息,革命业已发生了。"①

如果说任何媒介的"内容"都是另一种媒介,②那么 WebX.0 时代的媒介的内容是什么呢?答案不再是电视、网络或者手机,而是"媒介融合"。在媒介融合中,有两个团体——大众媒介与"碎片化"媒介,它们共同组成了媒介融合的"内容",它们的关系是共生关系,彼此相互依赖和互补。大众媒介不像学者们所忧虑的那样会消失,尤其是电视,大部分"碎片化"媒介上的视像内容仍然来自大众媒介,而"碎片化"媒介上的一部分文本文字内容也来自报纸。因此,融合不是简单地做加法或者减法,而是成倍数地放大融合各方的能量。

新媒介是否能取代旧媒介,麦克卢汉的看法是,过去的媒介会成新媒介的内容。如果这个论断在过去单一媒介情况下是经得起检验的,那么在媒介融合的环境下,这一问题恐怕需要进一步仔细考察。一方面,新媒介的确正在将过去媒介纳入它的内容范围,在网络上,视频、音频、图片、文本文字等正在将传统媒介像电话、广播、摄影、图书等的功能转移并以超链接的方式集中和再次扩散;另一方面,新旧媒介融合也引起了"当我们有了随时随地的 YouTube、土豆、PPS,电视还有存在的必要吗"这样理所当然的看似不言自明的问题和结果。如果情况真是这样,那么麦克卢汉的论断就显得不合时宜了。然而,如果我们将自己的视线扩展一些,我们就能看到一个更大的画面,那就是融合中的媒介正在将所有媒介纳入它的内容规划。"就像很多过去以及近来的尝试,新媒介的出现带来一个复杂而不可预测的动态过程,在这个过程中,在新兴媒介开始抢占它的先

---

① 麦克卢汉,秦格龙.1969 年《花花公子》访谈录:"麦克卢汉——流行崇拜中的高级祭司和媒介形而上学家袒露心扉"[M]//麦克卢汉精粹.何道宽,译.南京:南京大学出版社,2000.
② 麦克卢汉.理解媒介——论人的延伸[M].何道宽,译.北京:商务印书馆,2000.

来者的文化空间时,旧媒介可能发展出新的功能并找到新的受众。"①事实就像索伯恩对传统媒介功能和格局变化的判断那样,传统的口头文化与实践挺过了书写的出现乃至印刷文化时期,彩色稿本也在古登堡时期中存活了一段时间,戏剧和小说与电影和电视同时存在;在电视取代了广播传统上的娱乐和新闻播送角色之后,广播重新改造了自己。而且,"在许多情况下,它们彼此强化对方,就像书本激发电影之后反过来又创造了新的销售纪录一样,电视就像报纸,成为一个活的影音历史博物馆"②。只是,电视不止于此,网络用户与来源于电视的视频资源的互动会将用户进一步地卷入电视媒介,同时,这种民主化媒介用户生产内容正在成为电视媒介的下一步策略的一部分。因此,电视没有理由太过担心自身的前途。而报纸也不必过早地哀叹自己的命运,喻国明就曾给出过报纸在融合背景下的建设性方案,以及报纸如何在网络越来越普及的世界里圈定自己的地盘,"鉴于网络资讯的一般社会消费方式所树立的'规范',在普及性的社会信息服务方面,免费是未来的趋势,免费报纸可能在社区报纸方面有很大的发展前景,它以生活背景、生活逻辑为内容诉求和广告诉求"③。

也许我们的讨论过多地集中于媒介关系中谁输谁赢的话题上,那是没有出路的,因为那是一种闭合式方案的讨论,试图预先去判定一个事物的结果总不是一件讨好的事情,尤其是当新出现的媒介正在使过去的媒介关系解体的时候,我们总想非黑即白地断定一种新的关系。"将媒介固定在某种解决方案上,就像将技术改变简单化为'零和游戏',一种媒介的成功以牺牲另一种媒介为代价。不将它简单化,加上一种比较的路径,就能让我们意识到向来在媒介系统中就非常复杂的配合和协调关系,在新

---

①② THORBURN D, JENLINS H, EAWELL B(eds.). Rethinking media change: the aesthetics of transition[M]. Cambridge: MIT Press, 2003.
③ 喻国明. 传播的语法革命和传媒竞争力构建[J]. 青年记者, 2007(15).

的媒介出现初期，它显得更加重要。"①而且，值得注意的是，从历史上来看，那些想要给这个世界提供一个关于人生、政治和社会发展的闭合式固定解决方案的人几乎都失败了，或者对相关领域已经造成或正在造成巨大损伤。因此，在媒介融合的历史转变期，开放性地考察并理解我们身处其中的媒介将走向哪个方向显得十分必要。集中和融合的事实很明显，技术已经铺就了它的集成道路，同时，分散也不难理解，人们正在卷入各自喜爱的各种分众媒介中。贝塔斯曼中国总部首席执行馆龙宇认为，媒介的渠道作用是最重要的因素，"事实是内容不是王，只是王后，永远是渠道为王，而现在新媒体就把控着渠道"②。

旧媒体是新媒体的内容，任何新媒体的出现都是技术发展的结果，它是人类一拨接一拨的创造冲动的体现，就像每一时期文化的自我更新一样，过于迷恋和完全不理睬都无助于我们享受文明的成果并保持清醒的认知。因此，"既不要认为新媒体可能会导致旧媒体的消失，也不要认为新媒体只是旧媒体的新形式"③。关于形式对内容的决定作用，我们可以通过新兴媒体的发展模式得到一些答案。

因此，融合的规划并非像喊口号或甩出几个新名词那么简单，它不是一日促成的事物，而是一个有机的动态过程，"融合可以被理解为一种连接新旧技术、形式和受众的方式，如果我们假定每一种媒介都有一个确定的特点或预期的使命的话，这种跨媒介联合和介入可能会破裂"④。在这个过程中，单一媒介正在寻找自己最舒服的位置，并且一些过去被忽视的未经开发的潜能可能被激发出来，成为融合媒介的有机组成部分。而事

---

① THORBURN D, JENLINS H, EAWELL B(eds.). Rethinking media change: the aesthetics of transition[M]. Cambridge: MIT Press, 2003.
② 2009凤凰网媒体峰会探讨转型时代的媒体变局[EB/OL]. (2009-09-29)[2018-03-10]. http://media.ifeng.com/hotspot/sanyafenghui/xiaoxi/200909/0929_8072_1370878.shtml.
③ 古玉立. 我国校园SNS受众媒介使用的研究[D]. 成都: 电子科技大学, 2008.
④ THORBURN D, JENLINS H, EAWELL B(eds.). Rethinking media change: the aesthetics of transition[M]. Cambridge: MIT Press, 2003.

实上，媒介是"使事情所以然的动因"，并非"使人知其然的动因"，是类似道路和运河之类的系统，并非珍贵的艺术品，并非使人向上的行为模式。① 它会归于哪个价值系统，取决于人们是否对其有所认知和相应的历史文化条件。事实证明，人们一直迷恋于新技术带来的各种延伸而毫不犹豫地拥护这种新的感知延伸的方式。

从根本上来说，媒介的未来取决于大众广播体系的商业媒介与碎片化集合智能之间的控制权争夺。想象一下，在一个有两种媒介权力的世界：一种来自媒介集中，任何信息获得的权威性只是因为它是通过电视广播网络播放的；另一种来自集合智能，在那里，一个信息获得的透明性仅仅因为它被认为是一个松散而多样化的公共网络系统。在中心价值和草根媒介的作为上，詹金斯认为，传播的播放系统将设定国家性的议程，定义中心价值，而草根媒介将重新构造那些不同公众，以保证每一个人都有机会发出声音。革新将发生在边缘，合并则会在主流中发生。这也印证了戈尔的判断：大众媒介的影响力仍然是新兴媒体所无法比拟的。"但是这些都听上去太有秩序感，因为我们仍然处在一个转变的时刻，在命名与姿态的确立之间，各种力量之间的权力关系还有一翻争夺。"② 融合是一个有机重组的过程，媒介已经走在人们的意识之前，而文化又该如何被吸收，这将是接下来有待我们进一步观察和研究的课题。

德克霍夫教授在《文化肌肤》一书的第五章用了一个很生动的标题：《路边的浪漫故事——电视与计算机在电子高速公路上联姻》③，他将"融合"作为联姻的方式预见了网络给电视带来的交互式"融合"，其影响在于显见的经济因素和不显见的认知层面。我们不难看到经济的因素，中国

---

① 麦克卢汉. 理解媒介——论人的延伸[M]. 何道宽, 译. 北京：商务印书馆, 2000.
② HENRY J. The cultural logic of media convergence[J]. International journal of cultural studies, 2004, 7(1): 33-43.
③ KERCKHOVE D D. The skin of culture: investigating the new electronic reality[M]. London: Kogan Page, 1997.

传媒业界正在高调地进行所谓的"文化产业"的整合,电子游戏、电视、音像和网络等市场的格局正在发生改变,无论这种改变将工业导向何方,我们都能明显感受到媒介融合给经济带来的影响。"即便是最迟缓的政府官员也意识到,维护'电子高速公路'就像维护真实的高速公路和街道一样重要,甚至更重要。"

在传播技术革命、市场化改革、全球化进程三股主要力量的冲击下,传媒行业与这个时代一起经历着剧变,传统媒体尚未充分自由发展,却发现自己的权威性已在瓦解。媒介与媒体集团围绕人们的生活圈、工作圈、消费圈,全方位建立受众社群,使受众成为媒介的一部分,成为传播的主体,使传播深刻介入人们的生活并且引领精神走向。这种剧变发生在"偶像"等选秀节目现象中,这种变化表现为人们从过去关注电视片中的名牌出处而转向希望与节目互动,是主动地参与。在与"偶像"现象的交互中,媒介融合的实时交互与异步交互共同形成了深度参与的互动机制,"偶像"真正成为我们自己的"偶像"。

第四节 "自我意识"媒介:媒介本质论

关于媒介技术与文化发展的内在逻辑的认知,如果在麦克卢汉生活的 20 世纪 60 年代还不易想象,那么在今天的网络时代,技术带来的速度和时空关系的转变,正在解决一个长期困扰人们的因果关系问题。麦克卢汉在《理解媒介——论人的延伸》一书中对此有一段非常有趣的论述:"一事物紧随一事物出现时,并不能说明任何因果关系。紧随其后的关系,除了带来变化之外,并不能产生任何东西。所以,最大的逆转与电能的问世同时发生,电能打破了事物的序列,它使事物倏忽而来、转瞬即去。由于瞬息万变的速度,事物的原因又开始进入人们的知觉,正如过去它们在序列和连续之中出现时不曾被人觉察一样。人们不再问先有鸡还是先有蛋；突然之间，人们似乎觉得，鸡成了蛋想多产蛋的念头。"①这段表述提出了关于媒介技术自身是否具有独立性的问题和技术能否实现自我变革的问题。学者张立刚在回答这个问题时采用了德国社会学家尼可拉斯·卢曼（Niklas Luhmann）的社会系统理论作为分析框架，他认为，"传播技术是保证大众媒体这一功能子系统从社会系统中独立与分出的重要机制，大众媒体系统借此拥有一套自己稳定的运作机制，传播技术正是在这一套稳定的运作机制中，具备了自身独立发展的理性，在其内部拥有独特的自我变革逻辑与演化规律"②。

对于媒介转变时期的重要认知需要看到技术变革的动力及其文化效应，在学者索伯恩看来就是要认识到媒介技术具有一种深刻的"自我意识"。索伯恩在讨论转变中的媒介时重新思考了麦克卢汉关于技术对媒介内容的建构作用，即麦克卢汉所说的"新的媒介总是在人们想明白是怎么回事之前就已经存在"。也就是说，人们的构想总是会滞后于技术的自我变革和演化。索伯恩认为，"新技术的出现看起来总是在文化试图吸收它的过程中引发思考、反射和反思"③，有时，这种"自我意识"采取重新评估已经建立的媒介模式的方式，如今，这种模式的基本构成可能已经获得了一种新的清晰度，也可能成为一种历史研究和更新的理论推测的资源。

在国内，较早的媒介研究案例是王雅对2005年"超女"粉丝的研究，通过这一研究，学者获得了清晰的证据。通过对以李宇春为代表的史上最有影响力的那一届超女粉丝进行的深度访问我们得出：百度贴吧是"超

---

① 麦克卢汉. 理解媒介——论人的延伸[M]. 何道宽, 译. 北京：商务印书馆, 2000.
② 张立刚. 媒介的自我变革——N. 卢曼社会系统理论中的传播技术观[J]. 东吴学术, 2018(2).
③ THORBURN D, JENLINS H, EAWELL B. Rethinking media change: the aesthetics of transition[M]. Cambridge: MIT Press, 2003.

女"粉丝获知信息和开展后继群体活动的第一渠道。"被访者们大多记不起自己是通过什么方式获知了百度贴吧的《超级女声》吧,但他们都提到,百度贴吧是他们看了《超级女声》节目之后获知信息的最大渠道,同时,那里也是他们群体活动的主要场所。"①此前,百度贴吧并没有被广泛使用,是"超女"粉丝发掘并充分使用了百度贴吧这种较早形式的便于粉丝群体聚集的网络论坛,并且使百度贴吧后来成为其他粉丝群体聚集的主要虚拟场所,特别是成为电视节目及其所产生的明星粉丝的群体聚会的论坛。而这并不是媒体有意安排的结果。在用户与电视节目之间获得一种情感关联之后,作为"冷媒介"的网络,其"低清晰度""低定义"的特点已经为用户填补信息和深度参与铺设了技术后台,在"电视+网络+手机"的电视2.0时代,用户不自觉地发掘出这一媒介的潜能,使得网络与电视进行共时交互和异步交互成为可能。更为重要的是,这一渠道的铺就,使得网络Web2.0的交互功能以一种不知不觉的方式嵌入人们的生活,变成一种新的行为模式,这种模式以一种不同于以往的虚拟和半虚拟的状态重塑了我们的认知方式。

英尼斯相信,在传播工具的发展与社会改良之间不一定有何必然联系。更有效的传播技术的确会产生更大的作用,但这种作用既可能是好的,也可能是坏的。②麦克卢汉认为,媒介是人的延伸,"当个体或社会能制造或利用一些东西,使人类的躯体和心灵得以进入一种新颖的形态范畴的时候,就是一种延伸的诞生"③。就像汽车的诞生能够让我们到达很多我们徒步无法到达的地方,显微镜让我们的眼睛看到我们本来无法看到的事物一样,这就是人们迷恋科学技术给人类带来的延伸的原因。但

---

① 王雅. 真人秀与互联网时代的粉丝[D]. 北京:北京大学,2007.
② 李洁. 传播技术建构共同体?——从英尼斯到麦克卢汉[M]. 广州:暨南大学出版社,2009.
③ KAPPELMAN T. Marshall McLuhan:"The Medium is the Message."[EB/OL]. (2013-02-04)[2018-03-10]. http://occr.christiantimes.org.hk/art_0005_sc.htm.

同时,在延伸的反面,是另一种状态。麦克卢汉发展的"媒介四定律"为媒介技术提供了一个分析框架。他相信人类时刻沉醉于延伸的事物和状态上,却往往选择轻看或淡化"截断"作用的效果。"延伸""截断""恢复"与"逆转"是"媒介四定律"提出的问题。

任何深度参与的媒介,都具有与其传达的最重要的问题一样的重要性。因为"深入"意味着"相互联系",而不是"相互分离"。"深入意味着洞察力而不是观点,而洞察力又是一种正在展开的精神介入,它使事情的内容退居十分次要的地位。意识本身是完全不依赖内容的一种宽泛的过程。意识本身并不要求以意识到任何具体的东西为前提。"①也就是说,媒介意识本身具有独立性,当我们参与和卷入后,我们就进入了媒介意识为我们的意识展开的程序。

在广播媒介时期,媒介控制的主动权掌握在制作方的手中,在互动无法实现的技术条件下,从一点到多点的传播控制比较简单,传播规划由传播方制定,主要考虑说服和规制。当网络媒体出现,特别是手机和网络2.0互动社区兴起之时,传统媒体并没有充分意识到新媒体对于用户参与和卷入媒体事件的影响力,这就是"超女"在成功初期所经历的,官方并未从控制的角度去理解这种改变了规则的选秀游戏,以及新型媒介参与节目会带来怎样的媒介效应和社会影响。周笑主持的实证研究证明,《超级女声》正是在成长初期规避了一些政策因素才获得了成功,这些因素是中国电视媒介宏观制度在媒介转变时期的不确定性和不稳定性以及相对滞后性所带来的。但是,"当《超级女声》被境外媒体,尤其是美国媒体渲染为一个民主政治事件时,《超级女声》栏目组、湖南卫视和湖南广播影视集团在相当长的一段时间里承受了很大的心理和现实压力"②。因为超女的概念首先被定义为娱乐,它规避了一些政策的因素,也因为事件

---

① 麦克卢汉.理解媒介——论人的延伸[M].何道宽,译.北京:商务印书馆,2000.
② 周笑.中国电视产业的本土化出路——《超级女声》实证研究[J].视听界,2006(1).

主体并非主办频道，而是微观价值被多种新兴媒介成倍增长和放大后，后续衍生出宏观价值，它引发了媒介生态的潜能爆发，最终也引来了政策层面的审查。①"超女"现象表明，人们并没有预见到新兴媒介的语法和潜能，媒介的发展已经先于人们的控制和意识。

正如麦克卢汉本人在接受采访时所言，他的理论是起到"脚手架"的作用，有了这个脚手架，就有了干活的工具。麦克卢汉理论作为一种研究问题的新视角，它最重要而显著的特征首先是帮助我们理解媒介技术自身发展的独立性和系统性。其次，麦克卢汉的理论视角在理解媒介这种作用于社会与人的感知体系的文化形式上起到开启性作用，当前媒介社会的发展很大程度上取决于新的媒介技术的发展，媒介即讯息，媒介作为内容的框架决定了内容的变革。正如柏拉图开启形式与理念的讨论那样，麦克卢汉理论视角的发起，其意义在于开始了大众媒介技术的形而上讨论，产生了一套由科学、几何学、天文学、逻辑学、形而上学等组成的科学哲学体系；也好比弗洛伊德的精神分析学说主要在于帮助人们理解自己，他并不鼓励人们回到原始野蛮时代，也不鼓励"性泛滥"的人类动物性，认为文明和秩序是推动人类文明发展、避免焦虑、保持创造力的形式条件。麦克卢汉的媒介讨论开启了信息时代"媒介化社会"的形而上学：媒介哲学及其社会文化心理效应。

麦克卢汉并没有对媒介作价值判断。他喜欢引用乔尹斯的文学作品。乔尹斯的小说正好是英国现代主义文学思潮的终结，与艺术领域的从毕加索到安迪·沃霍尔的转变相平行。乔尹斯似乎预见了一个时代的终结，但这个终结又不是真正意义上的终结，而是一个新的开始。随着电子时代的到来，人们的认知方式开始发生改变，这种新的认知方式直达人文学科的各个领域，扩大一点，或者我们可以说，到达生活世界的各个领

---

① 关于政策因素对以"超女"为代表的选秀节目的规制，可参看杨玲的博士论文《超女粉丝与当代大众文化消费》(2009年，首都师范大学)的总结与分析。

域。因此才有利文斯通的"一切都是媒介化的"的论断和詹金斯的文化融合的观察。吉托曼认为,"文档已经不再只是文档,任何历史说明都依赖其所使用的媒介形式本身"[1]。媒介生态的改变意味着新的认知方式的开始。

---

[1] GITELMAN L. Always already new:media,history and the data of culture[M]. Cambridge:MIT Press,2006.

第二章 新媒体：最"冷"的"冷媒介"

第一节 何为新媒体？

媒介生态正在发生根本性的改变，电视时代开启的整体感知在互联网时代已经获得了新的契机。从电视到网络，媒介环境的演变更加深入地到达用户和家庭，媒体在短短几十年的时间内从客厅里的新鲜玩意全方位地嵌入我们的生活。计算机技术和网络的诞生是人类媒介史上对人类感知影响重大的事件。新媒体是继电视之后新兴的电子媒体，它以计算机技术为基础，以计算机技术发展为主导，以互联网的兴起为重要标志。

20世纪90年代中期普及的互联网是新媒体得以发展的重要一步。早期互联网被称为万维网，1990年10月，万维网的发明者、英国人蒂姆·伯纳斯—李(Tim Berners-Lee)定义了互联网的三大关键基础技术：HTML(超文本标记语言)、URI(统一资源标识符)，以及 HTTP(超文本传输协议)。HTML 定义了网络中资源的统一格式，URI 解决了如何定义网络资源对应在网络中的唯一的位置问题，而 HTTP 则提供了信息和资源的传输与访问的统一标准。三大关键技术的提出，解决了网络中资源连接与传输的基本问题。当 URI 定义了一种资源在网络中的唯一位置后,如何建立不同资源之间的连接,或者如何将网络中不同介质的信息和内容如彩图、音乐、数据、资料等通过网络来呈现就是下一步的关键。

这就引出了互联网中的另一项重要的超链接原则,超链接使原先散落于各处的相关信息通过简单的点击就可以被即时获取,它不仅可以让用户拥有获取和储存信息的便利,而且可以让用户通过这种方式建立"思想踪迹"①。随着超链接的发展,搜索引擎技术也日渐强大起来,诞生出如谷歌、雅虎等网站,这使得在互联网上进行检索和获取目标信息变得非常简单。搜索引擎的出现,降低了互联网的使用难度,越来越多的人和内容得以加入其中,这促进了互联网的普及,也使得新媒体能在这一大背景下发展起来。

新媒体在传播方式、传播内容的产生、传播发起、受众、传播的时效性上都与传统电子媒体有很大的区别。在传播方式上,新媒体以多对多、点对点的传播方式颠覆了传统媒体如电视、广播等的一对多的模式。正如美国《连线》杂志对新媒体的定义:它是所有人对所有人的传播。

从传播发起者和接受者的角度来看,传统媒体的内容产生于电视台、报社、广播电台,以及早期互联网 Web1.0 时代的网站,这些传播源是传播的发起方;接受方则为收看电视的观众、报纸的阅读者、电台的听众以及浏览网站的网民。这种方式是从源到端的单向传播。而新媒体时代,传播发起者和接受者的角色可以转化,每个人都可以成为生产者,人人也都可以成为传播源。新媒体传播的时效性也大大缩短。这可以从两个方面来看,一方面,内容和消息能够以很快的速度传遍整个网络;另一方面则是旧的消息和内容也很快被新的消息和内容所取代。

新媒体的这些特性是由新媒体依托的互联网的技术结构所决定的。互联网多对多的连接方式、终端和个体的平等性以及即时传输的网络决

---

① BUSH,VANNEVAR M,STEFIK. Internet dreams:archetypes,myths and metaphors[M]. Cambridge:MIT Press,1996,15-22.

定了新媒体去中心化、信息发送和接收端平等、传播快、覆盖广的特点。

特里·弗洛(Terry Flew)在定义新媒体时强调新技术的融合功能以及它的文化内涵,他在《新媒体》一书中对目前新媒体的研究现状做了系统梳理。根据弗洛的定义,新媒体是三种技术的结合体:传播技术网络、计算机信息技术、内容媒体技术。新媒体可以被认定为数字媒体,数字媒体将资料、文本、声音、图像等整合在一起,以数字的方式存储,并通过宽带光缆、卫星、微波等传送系统进行传输。它以可操控、网络化、压缩、中立[1]的特点重新定义了媒体的平等精神。

吴信训教授总结了新媒体所具有的一些共同特征:首先,利用者主导性高。从受众行为来看,受众从过去的被动消极接收信息转而变成具有一定的主动权,可以根据自己的意图来选择和行动。其次,新媒体是为了很多家用设备如电视机、家用电脑等而开发的,它并不仅仅是在原来的基础上增添的新媒体设备。在当前这个新媒体越来越具有便捷性和移动化特点的时代,我们还应该在家用设备的基础上再加上个人媒体或者移动设备,这可能是未来媒体的主要趋势之一。与家庭化的客厅模式并行的还有个人移动设备,它们使媒体真正成为人们生活中不可缺少的一部分。最后,原先为经济界、实业界日常所应用的以电信号为载体的交流双方传递信息符号的方式,将导入普通的家庭。因此,新媒体不仅能满足日常交流,"还处于经济界、实业界的数据、信息处理的延长线上的地位"[2]。家庭可能会事务所化,新媒体的出现将模糊系统与生活世界之间的界限。

除了以上提到的新媒体的这些特征和文化内涵外,新媒体出现的最重要的影响在于,或者说新媒体和互联网一起产生的影响在于,其促生了一种新型平台,并且打破了信息在时空和规模上的局限,改变了信息的组

---

[1] FLEW T. New media: an introduction [M]. 3rd ed. South Melbourne: Oxford University Press, 2008.
[2] 吴信训. 新媒体与传媒经济 [M]. 上海:上海三联书店, 2008.

织方式。互联网的超文本技术从不同的位置和时间为信息建立起联系，打破了空间和时间的局限。新媒体的参与互动，将信息的交互和数据的聚合开展到几乎无限大的规模。这也是随着新媒体和互联网的发展，Web3.0、语义互联网、物联网、人工智能等概念得以开始出现的原因。

一、超文本

超链接是网页的一部分，是形成超文本的基本方法，它使网页呈现出一种马赛克般的拼接效果，它是迥异于书本线性模式的一种网络媒介工具。它使网页与其他目标形成基本的连接，建立链接后的网页才构成一个网站。超链接目标可以是多种形式的媒介文本，包括图片、视频、电子邮件地址、文件、应用程序等，它们都是单一页面的延伸。当浏览者单击超链接时，相对应的目标文字或图片就会显示在浏览器上，并且根据目标的类型被打开或运行。超链接的作用类似于论文中的参考文献或注释，以方便读者随时参考某一词语的定义为目的。可以说，如果没有超链接，那么网页将是一座孤岛。由于超链接的延伸效果，任何一个页面都处于一种中间站点的状态，页面也由多种超链接区域构成，页面在本质上类似于马赛克的拼接效果，在不同区域的点击将使浏览者进入下一个相关的节点，它是人们浏览网上内容的导航者。

网络超文本通过超链接处理文本之间的关系，它具有开放性、自主性、互动性等特点，是网络媒介文化潜力、活力与灵活性的来源。超文本是用超链接的方法，将各种不同空间的文字信息组织在一起的网状文本。超文本更是一种用户界面范式，用以显示文本及与文本相关的内容。它是一种按信息之间的关系非线性地存储、组织、管理信息的计算机技术。它的作用是收集、存储、磨合浏览离散的信息以及建立和表现信息之间关联。超文本由若干信息节点和表示信息节点之间相关性的链构成，是一个具有一定逻辑结构和语义关系的非线性网络。①

超文本可以超越传统媒介时代文字与图像之间的分隔,用户的接受者与生产者之间的身份界限消失。通过比特流,它构成了物与物之间复杂而相通的响应关系。这种功能类似于人脑的想象功能和思维路径,充满复杂、闪烁、诡变、难以预料的变奏,就像伟大的文学作品中呈现出来的思想那样。"从超文本的起源看,人脑本质上就是超文本最初的母本,它是既呈现多姿多彩又符合规则的奇妙混合体。可以说,互联网和超文本既是人脑的产物,同时也是人脑的摹本。"②使用超文本指针可以使按顺序存放的文件具有一定程度的随机能力,这种随机性更加符合人类非线性的、跳跃的、交叉的思维方式,每一个动作都代表了使用者的思维路径。超文本模式下意义的生产没有边界,它不断地被建构、被解释、被补充。

二、WebX.0与集体智慧

作为一项变革性媒介技术,Web2.0的开发和应用开启了一个全新的互联网互动参与时代。Web2.0模式下的互联网应用具有用户乐于分享、信息聚合、社群以兴趣为聚合点、平台开放、用户活跃等显著特点。Web2.0技术主要包括:博客、RSS、百科全书、网摘、社会网络、P2P、即时信息等。它给用户提供了一个可以自主利用和分享信息的平台,体现着互联网的平等与民主精神,也是信息技术发展引发的面向未来、以人为本的创新模式。Web1.0时代的网络由网站专门人员安排内容,而在Web2.0时代,所有用户都可以通过网络互动应用技术参与内容的生产,

---

① 百度百科关于"超文本"的词条。
② 陈定家."超文本"的兴起与网络时代的文学[EB/OL].(2008-08-24)[2008-08-30]. http://www.lwlm.com/html/2008-08/131932p2.htm.

这体现了互联网创新民主化的进程。Web2.0 的原则为:以互联网为平台、利用集体智慧、数据库驱动、软件超越单一设备、用户体验丰富等。①

Web3.0 是在 Web2.0 的基础上进一步深化而来的,它在网络速度和人机互动上更加优化,它包含多层含义,可能出现各种不同的方向和特征,"包括将互联网本身转化为一个泛型数据库,跨浏览器、超浏览器的内容投递和请求机制,人工智能技术的运用,语义网,地理映射网,运用 3D 技术搭建的网站甚至虚拟世界或网络王国等"②。Web3.0 技术是最终通往人工智能的一条网络进化之路,是进一步模拟人类思维的网络发展阶段。新一代技术的应用将与人的生活紧密相连,它被定位为"人类的保姆",为人的生产和生活提供方便。这种人与技术的互动将在更加深刻的意义上改变人类社会结构。

从早期的网络到 WebX.0 时代,随着网络技术的发展,人类知识的传承与分配也发生了重大变革,已有学者注意到网络的发展在信息传播、人际交往、知识学习等层面的进化,这将是未来人类社会需要格外关注的问题。然而,无论网络发展到了哪个阶段,集体智慧或者说集合智能都是其核心内涵之一。列维和德克霍夫两位学者在 1997 年几乎同时看到了网络对于知识生产和社区结构的潜在影响,并提出以大众传播媒介研究的思考方法来考虑人工智能的构想,通过集中网络信息及改善通信技术的方式去补充社区知识库。他们认为,这些通信工具可以使人类既方便又快速地进行互动、分享与合作。随着互联网的发展和广泛使用,那些以社区为基础的论坛,例如维基百科,通过对数据库的集体访问,以及允许用户"利用蜂巢",给予参与用户存储和检索知识的机会。③ 网络用户可以

---

① 百度百科关于"Web2.0"的词条。
② 百度百科关于"Web3.0"的词条。
③ FLEW T. New media:an introduction[M]. 3rd ed. South Melbourne:Oxford University Press,2008.

在线编辑知识,普通人对于知识的贡献和分享的机会已大于以往任何时候。

2012年3月,《大英百科全书》宣布停止印刷版发行。① 这是一个标志性的事件:它标志着印刷书籍已出现衰落,随着电子阅读的日益普及,人们的阅读习惯正在发生重大改变。电子阅读器正在取代纸质印刷媒介而成为主要的阅读介质,这也意味着协作式的集体智慧将重新改写传统意义上的百科全书。集体智慧的潜在内涵要求智慧提供者主动、自觉、自愿地提供知识,以填补空白、纠正观点。像维基百科便是一种在线的百科全书,一种多人协作的写作工具。维基网站由网络开发者和用户共同维护,每个人都可以利用这个平台发表意见、编辑内容、获取知识,或者对共同的主题进行扩展和探讨。

集体智慧是由通信技术的进步而引发的知识共享和无限生产。其真正意义在于:在一个人人都可以贡献知识与智慧的电子时代,人类的智慧潜能可以得到最大限度的发掘。正如皮埃尔·列维(Pierre Levy)在《集体智慧》(Collective Intelligence)一书中说的那样:"没有人知道所有事情,每个人知道一些事情,所有的知识潜藏于人类。"②我们可以将每个人知道的那些片段结合起来,以此汇集资源与技能,集体智慧可以被看作是另一种媒介权力的来源。我们正在融合文化的日常互动里学习如何运用这种权力。集体智慧首先会在休闲和娱乐层面发挥作用。但是,很快这类技能就会在学习和知识应用等更为"严肃"的事物上发生作用。在融合的媒介平台上,娱乐内容不再仅是娱乐,就连我们的生活、关系、记忆、幻

---

① 后印刷时代 电子阅读如何引领阅读革命[EB/OL]. (2012-07-18)[2018-06-18]. http://it.sohu.com/20120718/n348434125.shtml.
② LEVY P. Collective intelligence: mankind's emerging world in cyberspace[M]. Cambridge: Perseus Books, 1997.

想、渴望都在跨媒体间流动。①

　　集体智慧的另一个内在含义是更加优化的决策，它的精神内涵是协作。这是对过去知识精英和威权体系的解构，知识权力将被更多地交到普通大众手中，而团体智慧将被充分调动起来。这充分体现了互联网平等和民主的追求。詹姆斯·索诺维尔基(James Surowiecki)在《群体的智慧》(*The Wisdom of Crowds*)一书的副标题中指出了其核心问题：多数人为何聪明于少数人，集体的智慧如何塑造商业、经济、社会与民族。《群体的智慧》从经济学和心理学的角度阐述了一个主要观点：在团体中，信息集合下做出的决定往往比单个成员单独所做的决定要好得多。②"群体的智慧"是"对单独的个人判断的多样化收集，不同于传统意义上理解的集体心理学。它却与统计学上的抽样理论有着极为相似的地方——一个通过集合了那些单独存在的个人判断所得到的结论，似乎更具有典型性，这种典型性代表了全体人类所能够想到的可能的结果，从而得到较为准确的预言"③。

　　在认知的层面上，大众媒体的集体心智与碎片化媒体的个人心智存在很大差异：观看电视倾向于一种集体行为，每一个个体在接收集体意志，但在反向上，却没有个人信息的输入。计算机则恰恰相反，它是个性化的，随处可得的，计算机"是没有集体信息输入的个人心智"④。当两者相融合时，个人心智与集体心智则有可能通过这种连接而相互沟通。这时，个体与集体的边界开始模糊，在个体与电子屏幕之间，个体与集体实现了有机重组。当群体心智发生时，个体的声音和富有个性的观点可能被淹没在团体的"合唱"和集体的意识之中。用麦克卢汉的话来说，这种

---

① 陆陆 lulu. Henry Jenkins: Convergence Culture 融合文化[EB/OL]. (2009-01-27)[2018-03-10]. http://blog.sina.com.cn/s/blog_5180f9a90100c6uq.html.
② SUROWIECKI J. The wisdom of crowds[M]. New York: Anchor Books, 2005.
③ 维基百科关于"群体的智慧"的词条。
④ 德克霍夫. 文化肌肤——真实社会的电子克隆[M]. 汪冰，译. 保定：河北大学出版社，1998.

集体的意识"并不以任何具体东西的知觉为前提"。

麦克卢汉在1959年发表的"电子革命:新媒介的革命性影响"演讲中谈道:知识正在以一种与新媒介发展相平行的方式转向社群和参与的全球化角色。① 在媒介如何历史性地改变了我们的社会传播模式这一问题上,《电子教育》(*Educause*)在线杂志主席兼执行官欧布林格(Diana G. Oblinger)博士认为:"技术改变了'网络一代',就好像它现在改变了高等教育。"参与式和体验式学习将在未来大大改变现行教育模式。

第二节 麦克卢汉"冷媒介"论

"冷热媒介论"是麦克卢汉界定电子媒介之于人体感官认知特性的方法,该论说与"延伸论""讯息论""媒介四定律"等一起成为麦克卢汉媒介理论之代表。麦克卢汉提出把电视看作"冷媒介",而把电影看作"热媒介",一时间引起了众多不解。一些批评家认为,如果要以"冷""热"的标准来界定电视和电影特性的话,那么应该是相反的结果。随着媒介技术的不断发展,当前的媒介生态与麦克卢汉当年提出"理解媒介"的时候相比已有巨大差别,许多20世纪围绕麦克卢汉的理论的争论在今天都变得清晰起来,当年的许多判断和预言都已经成为我们眼前的现实。在媒介转变时期,有必要重新回到它的产生背景,分析该理念的内涵以及学者对它的理解和争议,并从中获得观察新兴媒体发展的视角。

---

① MCLUHAN S, STAINES D. Understanding me: lectures and interviews [M]. Toronto: M&S, 2003.

一、电视主导时期："冷媒介"理论的提出

(一)媒介背景：电视成为主导的大众媒介

当前，电视处于一个转型阶段，观看电视的模式已由过去的客厅主导模式转向多种电子设备屏幕观看的方式。同时，人们也不再满足于"沙发土豆"(coach potato)的角色，而是通过各种双向的电子途径与电视节目互动，甚至参与电视节目的制作生产，决定电视节目的发展进程和走向。可以说，电子媒体技术的演进已经将媒体使用权从机构转移到了用户。在其他媒体上看到的电视节目大部分时候都是高清效果的，不过也有一些媒体为了节约带宽而对画面进行了大幅压缩，导致影像粗糙模糊，观众只能看清轮廓，细节都难以辨认。为了能够在多种设备上随机观看电视节目或电影，我们对于各种模糊影像都表现出了出奇的包容。其实，最早的电视也是如此，需要费力辨认才能看清那些模糊的形象和微小的细节。

早期的电视图像质量与现在相比相差甚远。1946年，美国第一次播出全电子扫描电视节目。20世纪50年代彩色电视诞生，采用"点描法彩色电视技术标准"。点描法的意思是在摄影机中安装三个摄影管，分别摄取透过滤光镜所分析出来的红、蓝、绿三种基本颜色，将其转换成电子讯号。接收机接收到传达来的讯号后，由三色显像管向荧光屏扫描而还原成彩色图像。这种技术标准下的电视图像是非高清图像，就是俗称的"雪花点"图像。虽然图像质量不尽如人意，但是彩色电视机在当时仍然十分畅销，电视在短短十年内一跃成为西方媒介历史上继广播、电影之后最有影响力的"大众传媒"。

电视带来了更多的信息和娱乐体验：家庭化的观影环境、吸引儿童的动画片、新闻报道、由剧院式表演秀发展而来的电视综艺节目，使大众的

娱乐需求获得了前所未有的满足,电视的影响力甚至延伸至经济和政治层面,学者和媒体人普遍认为是电视这种新媒介主导了1960年的美国总统选举。

作为当时的另一种电子媒介,广播虽然没有特别的技术创新,却在很大程度上改变了新闻和娱乐领域的规则,广播在1918年至1925年独领风骚。广播的共时性声音传送,将以前电话、电报、编辑出版物的新闻传播与娱乐功能集于一身,使其获得了大众的青睐。人们可以在家里收听歌剧、话剧、幽默小品或者新闻。同时,广播的出现从一开始就与军事用途相关。从时间上看,它与20世纪前半期人类野蛮行径的发展并行,法西斯政权将广播作为其主要的宣传工具,收到了很好的效果。广播在很大程度上调动了听众对领导人的崇拜情绪和参战的热情。麦克卢汉甚至认为,没有无线电广播就没有希特勒。这种缺乏形象只有声音的媒体制造了希特勒的"成功",因为广播只延伸一种感知,即声觉感知,是信息饱和而参与度低的热媒介。而电视则遵循另一种电子媒介语法。

在电视之前,电影是一枝独秀的影像媒体,被称为"第七艺术"。从无声到有声,从黑白到彩色,从集市表演到成为新的艺术形式,从陈述时事到讲述故事和传达艺术观念,人们对影像完美性的追求使得电影技术与艺术的发展日益逼近视听真实,并且到达人们的心灵层面。人们走进电影放映厅,随着黑暗大厅电影帷幕的拉开而关闭其他的感官,任眼睛享受来自荧幕的视觉体验。电影人和影评人心中的"幽暗大厅的芳香"为大众制造了一种独特的电影记忆与历史。

电视的出现给电影带来了极大的冲击,它使电影经济出现动荡不安的局面,同时,它以另一种方式为电影业注入了生机。电视更多地参与到电影的投资项目中,电影通过电视频道进行传播。作为当时的旧媒介,电影成为电视的一部分,成为电视的内容。正如麦克卢汉总结的那样,旧媒介总会成为新媒体的内容。电视集合了此前口语交流、广播的音频传播、电影的视像传播的功能，成为当时融合性最高的一种媒介而受到观众和广告主的追捧。

(二) 麦克卢汉的隐喻："冷媒介"与"热媒介"

麦克卢汉关于媒介的相关论述产生于20世纪60年代。当时正是电视的黄金时期，人们被这一新型电子媒体所吸引，尤其是青少年、儿童，他们表现出了对书本的冷漠和对电视的痴迷，这引起了社会学家和传播学者的注意。究竟电视有何吸引力，能够成为儿童们最大的玩具，也让成年人在不知不觉中变成"沙发土豆"？研究人员纷纷对这一现象进行了关注。尼尔·波兹曼(Neil Postman)在他著名的《娱乐至死》一书中提出，电子媒体尤其是电视媒介给人们带来痛苦的原因"不在于以笑代替了思考，而是他们不知道为何而笑和为什么会停止思考"[1]。

当时的学者以传统的研究方式研究电视里播出的内容，进而研究电视媒介的效果。施拉姆主持了一个关于电视对儿童生活影响的研究项目，从电视的内容、收看时间和词汇频率等方面测试电视对儿童的影响。这项研究在麦克卢汉看来是不会有太大效果的，因为施拉姆没有"研究电视形象的具体性质"[2]。施拉姆的研究使用的是过去研究书本时代的文献内容的方法，即只注重电视中播出的具体内容的效果，而没有注意媒介形式本身发生的重大改变，这种改变已经深刻地影响了人们的感知，影响了青少年、儿童在看书与看电视之间的选择。麦克卢汉坚信，如果人们不了解新媒介的语法，他们在新技术与新媒介面前会感到非常迷惑。他认为，那些批评电视节目"内容"的人关于"电视中的暴力"的言论，实在是没有抓住问题的关键。他们没有掌握新媒介的语法，"他们的假设是从书本

---

[1] 波兹曼.娱乐至死[M].章艳,译.桂林:广西师范大学出版社,2004.
[2] 麦克卢汉.理解媒介——论人的延伸[M].何道宽,译.北京:商务印书馆,2000.

媒介衍生出来的,书本媒介的特点是形式和内容的分裂"①。因此,施拉姆的研究方法对于电视这样的新型电子媒介是无能为力的。

在这样的背景下,麦克卢汉在1964年首次出版的《理解媒介——论人的延伸》一书中宣告:媒介即讯息。该书为人们认知电视提供了一个新的视角,即从媒介形式及其对人的感知方式的影响观察电视。媒介不是中立的手段或技术,而是携带着信息的子弹弹壳,悄然改变着我们对世界的感知方式,它对个体、文化、社会秩序都有深刻影响。麦克卢汉认为,媒介是人体的延伸。从大媒介的角度看,人类技术对文化的影响是潜移默化的。理解媒介是人体的延伸,要从人们所依赖的物品器具对人的影响开始。当社会或个体制造或利用一些工具和物品时,人的身体和心灵得以到达一种新的形态范畴,此时一种新的延伸诞生。如火车是腿的延伸,它能使人以更加轻松快速的方式到达远方;望远镜是我们眼睛的延伸,它将眼睛的功能大大扩展。在电子媒介时代以前,技术的作用是向外扩张的。到了电子媒介时代,技术的过热发展产生了内爆,新兴电子媒介延伸的是我们的中枢神经系统,我们的意识通过电子屏幕展现出来并彼此联通。媒介在不知不觉中改变了我们对世界的认知方式。麦克卢汉"媒介即讯息"推理的前提是:"我们自身变成我们观察的东西。""我们塑造了我们的工具,此后工具又塑造了我们。"②在麦克卢汉的媒介哲学中,我们与世界的传媒性关系(传媒与世界、传媒与我们的关系互为一体)体现为"建构"的关系,③这种互为一体的共生关系是麦克卢汉媒介哲学的核心。

麦克卢汉以温度为隐喻,提出了以"冷媒介"和"热媒介"来区别媒介对于人体延伸的方式,"热媒介有排斥性,冷媒介有包容性"④。冷媒介延伸多种感觉,它的定义性较低,它要求受众更多的参与,而热媒介只延伸

---

①② 麦克卢汉.理解媒介——论人的延伸[M].何道宽,译.北京:商务印书馆,2000.
③ 谢锐.传媒哲学视野下的麦克卢汉媒介观[D].兰州:兰州大学,2007.
④ 麦克卢汉.理解媒介——论人的延伸[M].何道宽,译.北京:商务印书馆,2000.

一种感觉,具有高清晰度,无须受众过多的参与。他把电视、电话、文字归入"冷媒介",而认为电影、广播等是"热媒介"。按照麦克卢汉的解释,"冷媒介"是一种"低定义""低清晰度""高参与度"的媒介,它的开放性给用户的数据填充提供了条件。电视屏幕上的光点在视网膜上形成暂留的错觉,它需要视觉信息的补充才能将视像连贯起来,也就是说,一些不确定的信息需要接受者通过想象进行补充,才能使形象具有意义。这种感知参与在无意识的情况下进行,因此不易被察觉,而接受者在这一过程中获得即刻的满足感。"冷"的"间歇"比"热"的"连接"更能将人们深深卷入,它表达成分少而具有更多的"启发"的力量。①

麦克卢汉所说的参与"主要不是指思想的卷入,而是我们感知的方式"②。这种"卷入"并非指观众在看电影的时候投入精彩的情节之中的思想,而是人体感知层面的参与。麦克卢汉所论的"冷媒介"欢迎观看者的卷入,是指感知系统的卷入。"冷媒介"需要观看者或者使用者主动去填充联结点之间的信息,调整信息之间的关系与距离,就好比修拉的画法和中国水墨画,给出的信息量不多,不够清晰和连贯,它要求观看者主动调整观看的距离,在想象中对话,完成"间歇"之间信息的补充,它是主动投入创造的过程,体现了介质与观看者之间的互动性。

在新兴电子媒介时代,媒介形式和平台空前丰富起来,内容生产关系发生改变,用户可以生产媒介内容,媒介权力关系发生转移,信息生产权和使用权已部分交移至用户手中。从抽象的意义上来讲,媒介信息的清晰度比任何时候都低,它要求观者或用户的卷入程度也比以往任何时候更高。麦克卢汉说:"在电子时代,我们以全人类为自己的肌肤。"德克霍夫也认为,"随着知觉表象的投射界面由大脑皮层转移到电脑屏幕,整个

---

① 巴勒.传媒[M].张迎旋,译.北京:中国传媒大学出版社,2007.
② 麦克卢汉.理解媒介——论人的延伸[M].何道宽,译.北京:商务印书馆,2000.

网络成为我们身体的电子化延伸"①。人体的感知与电子媒体的界限变得非常模糊。那么,它的感知是如何开展的?要回答这一问题就必须对"冷媒介"进行重新理解。因为新兴电子媒介的出现使高参与度和低清晰度的"冷媒介"语法变得更加清晰,现实使这些判断一一得到印证。

二、"冷媒介"的内涵

目前,对于"冷媒介"清晰度低的理解主要有两种:首先,从技术的层面去看,认为早期电视画面效果的低清晰度是麦克卢汉将电视定义为冷媒介的原因,当技术发展到高清时代,视觉效果由早先看上去的"雪花点"效果转为可与胶片电影一样高清逼真的效果,人们不再需要靠想象力去完成空缺的荧屏形象。从这个角度分析的低清晰度只限于荧屏形象视觉效果。其次,从媒介信息的层面来分析,电视未给人体感知提供充分的信息,人体需对其形象进行反向补充。电视之所以是"冷媒介"是因为对感官的卷入程度要求高,这与印刷物对人的投入不同,文字以抽象的符号动员人的视觉和思维,其思想的投入与身体感知的卷入不同。

(一)关于"冷媒介"的争论

在媒介理论中,恐怕没有什么理论比"冷媒介"理论更有影响力而又饱受争议的了。电视这种"冷媒介"的高参与性语法不仅难以被学界人士理解,更为业界人士所忽略。"完全有把握弄清这种区别意义何在的批评家,可真是百里挑一。"②从20世纪该论说提出至今,学者与文化名人都对其争论不休,许多问题的焦点都指向"感知""参与""卷入"这些核心词

---

① 德克霍夫.文化肌肤——真实社会的电子克隆[M].汪冰,译.保定:河北大学出版社,1998.
② 麦克卢汉.理解媒介——论人的延伸[M].何道宽,译.北京:商务印书馆,2000.

语和对"电视是冷媒介"的质疑,参与这些争论的既有传播学经验学派代表人物施拉姆、卡茨等,也有后来同样被认为是媒介环境学派代表人物的梅洛维茨。来自不同视角的学者和理论全方面地检视"冷媒介"论述及它的潜在含义。虽然对于这一概念的所指争执不下,但从总体上看,它引起了学者们的强烈兴趣,人们在不断地引用和争论中发现,麦克卢汉对他所提出的问题"只探索、不解释",这种风格给他的读者造成了很大的麻烦,正如"冷媒介"这一概念本身,在信息点与信息点之间留下的间歇太多,因此也给学者们留下了很大的讨论空间。

  与麦克卢汉同时代的传播学集大成者施拉姆认为麦克卢汉关心想象的能力甚于关心抽象的能力,[①]并认为麦克卢汉对于"冷""热"媒介的区分就是对此的一个例证。麦克卢汉认为,印刷媒体是重视线性思维而鼓励抽象力的媒介,它的普及使人们产生了对视觉的偏倾,而关闭了其他的感知系统。但是,"冷媒介"要求全体感觉投入达到一种平衡,这需要丰富的想象力。施拉姆认为,麦克卢汉关于电视是冷媒介的说法难以用科学方法来验证,并且因为麦克卢汉的文体晦涩难懂、不重分析而认为其轻视科学研究。不过,施拉姆认为麦克卢汉关于媒介的想象效应非常值得研究。显然,施拉姆对于麦克卢汉学说的批评也是基于传播学经验学派一贯的社会科学研究方法,重视事实论证而非人文历史学研究方法。但事实上,施拉姆的这一判断有其历史局限性,后来的神经科学和媒介研究领域都有科学成果验证了麦克卢汉的理论的可行性。

  另一位社会学家和传播学者——伊莱休·卡茨(Elihu Katz)对麦克卢汉的理论也表现出了浓厚的兴趣。他参与编写了一本关于多伦多传播学派理论的解释与应用研究的著作,该著作对麦克卢汉的观点及影响进行了总结和评价。他认为,麦克卢汉的"冷媒介"理论主要基于他的总体

---

① 施拉姆,波特.传播学概论[M].陈亮,等,译.北京:新华出版社,1984.

媒介观,即强调媒介对于人的个性、文化、社会结构的影响。电视是一种模糊的媒介而具有"冷"的性质,因此要求受众更多地参与制造意义,联结像素之间的空白从而不知不觉地参与其中,因此获得一种即刻的满足。①电视的时间性以及抽离的特质比以往任何时候的媒介都更加强烈。与印刷文字的抽象要求思维的投入比起来,电视更加让人全身心、不知不觉地卷入。麦氏的理论看到了感知卷入与思想投入的分别,这是他早年同其他媒介研究学者和传播学派观点相左的地方。

同被认为是媒介环境学学者的梅洛维茨在解读麦克卢汉的经典媒介文本时也赞同从感知的角度来理解媒介,但是他认为麦克卢汉对冷热媒体的理解也是基于画面清晰度而言的,电视之所以被麦克卢汉划分为冷媒介,是因为电视图像模糊不清。在电视诞生和普及的初期,无论荧屏尺寸大小,它的信号都只有525线扫描的清晰度,基于20世纪五六十年代电子技术条件,电视的不清晰是可以用麦克卢汉的办法来解释的。但是,今天的高清电视将改变这种定义,电视将是一种"'更热'的新媒介"②。持相同看法的还有麦克卢汉著作的译者何道宽③,他认为由于现在电视画面已经不再像当时那样模糊,高清画面条件下的电视应该是一种新的感知,因此,应该把电视作为"冷媒介"的判定进行修改。

(二)信息层面的理解

持"媒介进化论"观点的莱文森认为,麦克卢汉的媒介理论在更加典型的数字互动时代将有新的用途。他不仅赞同麦克卢汉"冷媒介"与"热媒介"之论说,而且在其基础上进行了补充,提出应该在限定范围内来看

---

① WATSON R. The Toronto school of communication theory: interpretations, extensions, applications[M]. Toronto: University of Toronto Press, 2007.
② 卡茨,彼得斯,利比斯,等. 媒介研究经典文本解读[M]. 常江,译. 北京:北京大学出版社,2011.
③ 麦克卢汉. 理解媒介——论人的延伸[M]. 何道宽,译. 北京:商务印书馆,2000.

待冷媒介,这样可能更好理解,也使冷媒介理论更加适应于人们的研究。莱文森认为在划分冷热媒介时要考虑媒介类别,同一类媒介相对而言更适合作区分,如视听媒介电影与电视、文学媒介诗歌与散文、图画媒介照片与漫画等。① 他认为电视文化出现以来,通俗文化热度逐渐下降,原因在于电视这种"冷媒介"只利于传播"冷"的形象。在文章《细说互动媒体之冷热》(1976)中,莱文森指明了媒介冷热与单向消极媒介和双向积极媒介机制的关系,这也更能解释作为同样以传播声音为目的的媒介,广播和电话之间的最大区别就在于单向传播与双向互动之间的不同。

传播媒介对社会的影响在于媒介的性质在无形中塑造了一种新的交流方式,无论交流的内容是什么,交流的形式本身就带来了一种新的改变,因此,麦克卢汉认为所有技术几乎都具有像点金术一般的性质。"每当社会开发出使自身延伸的技术时,社会中的其他一切功能都要改变,以适应那种技术的形式。"② 电视媒介属于图像型艺术,它让我们像用手一样使用眼睛,以填补图像未提供的其他面向的形象。因此,图像型艺术并不是视觉具象(visual presentation),也不是由一个视点决定的专门化的视觉偏向,而是触觉的。它是整体的、通感的,涉及一切感官。"电视时代的儿童浸透着马赛克电视图像,所以他们接触世界时带着与书面文化对立的精神。"③

"冷媒介"理论之所以招致如此多的理解、争议甚至批判,是因为传播学及媒介研究学界在传统上对其做出了误读。在重新解读定义方面,国内学者黄志斌的论文有助于我们在纷乱中把握问题的实质。他认为,"冷媒介"理论受到误读有四个原因:第一,受开篇立论习惯的影响;第二,混

---

① 莱文森.数字麦克卢汉[M].何道宽,译.北京:社会科学文献出版社,2001.
② 麦克卢汉,秦格龙.1969年《花花公子》访谈录:"麦克卢汉——流行崇拜中的高级祭司和媒介形而上学家袒露心扉"[M]//麦克卢汉精粹.何道宽,译.南京:南京大学出版社,2000.
③ 麦克卢汉.理解媒介——论人的延伸[M].何道宽,译.北京:商务印书馆,2000.

淆了时空观念;第三,忽视了相对性;第四,无视"加速性"观点。在厘清了学者对于麦克卢汉的理论的误解之后,按照传统的定义标准,需要对麦克卢汉提出的"冷媒介"进行重新界定,"结合传统定义和麦克卢汉的行文中直接或间接表露的种种观点,可以对麦克卢汉提出的冷热媒介归纳总结出如下定义:一定时期和地域范围内,在两类媒介之间,在某一特定属性上相对清晰度高、推动信息流通和交换能力较强的一方为热媒介;相反,在某一特定属性上相对清晰度较低、推动信息流通和交换能力较差的一方为冷媒介。"[1]此定义强调了"冷媒介"理论在同一类别媒介中的对比价值,因而对于媒介比较研究的生态考察具有重要意义。

麦克卢汉还认为,媒介之于文化也有"冷""热"之分,"冷媒介"放到冷文化和热文化里有不同的效应。何谓"冷文化",麦克卢汉并没有明确定义,但是根据他在相关文章中的描述,我们可以将"冷文化"与几个方面联系起来:首先,以西方历史发展为坐标,相对于充分工业化的发达地区而言,欠发达地区的文化可以看作是一种冷文化,这些国家"没有经历过西方国家机械的、专门化的文化渗透"。其次,是不是一个重文字的社会,相对于书面文化与印刷文化发达的国家和地区而言,"不重文字的社会"可以视作具有冷文化特征的社会。"热媒介究竟是用于热文化还是冷文化,大有区别。收音机这种热媒介用于冷文化或者不重文字的社会,其影响甚为剧烈;用于热文化,其结果则截然不同。"[2]在麦克卢汉看来,收音机这样的热媒介在热文化里是一种娱乐,而到了冷文化里,收音机这样的热媒介所引起的震动效应是巨大的,有可能造成情绪鼓动的效果,就像电视这种冷媒介在偏重印刷文化的热文化社会里带来的冲击一样。

在感知的层面,麦克卢汉的"冷媒介"理论强调从视觉空间到声觉空间的恢复:未来的虚拟世界将是无需文字而只要言语的"声觉空间"。"声觉空

---

[1] 黄志斌.冷热媒介传统划分标准误区及概念新探[J].北京印刷学院学报,2006,14(2).
[2] 麦克卢汉.理解媒介——论人的延伸[M].何道宽,译.北京:商务印书馆,2000.

间"与"视觉空间"在感知方式上不同,它更加具有整体性。眼睛聚集与分割信息,而声觉空间则更加有机、流动、发散、包容,声觉空间能穿透意识层面而到达更深层的部分。在麦克卢汉看来,部落时代就是一个声觉时代。文字出现以后,声觉空间逐渐弱化,古登堡印刷工业加速了这个过程,当文字印刷品成为西方社会传播思想的主要工具时,声觉不得不让位于视觉,原来咖啡馆式的口口相传让位于印刷时代的书本文字交流。到了电子媒介时代,情况发生了改变。电视的出现对人的声觉感知进行了补偿。

从概念上对"冷媒介"做重新处理是一种有效的办法,它可以修正人们对其的片面理解。如黄志斌所做的那样,在原先的定义上加上两个维度:一个维度指标是指在某一特定属性上的相对清晰度和推动信息流通和交换能力的程度,以这样的指标来划分"冷""热"媒介可以澄清很多误会;另一个维度指标是指"参与"及其延伸概念"互动",从这一角度会使理解显得更加清晰,让我们的把握更加灵活。因此,不妨把麦克卢汉的"冷媒介"理论视为一种"分析媒介对社会影响的'方法论'"①,将其理解为一种工具、一种方法。当这一理论被应用于不同的媒介环境、不同的文化背景会有不同的影响。这也是本书所采取的路径。

第三节 最冷的"冷媒介"

一、新媒体:最冷的"冷媒介"

新兴电子媒体以前所未有的网络技术将媒体的使用权交给用户,从某种意义上来说,新兴媒体给出的只有形式,而没有传统媒体时代意义上

---

① 魏武挥.从麦克卢汉到乔布斯:媒介技术与环境保护[J].新闻记者,2011(11).

的"内容"。网络的非线性处理信息的超文本模式欢迎对信息的多种处理方式。互动技术时代的网络只设计技术节点,节点上的信息由用户激活,节点之间的关系由用户之间的互动产生。因此,在技术发展的前提下,网民在内容上的贡献才是网络的真正意义所在。集体智慧把社会的知识构成模式和社会交往模式引向了一个新的领域。

既然我们可以将"冷媒介"看作一种有影响力的工具,并且考虑到这种媒介分类方法对于考察人与媒介互动关系具有有效性,那么将它放到当前的新兴媒体环境来做分析同样具有可行性。如果从用户的参与和人与技术互动这两个角度来看,以互联网为主导的新兴电子媒介如网络、手机等都应当归入"冷媒介",在当前已出现的技术条件下,新媒介的内容几乎完全可以由用户来生产。观察未来的媒介发展趋势我们也不难判断,媒体自身将只铺设技术形式,而用户将主导内容的走向,个体的知识和潜能将得到充分放大和发挥,它将一改过去对于媒介内容生产和掌握的被动状态。美国学者阿拉塔(Luis Arata)在对新媒体的互动特点做深入分析时认为,麦克卢汉的"冷""热"媒介是区分媒介互动特点的隐喻,由于"冷媒介"是指具有高参与度和互动特征的媒介,在这种意义上,新媒体就是最"冷"的"冷媒介"了[1]。

近几年,国内也有学者对麦克卢汉的"冷媒介"理论表示出兴趣,对该理论的大量引用出现,其中也不乏有价值的分析文章。就新兴媒体对于传统媒体的影响而言,有学者赞同"冷媒介"理论是一种比较好的认识工具。陈晓庆在分析播客的传播特点时看到了"冷""热"媒介在划分上存在的混杂之处:一方面,播客实现了信息的双向传播,信息的发布者既是传播者又是受众;另一方面,播客网站和视频资料的不同特点也会使清晰度

---

[1] THORBURN D,JENLINS H,EAWELL B. Rethinking media change:the aesthetics of transition[M]. Cambridge:MIT Press,2003.

出现不同的情况,于是认为播客是既冷又热的媒介。① 传媒学者魏武挥在界定"冷""热"媒介论时认为,这一论说实质上是为了导出麦克卢汉的"媒介四定律",它是一种方法论而不是一种不变的价值判定。他认为在新媒体中,"智能手机可以说是一种冷得不能再冷的媒介了"②。姚燕青的文章论及"冷""热"媒介之间存在的转换关系,也将网络放在"冷媒介"的范畴进行分析。③

新媒体对传统媒体造成的冲击和改变,不仅仅体现在技术模式、制作模式、市场表现等方面,更体现在媒体与人的关系上。电视在麦克卢汉时代被看作是"冷媒介",这是相对于电影而言的,电视因高参与度和整体感知特点而被认为是"冷"的。但是,网络技术和数字技术的发展已经将电视是否属于冷媒介这个问题复杂化了。首先,就技术层面而言,由于数字高清电视的出现,电视画面的清晰度已能和电影画面相媲美,因此,有文献讨论是否要将麦克卢汉的这一定位进行修改。其次,当数字化技术和机顶盒出现,再加上网络已将包括电视在内的所有传统媒体的内容转变成网络的内容,观众除了可以用传统方式观看电视节目,还可以自由点播电视节目,更可以用网络在线的方式随时随地获取电视节目内容,参与生产和提供视频内容,以多种方式与电视节目进行互动。电视的制作和接收方式已呈现多种形态,那么对于电视感知的方式也就不如过去时代那样简单了。它们都可以作为网络"冷媒介"的一部分而被重新定义为"冷媒介",只不过与当初的定义不同了而已。当旧媒体成为新媒体的内容,它的媒介形式就不再是旧媒体,而是新媒体。参与式真人秀电视节目是全方位电子媒介参与的试金石。风靡全球的"偶像"选秀现象已经表明,在其他电子媒介的共同作用下,用户的参与范围已经扩展,不再仅限于过

---

① 陈晓庆.由播客的兴起解读麦克卢汉媒介理论[J].东南传播,2007(2).
② 魏武挥.从麦克卢汉到乔布斯:媒介技术与环境保护[J].新闻记者,2011(11).
③ 姚燕青.由冷热媒介融合引发的硬新闻软化[J].青年记者,2008(14).

去的点播,而是全方位地加入电视节目的生产与传播中。电视已不再能脱离新兴媒体而存在,参与和交互给电视的发展提供了新的潜力。同时,从用户对于信息点的填充这个意义上来说,新媒体—传统电视互动模式就是网台联动下的"冷媒介"互动发展模式。

过去,我们习惯于用书本的线性思维去解读电视,困惑于电视机前"沙发土豆"的无力自拔,对电视让我们"娱乐至死"大声疾呼,那么电视到底以什么方式作用于我们的感知系统?电视与书本对人的感知体系的作用途径不同,它调动和作用于我们的不是思维而是身体。德克霍夫认为,"当我们阅览着图书时,我们可以自制。但当我们看电视时,是电视的扫描设备在'阅读'我们。我们的视网膜是电子束的直接目标。当扫描与扫视相接并使我们的眼睛在人与机器之间建立联系时,机器的扫视效力会更强大。在电视机面前,我们的防御能力下降了,我们变得异常脆弱并很容易受到多种感觉诱惑的影响。所以,最佳时间的真正意思是'黄金时间',即电视观众的心智具有易感性的最佳时段"[1]。

电视直接与我们的身体对话,身体找到了它自己的语言,那就是感官,它不是"情感发现的附随者",而是"情感的组织者"。如在歌唱选秀节目的媒介场景里,"歌手身体已不作为一个自然物体而存在,不应用外在的理念和文化对之进行阐释,它不是可有可无的诠释,它就是它自身,它在这里获得了一种本体论基奠"[2]。人们的身体就是情绪,就是电视媒介的内容。在电视与其他媒介的融合时代,技术组合的心理吸引力本身就值得关注,"电视一直被人视为一种主要具有公共性特点的广播媒介,而计算机则被认为是独立的私人的媒介。电视提供给每一个人一种集体心智,但没有个人信息输入,而计算机则是没有集体信息输入的个人心智。

---

[1] 德克霍夫.文化肌肤——真实社会的电子克隆[M].汪冰,译.保定:河北大学出版社,1998.
[2] 高铮,张乐养.从"超级女声"的身体演示辨析当前电视音乐节目的变异倾向[J].浙江艺术职业学院学报,2005(4).

两者的融合则可以提供一种新的前所未有的可能性,即把个人连同他们的特殊需求与集体心智接通"①。

在电视风行的年代,西方世界的政治制度也都随之发生了革命性的变化。"首先,它创造了一种全新风格的国家领导人。这种领袖与其说是政治家,不如说是部落酋长。"②就像印刷时代的亚当斯(John Adams)总统和电视时代的布什(George W. Bush)总统,如果将二者调换年代,使用不同的媒体来宣传他们的主张,以亚当斯总统的性格和形象,以布什总统的逻辑,不知道他们是否还能当选总统。当时的主导媒介不同,对人的形象要求也有所不同,书本时代的总统竞选迥异于电视时代总统竞选的形象接受。麦克卢汉将肯尼迪和尼克松的电视形象进行对比,分析了在电视时代什么样的形象能够受到观众的欢迎。肯尼迪是第一位使用电视进行竞选的总统候选人,他是一位具有电视所需要的"冷性"魅力的人,他具备电视所需要的冷静和低清晰度的特性,这样的形象能给观众留下空白,让观众用更多的想象去揣度他和靠近他。相反,尼克松的形象是热的,他的表现清晰度高,鲜明的形象和动作使他得到虚伪的恶名——"耍花招的迪基",甚至政治讽刺画中的他连二手车都卖不出去。"因为他没有投射出冷静和客观的'冷'的灵光。相反,肯尼迪倒是散发出这样的灵光,而且是举重若轻、令人着迷的。"③

不仅电视,电子阅读与书本阅读之间的关系也在"冷""热"之间进行转换。纸质印刷媒介过去被看作是线性的"热媒介",如今随着电子阅读的普及,阅读的介质发生了本质上的变化,也就无法再以过去解读印刷媒介的方式去分析电子形态下的阅读了。通过数字终端进行阅读,用户一方面可以随意对阅读进行处理,另一方面阅读器也变得更加主动,电子书也在"读"我们。"随着电子阅读器的兴起,我们的阅读方式发生了深刻的

---

① 德克霍夫.文化肌肤——真实社会的电子克隆[M].汪冰,译.保定:河北大学出版社,1998.
②③ 麦克卢汉,秦格龙.麦克卢汉精粹[M].何道宽,译.南京:南京大学出版社,2000.

变化,阅读转变为某种可以测量的半公开的行为。"①在过去的书本时代,出版方无法精准地了解读者的阅读习惯、反应或深度,以及读者在哪个段落停止阅读。而现在,iPad、Kindle Fire和Nook等终端的图书软件已经不仅能够记录下用户打开软件的次数,而且能够记录他们的阅读时长。这些数据可以作为电子书零售商和一些出版社进行产品开发的研究资料。通过技术,阅读行为逐渐进入被深度分析的阶段,人们的阅读行为也将越来越透明和公开化,如一些书中就有标记"最受欢迎的段落"等公开读者信息。很多的统计信息都可以用于为未来的买书者提供决策依据。

在新媒体时代,文字阅读的介质与内容分离,在这一阶段的电子媒介变迁过程中,媒介感知发生了变化。当电视将人们从书本上带走,手机和网络的电子阅读又让人们重拾阅读的快乐。从书本印刷时代的线性感知的视觉偏倾,到新兴电子媒介的整体感知,阅读所承载的媒介温度在变化。手机是恢复线性阅读的契机,但与印刷时代的阅读所不同的是,电子阅读的线性感知被置于超链接的电子接收情境中,因此,它的媒介认知语法与书本相异,是超文本时代的"冷"性认知。

二、新媒体的"冷"内涵:参与和互动

新媒体的参与可以从感知和传播模式两方面来理解。

首先,从感知的角度,我们不能再以单一媒介时代的思维方式来理解新媒体。新媒体综合了文字、声音、图像等多种媒介的特点,它是一种综合性的媒介,综合了新旧两种媒体的感知,我们可以说它是既"冷"又"热"的媒介。然而,当新旧媒体通过网络进行融合后,其语法发生了改变。网络上的文字不再是书本时代文字的偏视觉的线性感知,声音也不再是单

---

① FLOOD A,刘奕舒. 当心,电子书也在"读"你[EB/OL]. (2012-07-17)[2018-03-11]. http://cn.wsj.com/gb/20120717/lif074354.asp.

一广播时代的纯听觉的声觉感知。新媒体的感知是一种综合了视觉、听觉、触觉等的整体感知的参与。

其次,从传播模式上看,与传统媒体相比,新媒体的参与具有更加开放和互动的特质。相对于传统媒体的单向传播模式,Web2.0时代以后的网络文化是双向传播,它促使传统媒体重新思考它的传播方式。新媒体互动要求一种更加积极而多样的参与形式,新媒体的参与意味着同步互动与异步互动的同时实现。亨利·詹金斯认为新媒体文化是一种"参与性文化"[1],而粉丝圈在参与文化的形成中扮演了重要角色。这种文化具有如下几个特点:"一是对于艺术表达和民主参与有一定的门槛;二是对于创作和对创作的分享有强力的支持;三是存在类似师友的关系,一些最有经验的人会把已有的知识和技能传授给新手;四是成员们相信他们自己的贡献有所价值;五是成员们能感受到和他人之间的社会联系。"[2]过去的受众变成主动的参与者,过去由媒体拥有者控制内容、垄断信息的时代已经被更加平等多元的大众参与文化所替代。这在经济和艺术层面则意味着创意产业、DIY公民和生产性用户的诞生。

"互动"在某种意义上是参与的同义词,它意味着潜在的用户在线参与活动。它是网络"冷媒介"用户的基本活动方式,也是用户在超文本和超链接技术下的联结共通。根据弗洛对多方观点所做的总结,新媒体的互动包括几个层面的行为:一是用户与用户之间的互动,或者是基于电脑中介传播(computer mediated communication)的个人之间的交流;二是准社会互动(Para-social interaction);三是用户与系统之间的互动,也可称为人机互动。

---

[1] JENKINS H. Confronting the challenges of participatory culture: media education for the 21st Century[EB/OL].(2006-10-19)[2018-03-11]. http://www.henryjenkins.org/2006/10/confronting_the_challenges_of.html.

[2] 蔡骐,彭欢.亨利·詹金斯:新媒介及粉丝研究[J].中国传媒报告,2011(4).

阿拉塔认为,在大多数形式下的新媒体互动都是一种创新的模式,这种角度可能包括几个基本特点:首先,互动路径具备包容性、多样性、主体间性,多种视角和观点可以同时存在,即使是彼此矛盾和对立的观点也如此;其次,创造性价值受到鼓励,创造性的互动是"冷媒介"的引申内涵;再次,它是新生事物的催化剂,并且不会仅通过推理而压抑这种倾向,对于新生事物的探索是艺术与科学领域的一个新的前沿,过去,科学总是在处理重复的已出现的现象,艺术总是在应对艺术家们自己特别感兴趣的特殊事件,新媒体的互动特性将调和艺术与科学的前沿领域的矛盾,既使其发生,同时也不会强加至可以预见的重复阶段;最后,它本质上是实用主义的,互动观点在结构上具有灵活性,适合在一个开放的、转变之中的、未知的环境里进行浏览和探索,尽管它也有可能将我们置于一个充满风险或者冲突的环境中。① 这几个特点包括了人类社会未来在传播模式和社会结构上要面对的几个重要问题,即对于多视角的重视、鼓励创造性价值、推动新鲜领域的探索。如果说媒介即讯息,那么新媒体的信息即它的创造性。

"冷媒介要求的参与程度高,要求接受者完成的信息多。"②在经过半个世纪的发展后,因为互联网的出现,被麦克卢汉定义为"冷媒介"的电视媒介的受众不再是过去单纯作为娱乐的被动接受对象,他们最大限度地"参与"到信息的制作和传播过程中。"与过去彩色与有线电视的出现改变了电视相比,互联网会更加深刻地改变电视,这只是一个时间的问题。"③2005年的《超级女声》和2002年的《美国偶像》就是一个再好不过的明证。改变已经发生,它不是时间问题,而是现实。现在,受众成为娱

---

① THORBURN D,JENLINS H,EAWELL B. Rethinking media change:the aesthetics of transition[M]. Cambridge:MIT Press,2003.
② 麦克卢汉. 理解媒介——论人的延伸[M]. 何道宽,译. 北京:商务印书馆,2000.
③ COWAN D. Television 2.0[EB/OL].(2006-05-20)[2008-03-11]. http://whohastimeforthis. blogspot. com/2006/05/television-20. html.

乐形式自身。我们可以从真人秀节目的发展现状看到"参与"如何让观众真正与电视互动。冷媒介需要热参与,这种卷入指用户主动去填充联结点之间的信息,调整信息之间的关系与距离。新媒体用户在媒介融合过程中参与的巨大热情可以激发出用户的一些无法预知甚至无法设计的潜能,而这种潜能将可能在建构意识的过程中起到推助的作用。

新媒体的互动和参与语法,可以使用户与其所关注的媒体事件之间获得一种情感关联。网络的"低清晰度""低定义"已经为用户填补信息和深度参与铺设了技术后台,在电视、网络、手机等媒体共同构建的电视2.0时代,用户发掘出这一媒介的潜能,使得网络与电视进行共时交互和异步交互成为可能。更为重要的是,这一渠道的铺就,使得Web2.0的交互功能以一种不知不觉的方式嵌入人们的生活,变成一种新的行为模式,这种模式以一种不同于以往的虚拟和半虚拟的状态重塑了我们的认知方式。

麦克卢汉说:"在电子时代,我们以全人类为自己的肌肤。"[1]在他所在的所谓的电力时代,技术延伸了我们的中枢神经系统。多种媒介的融合让全世界的人们通过声音、电子邮件、短信息、图表、自我设计形象、自我控制操作系统、下载文件、分享文件等获得全方位的参与、交流与分享。多种媒介融合的多感觉体系通过超链接式的多媒介,让用户体验到事物的真实意义,使思维行动展现在屏幕上,人体和大脑的想象、记忆和潜意识得以外化。新媒介的真实经验让"真正的意义"得以重获。在学习和创意中,人们不应把精力都放在一个可见的目标和问题上,而应在这一过程中发现和解决问题,就像麦克卢汉说的,"让解决方案来自问题自身"[2]。

---

[1] 德克霍夫.文化肌肤——真实社会的电子克隆[M].汪冰,译.保定:河北大学出版社,1998.
[2] MCLUHAN S, STAINES D. Understanding me: lectures and interviews[M]. Toronto: M&S,2003.

第四节 "冷"眼看中国媒体环境

一、广播和电视

中国电视的发展之路是不断寻找电视媒介语法。中国广播、电视的发展就像两条平行发展的线条，都经历了从"过热"到"冷却"的过程，但最终回归本质。就媒介自身的发展线索来看，广播和电视都经历了20世纪90年代前由于政治意识形态的过度宣传而一度"过热"的情况。至90年代，《东方时空》节目因为在语态上做了改进，电视节目的"冷"品质开始受到鼓励，并引领一部分节目向电视的本质回归。媒介自身的语法在以《超级女声》为代表的选秀节目中受到充分发掘，这是一个寻求参与和互动的发展过程。在网络普及和Web2.0出现之前，如何调动受众参与，使受众全情投入，成为电视媒介想要获得成功的最大难题。首先，电视的发展深受技术的影响，从胶片拍摄时代的无现场声音，到可以实现现场录制声音，再到借助新媒体的出现而使观众充分参与选秀娱乐节目，技术的发展对电视的影响是至关重要的。其次，在节目制作的发展层面，正如麦克卢汉评论西方电视研究现状时所说的那样，中国电视一直以来也没有找到它作为"冷媒介"的语法，而是沿用印刷时代线性序列的方式来制作节目，因此总是概念先行，流于书面语言式的说教灌输，疏于发掘自身作为整体感知媒介的本质语法。

受技术条件的限制，电视在20世纪90年代以前的中国并没有实现大规模的市场化，传播范围也极为有限。而在美国、英国等发达国家，电视在20世纪五六十年代即快速普及，获得了很好的市场效果，形成了大规模的受众群体,电视直播甚至影响了60年代的总统选举。电视节目是一种对电子技术高度依赖的媒体产品,无法脱离电视机和信号传送而存在。中国的电视在90年代初实施市场经济以后才慢慢普及,因此中国人对于电视的认知与西方发达国家和地区相比晚了近半个世纪。

中国的国有电视台性质决定了其电视语言的独特性:电视节目的播出旨在传达中心意识形态,不追求观众参与和卷入,只追求其作为党的喉舌和国家的权威性形象。因此,90年代以前的电视语言总体而言使用的是一套自上而下的威权话语,电视的控制权完全掌握在党和国家的手中。从原来的只有一家北京电视台(后来更名为中央电视台),到后来的各省都办电视台,再到全国"四级办电视",党的宣传部门直接掌握了全国的电视内容规划。

以《新闻联播》为例。《新闻联播》过热的权威形象培养了人们对电视的接受:从来不鼓励观众的参与。从节目开播到现在,《新闻联播》的收视率一直高居各类节目前列,它通过铺天盖地的强覆盖形成巨大的影响力。它的影像风格是命令和先验式的,影像以场景式的会议新闻和正面业绩宣传报道为主,屏幕上充满了国家领导人的正面形象,语气高昂而坚定,充满了传达中央精神的权威性和老百姓的喜乐形象。这样几十年如一日的固定影像风格深深影响了观众对电视的认知:电视是一种说教和宣传的工具。如果我们参照麦克卢汉对于美国前总统卡特参选时形象过热的评论来考察类比的话,那么或者可以说,《新闻联播》的官方权威形象经过多年反复强化而过"热",一旦在观众心中形成刻板印象,可能也会面临失去魅力的风险。

电视直播延伸了文艺表演的舞台。20世纪60年代,由于还没有录像设备,北京电视台的电视节目以直播为主,那时的直播多将镜头对准舞台,将原来的舞台艺术表演通过电子技术传送到场地以外的地方。其中,"文化大革命"的"样板戏"是主要的文艺题材节目,"样板戏"的舞台通过电视这种声像俱佳的媒介得以延伸，电视帮助官方实现了全国标准化文艺的目的。与戏剧舞台不同，电视直播可以采取多种拍摄角度，随着镜头角度的变化，观众可以从不同的角度来观看演出，这种视觉改变并不简单，它其实已经改变了文艺的形式，电视中播出的戏剧已经不再是传统戏剧的样式了，而是一场电视节目，它的效果由电视的语法来决定。此时，中国的媒介环境正在悄悄地发生变化。尽管当时的电视节目极为单一，但是电视的出现对于正处于政治、经济、文化动荡时期的人们来说是极为新鲜的。可惜的是，当时的传播范围仅限于北京地区，通过地面微波传送的信号也只能将各个省电视台的节目传达到省会地区，无法到达并影响更广泛的人群。

　　对声音的有效处理是电视真正让大众接受的关键。20世纪五六十年代，中国电视的技术条件还不成熟，直到80年代末之前，一直都只能用电影的方法制作电视片，电影胶片难以实现录制同期声的效果，只能在声道上灌制音乐和配音来加强音频传达。此时的电视配音具有典型的舞台剧风格，散文化和诗化的书面语言，配以略微夸张的音色造型。电视声音追求悦耳动听，配上的音乐优美，配音员的声音感情饱满充沛，以期在给观众以美的享受的同时引发共鸣。后来，电视人受到日本电视纪录片的影响，开始注意声音表达的观众接受度，在片中加入第一人称式的配音，虽然这样的转变不如现场同期声那样真实，但也是音频制作上的一大进步。以著名的纪录片《雕刻家刘焕章》为例，片中，叙述者以诗朗诵般的语言叙述故事，有时也会转换视角，从第三者的视角转为画中人物的视角，还刻意加上类似口语般的叙述，模仿第一人称的口吻说话，以表达拍摄对象的心理活动，达到一定的口语交流的效果。叙述者不再以高亢激昂的语气来强加意识形态，而是从艺术的角度展现了当时创作者的工作状态，拍摄画面的视角也不再是俯视，而是一个比较平视的同情视角。

　　解决了同期声的录制问题后，电视的语态也随之改变。1993年，中央电视台创办了《东方时空》，这一栏目在电视表现手法上做出了重大调整。主持人改变了说话的语态，以更加平等的视角与观众交流，拉近了与观众的心理距离，其子栏目《生活空间》更是以平民化的视角去关注老百姓的日常故事。在影像风格上，《东方时空》最重要的改变是使用了大量的现场同期声，相较于过去过度饱和的常规纪录片配音加工，该栏目以相对冷静的姿态记录老百姓的日常生活，使观众成为生活的观察者，让他们对镜头中的人和事有更多的理解。《生活空间》制造的声觉空间显现出"冷媒介"的品质，它欢迎观众的投入，拉近了观众与电视栏目的距离。此后，凤凰卫视的《凤凰早班车》《有报天天读》等栏目的流行则让电视作为整体感知的声觉空间得到了进一步的恢复，此类栏目放弃了印刷书本时代过于讲求逻辑正确的语言模式，采用日常形态的口语形式与观众进行交流，制造出一种临场发挥的现场感。声觉空间被麦克卢汉认为是西方"赛博空间的字母歌"，"赛博空间"即电子媒介制造的虚拟空间，西方字母文字出现以前的世界是声觉空间的世界，人们在自然环境中以口语交流，而拼音文字改变了这种整体感知，电视的出现使声觉空间减弱而视觉空间加强，可以说，电视的出现是又一次对于声觉空间的逆转。

20世纪90年代是中国电视发展的重要探索时期。彼时，台湾节目形态在大陆走红，促使大陆很多电视台开始懂得游戏过程可以制造观众的参与感的道理。于是他们放弃以往的说教姿态，放下身段制作由明星参与的娱乐游戏类节目。此时期的成功节目代表就是湖南卫视1995年开播的《快乐大本营》，这一节目的改变之处在于他们学习了台湾的节目样式，以展示过程代替完整的文艺表演。电视人因此逐渐领悟到，展示由主持人带动的明星游戏过程的效果，要远胜于邀请明星进行完整的文艺表演，游戏节目的参与感是此前其他节目类型所无法比拟的，它体现了电视作为"冷媒介"的特质，也就是麦克卢汉所说的"注重展示过程而不是呈现完整的产品"。中央电视台的《春节联欢晚会》《中国青年歌手大奖赛》

等展示完整和完美节目的舞台就失之于此,人们过去太追求一个作品的完整性而忽略了它根本不是电视媒体所长于传播的,因此它们无法让观众全情投入。麦克卢汉说,"电视这一媒介拒斥形象鲜明的人物,它有利于表现过程而不是产品"①。因此一场音乐会的彩排会比完整的音乐会的播出更让人感兴趣。电视不适合引入棘手的、清晰度高的、有争议性的话题。因此电视纪录片也需要采取很多娱乐化的故事手段才可以赢得更多观众的注意。中国电视人在早期一直采用"热媒介"也就是印刷工业的接受方式去做电视节目和安排电视的播出单,他们总是执着于提供鲜明的观点,提供一种威权时代思维定式产生的思维结果,这就造成了电视给人的印象是高高在上的,无法与观众拉近距离,无法调动观众的介入冲动。人们一直指望从电视里学到知识,这是一个不现实的想法,就像台湾的成功电视人士蔡康永所指出的那样:"如果想要长知识,还是看书吧。"电视从来都是用来娱乐和消遣的,即使是讲述与知识相关的内容,也需要经过娱乐化的包装,它的信息量和从中实现的学习效率是无法与书本相比。

2005年,《超级女声》的走红可以被看作是中国电视发展史上具有里程碑意义的事件。这类由观众参与选秀的娱乐节目受到广泛欢迎并在世界范围内产生影响,成为全球"偶像"现象中的一个重要组成部分。《超级女声》在调动观众参与和各种媒介互动上做足了功夫,因而收到前所未有的收视效果和社会影响,可以说,中国电视此时第一次真正找到了"冷媒介"的语法。《超级女声》在参与和互动方面的成功源于两个方面的原因:首先,技术条件的更加成熟和新兴媒体的发展,不仅使参与在节目的形式感上实现,而且能够让观众通过多种媒介参与制造真实的比赛结果。借助新兴媒介如手机和网络,观众可以与电视节目进行实时的互动,还可以

---

① 麦克卢汉.理解媒介——论人的延伸[M].何道宽,译.北京:商务印书馆,2000.

在网络上参与讨论、结成粉丝群体,深度参与节目进程和造星过程。手机和网络的发展在"超女"现象中扮演了重要的媒介角色。在《超级女声》现象引起轰动效应的同年,中国互联网人数达到一个新的高度。据中国互联网络信息中心(CNNIC)的数据,2005年中国上网总人数达到1.03亿,比2000年增加了将近5倍,而手机的普及面则更广。《超级女声》的观众可以利用手机和网络来与节目互动,他们成为节目真实体验的主角。观众可以参与投票制造比赛的结果,实实在在地改变了很多人的命运,进一步开发了一种新的娱乐流行工业发展模式。在媒介融合时代,电视也进入新的发展阶段,有人将这一阶段的电视称为电视2.0,强调它的互动特性。未来的电视将创造一种多方参与交互的途径,那是一种介于以电视为代表的大众媒介与新兴数字媒体网络、智能手机等"碎片化媒介"之间的独特的媒介环境。大众媒介更多地让观众投票和活跃娱乐工业市场,而"碎片化媒介"则提供论坛来让更多的用户参与其中,从而制造出更多的议题。这两类节目可以制造仪式感以及由此而来的话题,这可能是未来媒介融合时代让电视产生永久影响力的关键因素。

其次,除了参与和互动,节目的仪式感也是使观众投入的因素。比赛环节的设置能充分展示造星的过程,选手每一场的表现不一定完美,但它的过程具有仪式感。仪式感是自从奥运会直播受到热烈追捧以来解密电视收视和影响的钥匙。麦克卢汉在谈到奥运会直播的仪式感时说道:"电视能够培养全球集体参与的仪式性节目。"[1]到目前为止,最能制造话题并吸引观众投入的电视节目就是体育比赛和真人秀节目。由于网络强大的媒介融合能力,电视的发展已经出现危机,电视节目类型和制作、播出、营销方式都已深受其影响并且面临转型。在未来,电视充满不确定性,而把握电视节目的仪式感可能是电视人需多加留意的方面。有研究机构在

---

[1] 麦克卢汉,等.麦克卢汉如是说:理解我[M].何道宽,译.北京:中国人民大学出版社,2006:17.

分析数字时代媒体成功模式的报告中推测,"未来能够引领媒介融合时代参与和交互潮流的电视节目类型将是运动节目、真人秀节目和新闻节目"①。

二、作为媒体的网络

1994年,中国获准加入互联网,同年5月完成全部中国联网工作;1995年,中国首家互联网服务供应商出现,中国人有了互联网这种新型媒体;2000年,随着电脑的快速普及,上网人数快速增加,中国开始真正进入互联网发展阶段。

网络社交日渐兴盛,即时聊天工具和社交网站深受网民欢迎。其中,"即时聊天工具是目前我国网民使用得最多的网络社交手段"②,腾讯QQ作为一种即时通信工具,2005年,它的同时在线人数首次突破了1,000万;2011年,腾讯QQ同时在线用户数突破一亿四千万;2018年,微信月活跃用户数突破10亿。③ 腾讯作为国内互联网的龙头企业,其掌握的用户数早已经不亚于中央传统媒体。

在互联网迅速发展的过程中,移动与便捷已经成为技术发展的趋势。手机作为目前最为便捷的移动设备,在中国大受欢迎,并成为最主要的上网平台。中国互联网络信息中心的报告显示,中国手机网民规模增速加快,截至2017年6月底,手机网民数达到7.51亿,手机已经超越电脑而成为用户数量最大的上网终端。④ 农村网民规模为2.09亿人,农村网民

---

① Pricewaterhouse Cooper. The rise of lifestyle media: achieving success in the digital convergence era[R]. London,2006.
② 谢新洲,张炀. 我国网民网络社交行为调查[J]. 图书情报工作,2011(6).
③ 2018年微信用户突破10亿大关[EB/OL]. (2018-03-05)[2018-03-11]. https://baijiahao. baidu. com/s? id=15940588729938774418&wfr=spider&for=pc.
④ CNNIC:中国网民数5.38亿 手机成最大上网终端[EB/OL]. (2012-07-19)[2018-03-11]. http://news. sina. com. cn/m/2012-07-19/134624806041. shtml? bsh_bid=109483800.

规模的扩大也意味着数字鸿沟将在手机这种方便的移动终端上获得弥补。手机网络视频用户增长强劲,意味着视频的发展将会受到手机媒体感知方式的影响。

Web2.0时代点对点传播技术已经更进一步接进人类的传播梦想,即实现所有人面对所有人的传播。博客这种草根媒体集合了个人表达、人际互动、信息共享等传播交流优势,是具有革命性意义的传播媒介。博客的出现使人们可以拥有自己的表达空间,可以公开发表自己的观点,可以评论和转发他人的博文,与其他网络用户互动。新浪博客在这一潮流中领先于其他同行,出现了以娱乐明星徐静蕾的博客为代表的明星博客,以作家韩寒的博客为代表的公知博客,还有各种主题博客、草根博客等。社交媒体时代的传播效率是过去任何一种媒体时代都难以想象的。而近年来,微博更是迅猛发展,这一新的应用工具通过台式电脑、手机、平板电脑等各种终端设备聚合起不同的兴趣群体。微博被誉为"一个人的通讯社",它将镜头对准身边发生的新闻,凭借迅捷的传播速度在近几年的新闻事件中起到重要的作用,成为中国人多角度观察和讨论新闻事件的有效平台。

麦克卢汉认为印刷媒体是线性感知媒体,而电视是对视觉偏向的逆转,作为"冷媒介"的电子媒介制造的是无限的无时不在的参与、卷入和对话,因而制造了虚拟的、无边界的、非线性的声觉空间。苹果手机的 Siri 提供的语音控制功能初步显示了未来虚拟空间的广泛形式。Siri 是苹果公司在其产品 iPhone、iPad 上应用的一项语音控制功能。Siri 的语音识别功能使手机成为相当于随身携带的智能机器人,用户可以通过 Siri 读取短信、了解餐厅、询问天气、设置闹钟等。Siri 可以支持自然语言输入,并且可以调用系统自带的天气预报、日程安排、搜索资料等应用,还能够不断学习新的声音和语调,提供对话式的应答。这一应用受到广泛注目,它代表了未来智能机器的发展方向。

第三章　社交媒体

社交媒体是新媒体的重要代表。社交媒体在维基百科上的定义是：人们用来创作，分享，交流意见、观点、经验的虚拟社区和网络平台。社交媒体具备新媒体交互、平等的特点，用户能够自由地选择内容和进行编辑。社交媒体提供了内容源和去中心化的媒体平台，这样用户可以根据各自不同的喜好、观点而集成一个个不同的社群，这些社群构成了一个大的虚拟社区。进一步按领域和内容细分，社交媒体可以分成通用型社交网络和功能型社交网络两类。国外具有代表性的通用型社交网络有 Facebook、Twitter、Google＋、Snapchat、Instagram，国内比较有代表性的有腾讯的微信、新浪的微博等。功能型社交媒体则是内容上专注聚合于某一领域，或者功能上专注于某一个需求的一种社交媒体，比较有代表性的如职场社交网络 Linkedin（领英）；国外的问答、经验分享型社交媒体有 Quora、Stack Overflow，国内有知乎；国外的影视爱好评论社交媒体有 IMDB，国内的有豆瓣；国外的开源技术分享社交网络有 GitHub，国内有 CSDN 等。

近年来，拥有社交功能的视频直播也正蓬勃兴起。长视频分享的社交媒体如国外的 YouTube、Vimeo、Vine，国内的优酷、爱奇艺；游戏动漫类如国外的 Twitch，国内的哔哩哔哩、AcFun 弹幕视频网、斗鱼直播等。而随着社交媒体的发展,视频类特别是短视频类和直播类的视频社交媒体有更加流行的趋势。移动互联网时代,社交媒体更趋于碎片化和即时性。其中,如国外的 Periscope 直播应用,社交媒体巨头 Facebook、YouTube、Twitter 等都加入了直播的功能,国内的抖音、快手以及一些直播平台也发展得如火如荼。在喻国明教授看来,"直播热"已经成为一种现象级的行业趋势,按照他对直播价值的理解,技术的进步在很大程度上进一步延伸了人的能力,包括虚拟到达和自由选择的能力,直播提供的"场景"不仅能为用户提供信息和社交平台,更为人的潜能发挥提供了无限可能。他认为,"在未来的发展中,直播或许将成为网络场域中最具革命性的一种传播形态。从新的社会价值坐标系来说,视频直播技术增加了社会的流动性,扩大了人的自主选择权。其从技术上提供的场景价值,极大拓展了人的连接方式和体验空间,对虚拟内容创业提供了极大的帮助。通过行业自律与他律的结合,推动直播平台的内容监管逐步细化、行业标准走向规范化,可以为直播行业未来发展提供良性的成长环境"[①]。因此,集视频和社交媒体因素于一身的直播将成为未来媒体发展最可期的理想形态。

下面,我们将以微博这一在中国发展较早的、较有影响力的社交媒体来做具体分析。

第一节 微博

一、微博的媒介特点

微博的魅力何在?李开复在他的《微博改变一切》一书中进行了总

[①] 喻国明.从技术逻辑到社交平台:视频直播新形态的价值探讨[J].新闻与写作,2017(2).

结。他认为,微博降低了内容门槛,使得人人都是发布者;增加了内容的真实性,可以呈现最真实的自己;微博传播信息的新模式是基于信任的病毒传播;微博让信息阅读更个性化,是可以定制的新媒体;微博满足了最基础的生活需求,这些就是微博的魅力所在。① 喻国明教授认为,微博是"一种蕴含巨大能量的新型传播形态"②。

微博是较早的融合媒介的典型。微博综合了以往各种媒介的特点,是融合性最高、使用日益广泛的一种社交工具。用户可以用文字、语音、图片、视频等多种方式发布信息,可以通过 PC 端网页和手机、平板电脑等移动终端使用该软件。然而,微博本身没有传统意义上人们所谓的"内容",它不过是一个类似于广场性质的媒体平台,处于网络节点上的用户参与其中,进行信息生产和互动,形成了人们发布和获取信息的"自媒体",微博时代的到来使"人人都是记者"成为可能。

微博信息篇幅短小,创作者不必有深厚的文字功底就可以用最快的速度把消息发布出来,这使得微博发布的内容具有"微内容"性质。微内容就是指网络页面上的超小文字段,它有特定的明确含义。这些信息可以是一个字、一个符号、一个链接、一张图片、一段视频,只要发布出去就形成新的意义,并且面向不同的人群。微内容是巨内容之外被遗漏和需补偿的内容,也就是以往被官方及主流媒体忽略的内容,这些内容通过新兴媒介被放大和利用,其价值不亚于以往的巨内容。微博降低了对使用者的文字要求,任何个性化、口语化的短小文字不必经深思熟虑就可以随意被发布。它打破了精英与大众之间的交流界限,微博时代的网民惯用的已经不再是书本时代精英们擅长的文字,那些系统而严谨的文字交流在这里显得没有必要。微博更适合于多种媒介途径交流方式,包括原先在书面文化时代不被重视的图片、图像、符号等非文字交流信息,也包括

---

① 李开复.微博改变一切[M].上海:上海财经大学出版社,2011.
② 喻国明.微博:一种蕴含巨大能量的新型传播形态[J].新闻与写作,2010(2).

语音这种过去技术条件无法实现的信息。以微博为代表的社交媒体更加随意而个性化的信息在很大程度上丰富了虚拟交流的内容。多种媒介的应用突破了文字表达能力的限制,体现出平等参与的微博精神。

微博短小的篇幅也带来了文体的改变。短小的电子化文字不适合长篇大论,倒是更适合标题式的主题表达,这体现在与新闻资讯相关的信息上;小篇幅的表达在社交的语态上适于口语化的信息发布,即口语化的私人化的交流模式。这类语言生动活泼,使用者不用精于遣词造句,只要使用常人能理解的语言符号即可,再加上一些表情符号,就可以传达文字无法做到的非文字信息,如各种情绪和动作。文字时代以前的人际传播主要使用口语进行面对面的交流,自然语言交流在信息传达方面包括两方面的因素:语言信息和非语言信息。非语言信息与语言信息同样重要,说话时的语调、语气、语速、表情等都与语言同时传达丰富的信息。"非语言传播差不多可以提供一则讯息66%的社交意义"[1],网络的非语言信息包括由语气词的大量使用所形成的"咆哮体""方言体""梨花体"等,各种具有网络特色的语言的产生弥补了社交的缺陷。口语化的交流文字在接受时没有距离感,更能激发用户之间的互动。微博语言虽然仍然是文字表达,失去了自然语言的有机性,原本通过身体传达的有机信息由以视觉文化为代表的文字所代替。但是,它比书面语言更加生动活泼,而且口语化的表达也能让绝大多数人接受和理解,能加速信息的交流与传播。

相对于其他Web2.0时代的社交工具而言,微博首要倡导的价值观就是新鲜。它不顾长篇的主题讨论,也不关心历史与未来,一切都只在乎"现在"和当前正在发生的事情。微博的媒介特点决定了其信息价值观为"新鲜最重要"[2]。新浪微博的理念是"随时随地分享身边的新鲜事儿",强调微博信息的时间性而不在乎它在历史上记录了什么。近几年,随着

---

[1][2] 谢莹晖.微博的偏向——微博的媒介特征新议[J].北京印刷学院学报,2012(1).

智能移动设备上 App 的广泛应用,以及移动互联网网络接入能力的快速提升,社交媒体如论坛、即时通信工具、微博等开始更多地被应用于移动电子设备,移动终端的便利与快捷强化了微博的随意灵活性,改变了人们固有的生活方式和信息传播方式,尤以微博的新闻价值被进一步发扬最为引人注目。

微博的兴起对网站、电视台、报纸的发展也产生了较大的影响,各类媒体也纷纷注册了属于自己的官方微博账号,更有传统媒体将媒介融合后的媒介转型探索放到了微博平台,其中纸媒微博就是报网融合的新形式。微博将发消息的权利转移到每一个拥有微博账号的人手中。微博用户王辰瑶在一条微博信息中对比微博与传统媒体时认为,如果对比新闻联播和新浪微博,那么它们不仅是传统媒体与新媒体的区别,更是新闻传播的前台与后台的不同。以前我们看到的是前台,而现在后台也得以展现在我们面前。微博时代的传统媒体人也是微博的积极用户,他们与名人一起成为微博信息源。有人认为,在微博时代,记者的工作在于用事实分析事实,并得出显然仍是事实的结论。虽然此言有些片面,但是也让我们看到了社交媒体时代记者的功能正在发生改变。

二、社交工具:媒介已经成为内容

微博在技术设计上创造了开放式的互动交流方式,这在所有社交工具中最为独特,即使后来被广泛使用的微信朋友圈,在开放性上也无法与微博相提并论。在其他的社交媒体上,用户之间主要通过互加好友而建立互动关系,一般适用于熟人之间的交往,加为好友必须征得对方的同意。微博则不同,微博用户要关注其他对象时无须征得对方同意,因此更加开放。微博还设计了对其他节点信息的转发、关注、评论等功能,以无数节点为中心向其他节点扩散,形成交错链条并结成网络,非封闭式的回路设计有利于形成无限定范围的社交圈。这种传播方式特别有利于名人、机构、网红等微博用户以此来聚集人群、与粉丝沟通。微博以用户所在的节点为传播基础,节点是用以界定在新兴电子网络媒介环境下以人为传播主体的概念。喻国明教授认为,"在以互联网主导的数字互动媒介语境下,'节点'既用来指称参与信息互动的用户,还用来指称与用户捆绑在一起的一体化的信息……这种命名方式直击网络传播的本质,即在双向传播的网络世界里,在人本主义和技术主义之间寻求平衡是最基本的理念"①。

微博以"多数对多数"来补充以往媒介的"一对一"和"一对多"的模式。这种模式被称为"无核的裂变传播",传播效率胜于以往任何形式的模式。孟波以老子《道德经》中的句子"道生一,一生二,二生三,三生万物"来类比微博的"裂变式"扩散模式②,说得十分贴切。"在基于互联网这类可以实现双向传播的技术媒介里,每一个用户既是节点的实体,用户以自己的自主性和创造性激活每一个节点;同时又是节点信息的重要组成部分,通过与其他节点的互动生产新的信息……"③在信息节点上,独立的个体之间互动形成新型的人际传播,微博通过节点将权力交给节点上的个体,个体可以结成社群,而且,每个人都可以是一个通讯社、一个编辑中心。过去信息的处理都由媒体的记者和编辑来完成,而在微博时代,每一个人都可以挑选信息进行转发、评论和传播,议程设置也逐渐交由媒体用户来处理。"豆瓣是用户生产内容,微博是用户狩猎内容:一个不完整的、有待认识的世界,信息和个体散落在彼此不知的角落,没有既定的联系途径,人依靠找寻(搜索)和追逐(关注),通过协作获取食物(分

---

① 喻国明.嵌套性:一种关于微博价值本质的探讨(上)[J].新闻与写作,2011(8).
② 孟波.微博是如何颠覆传统传播方式的[J].社会观察,2010(10).
③ 喻国明.嵌套性:一种关于微博价值本质的探讨(上)[J].新闻与写作,2011(8).

享)。"①在微博的世界里,分享是关键词,正是因为参与,节点技术才得变有意义,同时,也是因为节点制造的开放式链条传播技术,人们才得以以新型"狩猎"式来参与重新建构媒介世界。当人成为节点,成为信息,那么媒介即讯息,新的讯息就来自于集群、分享和互动。

只要有联结,就有新的关系产生。关系纽带变得更为复杂,人们可以在瞬间结成一个新的社交网络。社交媒体重新整合了"地球村"里人与人、社区与社区之间的关系。在社交网络虚拟世界里,人们之间的关系不像过去那样以宗族、同事、邻里等亲熟关系为纽带,相反,陌生人之间也开始产生关联。一般而言,微博的私信远远少于评论和转发,这就是所谓的"陌生人"效应。微博上的人际关系像是"熟悉的陌生人"。正如谢莹晖所说,"它们看似遥远和疏离,却与我们的利益休戚相关,关乎我们的情感投向并构成生活意义的一部分。因此,如果现代生活要持续下去,就必须保持和培养陌生关系。一个显而易见的现象就是人们越来越依赖彼此传达的信息,而不是商家提供的信息"②。陌生人的意义在于生成新的关注和情感,形成以共同兴趣为基础而聚集的群体,聚类人群是社交媒体大数据形成和研究的基础。

"社会资本"(Social Capital)是社交媒体产生的社会效应之一。③ 维基百科"社会资本"的定义为:社会资本是资本的一种形式,是指为实现工具性或情感性的目的,透过社会网络来动员的资源或能力的总和。社会资本在社会学、经济学、组织行为学、管理学以及政治学等学科中,都是一个很重要的概念。通过研究人际间的关系结构、位置、强度等,可以对社会现象做出更好的解释。社会资本对组织绩效的影响是有两面性的。④

---

①② 谢莹晖. 微博的偏向——微博的媒介特征新议[J]. 北京印刷学院学报,2012(1).
③ LAWSON-BORDERS G. Media organizations and convergence: case studies of media convergence pioneers[J]. Journalism & mass communication,2005(11).
④ 维基百科"社会资本"词条.

学者马克·格兰诺维特(Mark Granovetter)认为,"无论在早期或现代社会,行为与制度都深受社会关系的限制,经济行为会受到持续进行的社会关系的影响"。伯特(Burt,1997)认为,"社会资本是指通过人际(朋友、同事、一般的接触)间镶嵌关系的运用,达到个人社会资本与财富之创造"①。社会资本的获得主要来源于掌握的关系资源的数量、质量和激活、整合关系资源的能力。"情感资源与关系资源,而非过去的理性逻辑"②在这种权力逻辑中起到最为重要的作用。

"社会资本"是中文里"关系"的相关词,"在社会学意义上,是中国社会中特有的一种人际互动形式,是费孝通差序格局理论中的重要概念。按照费孝通的解释,在传统中国社会中,社会关系是逐渐从一个一个人推出去的,是私人联系的增加,社会范围是一根根私人联系所构成的网络"③。有学者认为它是发生在两个人或多个人之间的一种社会交往的过程。"关系"这个词还要与"关系基础"相区别。具体如下:

> 英文中的 relationship 是静态,并不一定是关系,而只是关系基础。关系基础是指两个人所共有的某些属性。有学者认为,关系的存在取决于关系基础的有无,这个观点是不对的。关系基础是一种被动的客观存在,而关系是一种主动的、动态的过程。两个人之间有关系基础并不一定有关系或者联系。反之,关系可以发生于两个原本没有任何关系基础的陌生人之间,只不过比起那些有关系基础的关系建立过程,没有关系基础的关系建立过程时间较长,有时还需要借助中间人的介入。④

---

① 维基百科"社会资本"词条。
②③ 喻国明.互联网发展下半场:关于技术逻辑与操作路线的若干断想[J].教育传媒研究,2017(6).
④ FAN Y. Questioning guanxi:definition,classification and implications[J]. International business review,2002,11(5):543—561.

分析了"社会资本"的两面性和"关系"中关系基础的重要性,让我们再回到对"用户生产内容"(UGC)的讨论。如果媒介融合中网络的"社会资本"或者用中文概念来表述的"关系"的"关系基础"是纯粹动态网络关联的"复制粘贴","相互纠偏"一旦成为"相互复制",那么网络的知识建构内涵将会大大抵消,就会造成前面论及的为"关系"而"关系"的资源流失和系统腐蚀。但是,如果"关系基础"是与想象力直接相关的创造,那么我们有理由为媒介融合"集体智慧"的知识内涵表示乐观。

"作为媒体,我们在传统意义上的权威性正在瓦解和坠落。传统上,我们一直相信只有训练有素的专业精英才能将重大的信息报道好、解读好,我们一向是重要事实的提供者、社会议程的设置者,我们有一整套保持事实客观、及时和权威的信息采集把关及加工制作的流程,但在互联网面前,这种理念已经受到了根本性的颠覆:在互联网上,WebX.0时代的即时反应,网民间的互相纠偏、复合印证以及网络所呈现的结构性的信息提纯能力(所谓'无影灯效应'),让我们对于微内容、微价值的聚合力量刮目相看。"[①]"提纯能力"来自网民的创造力,而创造力来源于理性的建构意识。

与博客、谷歌+等其他社交媒体相比,微博的社交关系链条更具开放和透明的特点。微博上的交往关系不仅比其他社交工具更加接近现实社会的关系网络,而且具有更加透明的特点,它"以计算机技术可捕捉、可统计的形式展现在研究者面前"[②]。研究者通过基于用户行为的用户分析和数据挖掘来分析网络用户的影响关系,可以预见的是未来的交往将会更加透明化。"透明"使交往比日常生活变得更加复杂,人们可能因为与他人之间不期的互动而使人际交往的矛盾增加。这就形成了麦克卢汉所说的,在"地球村",社会不和谐和冲突的因素可能增加的情形。但是因为

---

①② 喻国明,Web X.0 时代的传媒运营新法则[J].编辑之友,2009(6).

交往的透明,会形成"无影灯"效应,因此,在微博上的交往可能会日趋理性。同时,正如麦克卢汉说的,过热媒介的逆转、微博的开放与透明可能将人的隐私暴露于前台,在新闻与信息层面的开放与透明会促进社会公平与进步,但是,对于生活在现实世界中的人来说,过多地暴露可能在某一些层面上影响自己的生活,因此,人们进行社会交往时可能会抛弃微博这种公开媒介,转而去重拾其他更为私密的社交媒介。

在新兴媒介制造的电子虚拟环境里,物理实在主体的交往变得更加有效和安全。虚拟与现实的边界正在变得模糊,甚至二者已经直接联结。虚拟世界的经验刺激现实世界的思想,打破现实世界的局限。作为一种互补,虚拟世界改变或转变了主体身份,而这个主体身份在现实世界常常处于弱势或缺席的状况。一种经常出现的情况是:在社会和职业情境里,人们可能不会自由和开放地表达真实的想法,而是遵循社会的、文化的和其他各种有形或无形规则的约束。而在电子世界中,这种限制得以释放,人们可以更加自由地行动与表达。在虚拟环境里获得的更大自由提高了使用者与他人和环境互动的能力,解放了那些受到身体或物理性限制的因素。互联网被证明是一个最具吸引力的体现身体因素的实验场,不是因为"逃离"或者否认它们,而是改变它们对于我们和其他人的意义。虚拟世界与现实世界的联系不仅反映在身份问题上,还体现为神经系统的反应。屏幕是虚拟世界与现实世界的联系,神经心理学已有证据显示,人体的肌肉会不自觉地模仿屏幕上的图像和动作。镜像神经元理论被用来描述一种新的复杂的人类在社会中的行为和经验,它证明屏幕不仅可以让用户在想象中体验,更能得到一种身体的生理性感觉。

由于嵌套式的技术特点,微博被认为是最能体现"冷媒介"高参与度的媒介,它使每一个用户都成为一个节点,使每一个用户生产和激活信息,并且使信息之间发生关联。"在用户信息传播上,使用微博的每一个用户都是网络上的节点,一个节点包含他所关注的其他节点的全部信息,微博上的信息传播链条具有鲜明的嵌套性特点。"①嵌套式信息传播在新闻性方面体现出"参与式"的特点，它比过去传统媒体对于新闻的获取和讨论都更加及时而全面，用户可以通过各种终端方便而快捷地发现、传播、评论事件。

2008年5月12日14点35分33秒，Twitter是世界上第一个发布汶川地震消息的媒体，它比彭博社快了22秒。2008年4月，加州大学伯克利分校新闻专业的学生James Buck和他的翻译在埃及拍摄反政府集会时被捕。刚上警车的Buck还可以用手机，于是他给在Twitter上的关注者们发了一条只有一个词的信息"arrested"。关注者中立即有人通知了美国大使馆和Buck的同事，后者很快为他找了律师。2009年6月15日，美国国务院官员贾里德·科恩（Jared Cohen）向Twitter负责人发出一封电子邮件，要求其推迟服务器维修时间，以确保可以及时获取伊朗大选结果。因此，Twitter在报道突发事件和影响事件发展方面已经不再只是"微"力量。"以Twitter为代表的'微型博客'，已经成为世界新媒体发展道路上的一座里程碑。而Twitter的标志语'你在做什么'，在微博的实际应用中早已变成了'你在想什么'，其对大众的黏合度是迄今为止的互联网产品中最强的。"②新浪微博被《南方周末》认为是"首次为'微博'这一新型信息传播渠道寻找到在中国安全落地的解决方案"③。在上线短短几个月后，新浪微博已成为中国使用人数最多、知名度最高的微博客网站。在理想的状态下，微博的"微"将牵动的可能是它的反面："大"。"微"则是"个体被看见"。

---

① 喻国明,欧亚,张佰明,王斌.微博：从嵌套性机制到盈利模式——兼谈Twitter最受欢迎的十大应用[J].青年记者,2010(21).
② 葛鑫.商业价值：新浪的微博探险[EB/OL].(2009-10-10)[2018-03-11]. http://news.newhua.com/News1/html/Soft_test/2009/1010/091010152623K31H731136E80FJB7GKKCDD8AGJGGBJJ461DG9707K128.html.
③ 舒石.姚晨新浪微博粉丝数超百万[EB/OL].(2010-02-10)[2018-03-11]. http://tech.sina.com.cn/i/2010-02-10/12143851774.shtml.

Twitter 扇动翅膀,无意也必然地引发了传播方式及至生活方式的革命。一双手虽然小,但无数双小手彼此关注、评论和转发,真正链接起社会的神经末梢;社会呈现真正的网状组织,信息开始核聚变,个体的付出能即时看到实效和业绩,自我的吁求能即时听到共鸣和回响,微博变成了温暖的围脖。

　　微传播产生微动力,缓慢但坚实地推进着国家新语境、国民新思维和社会生态变革。微,不是弱小和卑微,是个体被看见,是越草根越大声。

　　时代依然是大时代,烈火烹油,铁马冰河,轰轰烈烈,瞬息万变。不同的是,"微"的存在和传播形态,为这个时代编织出新面貌,提供了新动力,并让个体的面目日渐清晰可见。①

用户参与信息交流的过程可以影响事件的进程,这对于打破以往中国传统媒体时代"大一统"的言论方式具有革命性的意义。有学者也以"隆重其事"来强调微价值:"平等的准入门槛、高度的用户参与,使得公共领域中的信息生产和共享有了更多的协作成分,信息不再由单方面的'塑造''灌输'而得来,反而更像是某种'共识';即便是最微小的反馈也有权隆重其事,如同一场发布会一般受万人瞩目,以展示作为一个'人'的呐喊。"②2011年,温州动车事故现场的第一手图像资料由网民提供,整个事件可以说是由微博网友推动的,网上形成的舆论压力也迫使相关部门做出有针对性的处理。

---

① 胡泳.微革命:从推特到新浪微博[EB/OL].(2010-01-14)[2018-06-18]. http://tech.sina.com.cn/i/2010-01-14/18343772157.shtml.
② 王嘉颖.试探析国内当下网络自媒体传播模式的后现代主义特征[D].上海:复旦大学,2011.

第二节 微博的认知效应

一、口语偏向:"次级口语"

相较于传统媒体,微博更适合口语化的交流。一则微博篇幅短小,口语化的表达更加亲切自然,从而能加速用户对信息的理解和信息传播的速度;二则微博瞬间刷新的特点要求用户必须及时反应。如果说,白话文之于文言文是一场语言的革新,那么微博的口头语言就是对白话文的再次改造或者革命。这并不难理解,众所周知,在胡适的倡导下,作为口头文化和读写文化杂交产物的白话文成为真正独立的新时代语言文字。学者对于白话文的提议虽有争议,但从普遍意义上来讲,白话文的推广几乎没有受到太大的障碍。在学者汪广松看来,社会对白话文的响应有媒介转变带来的社会改变方面的原因,虽然白话文的成功推广"与胡适的思想固然有关,但白话文作为冷媒介与热媒介杂交所产生的新媒介的巨大能量绝对不能被低估"[①]。新媒介环境的改变,使白话文变成"更为白话的白话文",即更加口语化的表达,因此更受欢迎,也更能激活口语表达与书面表达相结合的潜能。

次生口语与原生口语在电视时代有一个区别,即电视媒介的表达无法接受原生口语时代辩论文化中公开对抗的表演。电视竞选辩论中,对谈简短,站姿舒适,这种有意识的安排在沃尔特·翁(Walter J. Ong)看来"虽然笼罩着苦心经营的自发性,但这些媒介安全受制于一个严密的封闭空间,印刷术遗产形成的封闭空间;而敌对的表演可能会冲破这个封闭

---

① 汪广松.胡适与陈寅恪的口述著作媒介考察.学术探索,2006(4).

的空间,从而冲破严密的控制。竞选人做出调整,以适应电子媒介造成的大众心理。温文尔雅、文质彬彬的风度压倒一切"[1]。这个封闭空间在网络媒介时代被打破,"全球村"时代的空间界限已经变得模糊甚至消失,那些被电视媒介时代所自发隔离的对抗表演和锋芒在网络时代得到认同。"咆哮体"等网络语言风格就是代表,在网络社区,随处可见大段复制的语气词和表情符号。网络上口语文化已经虚拟化,加上网络之间媒介空间界限被打破,网络语言不一定经过精心策划,分析性也已不如印刷时代和电视等传统电子媒介时代那样强烈,而是带着更多的原生口语文化时代的外向性和自发性。

(一) 微博的口语文化

从博客的不限字数,到微博的篇幅受限,电子时代的文体出现短小化趋势。传统电子媒介时代的语言文化已经出现口语化倾向,即沃尔特·翁所谓的"二度口语"。二度口语是指一种与原生口语具有共性特征但又有所区别的语言文化。微博文体与原生口语文化一样,具有临在感和参与性的特征,但同时,它的文字又不追求深刻,只需人能瞬间体会即可。微博随时刷新的特性意味着,延展的意义不在于微博体,而在于互动的过程。

文风也随着网络交流而发生变化。一方面,Web2.0时代以前的网络仍然具有自上而下的单向传播性质,语言文字的发布也由网站编辑掌握,篇幅也与报纸时代类似,语言仍然带有书面语言的特征。另一方面,媒介在转变的过程中总是会带上一种媒介的印记,旧媒介总会成为新媒介的内容。报纸等文字媒介时代的书面语言风格也影响了网络发展初期的语言文字风格。而电视和广播的文字更加复杂,属于混合型,电视口播

---

[1] 翁.口语文化与书面文化:语词的技术化[M].何道宽,译.北京:北京大学出版社,2008.

和广播语言以口语为主，而专题片和新闻片等则以书面语言为主。

以微博为代表的社交媒体带动了报纸等媒体的语言向更加口语化的方向发展。微博篇幅短，小而灵巧，文体更加标题化、口语化、主题化。一条微博一般比通常意义上报纸的标题要长，但是比一篇正式的文章要短，它是一种介于两者之间的文字形式，这种文字表达形式催生了新的文体。另外，数字化时代的报纸标题也呈现出口语化的趋势，报纸也仿照微博的形式来制作标题和内容。当然在微博出现之前就有媒体尝试过这种形式，但是没有出现流行的趋势。麦克卢汉认为，读写文化和口头文化交汇时能产生极为巨大的能量。[①] 这方面的典型就是网络时代的报纸。有媒体观察者已经注意到这一变化的到来，如《长株潭报》的长标题："老公看完《搜索》，狂爱高圆圆。老婆有点吃醋，问大家是否她太小气""哪天办结婚登记，哪天办离婚登记，来看看株洲各民政局的安排"，等等，报人任浩在微博上表示，这些报纸在文体风格上的转变拉近了与读者的距离。

> 楚报任浩 V：新闻是格式的学问，亦是出格的艺术。报纸遵循传统，又无时不在颠覆传统。《长株潭报》《都市快报》这复合式超长标题，很难在新闻教科书上找到定义，它们颠覆了我们屡用不爽的标题思维，以拉家常的口吻展示新闻的内质，让长长的文字森林变得亲切可感。简洁之美如马尾辫，冗长之韵则如飘飘长发。（博主为时任《楚天都市报》副总编、《楚天快报》总编任浩）

口语化的标题、拉家常式的表达方式在调动受众参与积极性方面有书面语言难以比拟的优势。亲切可感的文字拉近了人们与报纸的距离，这是微博语言风格带给报纸的变化。报纸在语言的风格上适时做出改

---

① 麦克卢汉.理解媒介——论人的延伸[M].何道宽，译.北京：商务印书馆，2000.

变,也可以适应电子时代读者的认知需求。新浪微博名为"传媒老王"的用户就在每日第一时间发布当天出版的具有代表性的全国各类报纸头版,并且大部分都以图片的形式发布,这让该微博的关注者和转发后的接收用户不必再去翻阅传统报纸,也无须去逐一搜索各大报纸的电子版,就可以轻松获取当日报纸的头版信息。另外,将多张报纸拼在一起,也可以对各大报纸的版面进行横向对比。

  楚报任浩 V:(千剑读报 96)头版导读和视觉设计是一张报纸最重要的窗口,是区别于芸芸众报的标签。《21 世纪经济报道》提出"会呼吸的头版",弃用传统日报头版大图粗字铺张手法,改走立体和精致路线,将导读框设计成"微博体",报网同步传播,导读版外形更接近网络页面风格。乾坤之大,草芥之微,在这方寸之地巧妙腾挪。(任浩 2012 年 7 月 12 日 18:38 发表的微博)

  这条微博里所提到的"会呼吸的头版"是指《21 世纪经济报道》改版后推出的全新立体的头版,它以根目录形式展示当日报纸精华的正态分布。"会呼吸"意指有间歇的、并不连续的和线性的,就像呼吸一样有节奏韵律,不会给人以封闭的压迫感,也不会对视觉接受形成挑战。从这个意义上看来,"会呼吸"就是指更"冷"的。相对于原来的信息量极小的短标题所引导的长篇大论,"会呼吸的头版"在版面的设计上给感知和互动留出了更多空间。有人提出:"媒体微博编辑这个新行当,会不会成为媒体圈里最牛的职业?"答案是很有可能的,在媒介融合的世界里,微博是具有代表性的,它既是以往各种媒介形式的融合,也是渠道与内容的融合。人们获取信息的方式发生了改变,过去人们寻找信息,而现在信息通过节点找到用户,人们只需要登录微博,互联网的所有信息都可以为用户呈现。此时,微博成为网络的一个入口,成为信息本身。"微博体"重塑了人们的媒介感知方式,它的语言风格也将深刻地影响其他媒介的发展。

新媒体的传播主体与客体之间的界限已经模糊。当边界模糊时,媒介技术所提供的功能和方式就成为信息本身。以腾讯 QQ 为例,如果没有语音信息,QQ 就只是文字图片信息传递工具,而在线信息需要两人同时在线才可以进行。如果有了语音信息,它就具备了传统电话的语音留言的功能,融合了语音及离线消息两种功能,这种新功能将提供新的信息传递方式,培养新的用户习惯,使社交工具越来越具备生活仿真的性质。另外,语音所传达的信息量远远高于单纯文字或者图片信息,它是一种更加综合的感知媒介。

微博在深入讨论问题的层面上是更为散点式的。这一方面可能是由微博短小的篇幅和高刷新率决定的,另一方面也与它的开放式链条扩散模式有关,开放式的链条决定了每一个节点上都可能有信息的加入和删减,产生多重理解和创造。"微博介于两者之间,既满足信息即时发布,又将信息按顺序排列显示,造成对话'正在进行'的虚拟环境,更重要的是,微博是按人(节点)组织内容而不是按话题组织内容的,因此它可以承载双方之间任意信息的交流,微博是能够同时担负四种交谈的媒介。"[1]

原生口语文化具有衡稳状态的特征,电子时代的口语语言文字特征也同样如此。沃尔特·翁认为,"口语文化社会在很大程度上强调生活在当下之中,它们蜕去了对当下不再有用的记忆,借以保持社会的平衡或衡稳状态"[2]。时时刷新,这是微博存在的意义,因为脱离了时间线条的单个信息难以构成有意义的信息,因为口语词的意义取决于当下的情景,此时此刻的环境共鸣使语言的意义不断生产。如果以书面语言来写微博,其效果将远低于以口语化文字处理所能激发的互动,这是由两种语言的"冷""热"性质所决定的。书面语言强调深度与逻辑性,而口语则是情景

---

[1] 谢莹晖. 微博的偏向——微博的媒介特征新议[J]. 北京印刷学院学报,2012(1).
[2] 翁. 口语文化与书面文化:语词的技术化[M]. 何道宽,译. 北京:北京大学出版社,2008.

式的,"口语社会里的交流在很大程度上就取决于情景。人们一般不会用抽象的词语和概念,而是用具体的物体名称"①。口语还能调动积极的回应和热情的参与,它是"移情的和参与式的,而不是与认识对象疏离的。听众参与时的反应不是个人的参与,而是集体的、趋同的参与。这种召唤—回应模式形成固有的仪式:浅唱低吟、高歌唱和、呐喊助威、鼓掌欢呼,人们常常全身心地参与集体的交流活动"②。口语是比书面语言更"冷"的媒介,更能促进用户的互动和参与,满足社交的真正需求。

微博信息不仅有在空间上拓展媒介的能力,在时间上的持久性也是前所未有的。虽然是随时刷新,但是它的信息不会像原生口语时代那样一经发出就消失,而是一直在线,如果未经特意删除,经过搜索便可以重新找回、修改、重新利用等。与无篇幅限制的博客相比,微博强调当下性,有学者在对博客与微博的互动现象分析中认为,微博的认知机制是建立在"享乐原则"之上的,更多地强调一种感性消费;而博客则建立在"现实原则"之上,核心强调一种理性认知。③ 美国社会学教授赵鼎新认为,在美国,微博这类媒体无法替代博客在讨论重大政策问题上的作用。④ 尽管电子媒体发展的趋向是恢复视觉以外的其他感知,但是由于西方人长期浸染在印刷文字社会里,印刷媒介形塑了人们媒介认知的视觉偏倚,即使是在媒介环境发生转变的时期,人们有了更多的媒介选择,但是在面对涉及国家和自我发展等相关的重要问题时,还是喜欢选择逻辑分析认知方式的书面式的长文媒体。

(二)部落式的共鸣世界:"全球村"

我们正在经历"全球村"的时代,这是一个人类社会非同寻常的阶段,

---

①② 翁.口语文化与书面文化:语词的技术化[M].何道宽,译.北京:北京大学出版社,2008.
③ 刘涛,肖明珊."方韩事件"中的外部链接与长微博现象分析[J].新闻界,2012(6).
④ 赵鼎新.微博、政治公共空间和中国的发展.东方早报,2012-4-26(B16).

它开始于部落,然后从村庄到城市、国家,一步步向外扩张。麦克卢汉预见的"全球村"也已成为现实,它是通过新媒体实现的重新部落化的阶段。口语文化培养人们的群体感,电子媒介口语文化更是使人们形成以"全球"为单位的社会群体。在学者沃尔特·翁看来,"次生口语文化产生了强烈的群体感,因为听人说话使人形成群体,使人成为真正的听众……不过,次生口语文化产生的群体感大大超过了原生口语文化里那种群体感——这就是麦克卢汉的'地球村'"[1]。早在20世纪60年代,麦克卢汉在《理解媒介——论人的延伸》一书中就预言了媒介正在将我们引向一个"全球村"的社会,"媒介即讯息"强调了媒介技术的发展对社会结构和人们心理以及行为的形塑作用。在这个"全球村"里,交往密切、彼此相依相存、瞬间即时的交往模式给人类社会提供了一个回归到互相干预、彼此交叠的类原始村落的结构模式的机会。

但是,"地球村"并"不是我们顾名思义地认为的'和谐之地'"[2]。随着距离的消失和人们的全面介入,人们被卷入一个无形的网络中,无时无处不受到别的事物的牵制,原始情绪在社会网络中无处可逃,"人们生活的距离缩短之后,会越来越野蛮,会失去耐心","在狭窄的环境中,人的宽容心受到考验,村民不会那么彼此喜爱。地球村里充满着艰难的纷争和摩擦的情景。"[3]在电子时代,技术延伸的是我们的中枢神经系统。它密切了人与人之间的关系,也使卷入其中的人无法避开来自其他"部落"信息的影响,无法独立于他人他国之事务。

微博信息不分地域、无关身份,人人参与,彼此相关。网名为"传媒老王"的微博用户贴到微博上的报纸头版图片对比,在使人们重新对报纸产

---

[1] 翁.口语文化与书面文化:语词的技术化[M].何道宽,译.北京:北京大学出版社,2008.
[2] 谢锐.传媒哲学视野下的麦克卢汉媒介观——兼论我们与世界的传媒性关系[D].兰州:兰州大学,2007.
[3] 麦克卢汉,等.麦克卢汉如是说——理解我[M].何道宽,译.北京:中国人民大学出版社,2006:17.

生亲近感之外，还突破了报纸原来的地区界限。过去在烟台发行的报纸难以在外地有市场，微博则让这种界限消失，别的地区的人也可以接触到该地区的信息，这使人们开始对自己居住区域以外的事情有所了解。只要对博主有兴趣，博主所关注的内容即成为自己关注的内容。在全球村时代，每个人都在关注别人的事务，也可以说，每个地区的人都在关注别处正在发生的事情。地区界限模糊之后，人们无法再独善其身，新媒介使人们卷入原先可能与己无关的各种事务中。于是，电子社会的内爆产生的效果反映在微博上就是：空间上无隐私、思想上无独立观点、工作上非专门化。

以微博为代表的新兴媒介进一步放大了电子媒介的参与性与卷入程度，用户在参与过程中获得更大程度的满足感。张滨就这样生动地分析了微博的互动特性：

> 微博的评论功能已使微博的发布者和阅读者之间形成互动和黏性，其表现为：1.信息被阅读者以评论的形式再分解、再解读；2.阅读者的"评论"成为信息的延伸或链接；3."评论"成为另一阅读点。如果微博所发布的信息是棵树，那么评论就是信息树上的枝叶，它使评论者与信息发布者之间形成他们所共有的拥有自我符号系统和交流方式的"群"。

在网络世界里，每个人都有机会发声，个体价值开始得到重视，同时，借助社交媒体，人们的群体观念得以增强，"从 QQ 到博客再到微博，无不以个体出现，并以'群'的样式存在、滋生并蔓延，形成一个个类似于'部落'的存在体"[①]。个体作用的发挥使 Twitter、Facebook 和新浪微博这样

---

① 张滨.媒介向何方延伸——新媒介语境下的媒介发展[J].新闻传播，2011(10).

的社交媒体成为一个个"信息池"。① 按照互联网的发展趋势,静态信息会在未来形成流动的、可供再利用挖掘的信息池,即今天的大数据将所有相关信息聚类再利用,可以用于预测未来,并且成为生活信息的基础。它在很大程度上以重新培养信息分享方式来重塑我们的感知方式,那就是对共享信息池的广场模式的强调。"如果说电视把人们带回家,博客把别人带到自己家,那么微博就把人们重新带回广场。人们逐渐形成新的习惯:从报纸、电视、网络获取信息,从自己关注的人那里获取对信息的评论。"②广场模式将过去电子媒体的文化论坛功能显性化,形成了新形式的公共领域。

如果说前文字时代的人们是以地域为界形成一个个部落世界,那么微博的"全球村"社会将是超越空间的人类关系的重新组合。喻国明教授注意到了微博电子时代将带来一场关系革命的事实,他认为,"过往一盘散沙的民众力量得以在一个超越空间的范围内迅速且不乏紧密地聚合"③,聚合的民众言论对社会的权力关系产生极大的冲击,甚至让过去处于主动地位的社会管理者不得不认识到这种变化并做出反应。喻教授认为社会化媒体的崛起所构筑的"围观时代"之意义在于"时间消灭空间,社会力量的对比发生了极大的逆转"④。

二、声觉空间

微博的互动以"正在进行的交流"方式开展,这是"一切同时发生的声觉世界"。对于声觉空间的特性,麦克卢汉在一段访谈中做出了解释。

---

① 独家对话《连线》创始主编凯利:互联网未来会形成信息池[EB/OL]. (2010-12-06)[2018-03-11]. http://tech.ifeng.com/talk/leader/detail_2010_12/06/3360028_0.shtml.
② 谢莹晖. 微博的偏向——微博的媒介特征新议[J]. 北京印刷学院学报,2012(1).
③④ 喻国明."关系革命"背景下的媒体角色与功能[J]. 新闻大学,2012(2).

斯坦斯：什么叫电子同步信息世界？

麦克卢汉：就是一切同时发生。电速条件下是没有序列的，一切在同一刹那间发生。这是声觉的世界，一切同时发生。没有连续性，没有一步到底，一切都是现在。顺便需要说明的是，任何运动都是这样同步的，运动往往是这样的。用大脑两半球的时髦话说，全部靠右半球。一切运动都靠右半球，因为它们调动的是整个的人，一切运动都是参与性的，结果都是不确定的。没有连续性，只有令人惊奇的东西和出人意表，只有全身心的介入。①

麦克卢汉的"声觉"观念论说，是在与视觉空间的对比时产生的。视觉文化是印刷媒介的产物。在此之前，人类社会是一个声觉的世界，人们的感知是共鸣式的。在这个世界里，人们以一个前文字时代的眼光看世界，那是一个没有边界的世界。古登堡印刷术使这种情况发生了改变。印刷媒介重新塑造了人们的感知特性，那是一个偏向视觉的世界，其他的感知被抑制，打破了人的感知平衡。"拼音文字的机械社会在空间上把个体与集体分开，因而产生了隐私；在思想上把人分开，因而产生了观点；在工作上把人分开，又因而产生了专门化——因而产生了与个人自由相联系的各种价值。"②德克霍夫认为，在文字读写能力强的西方社会中，人类智能在私人自我中重新分配，"阅读和写作能力是心智私人化的基本条件"③。

电子媒介的声觉空间的特点在微博上得以体现，微博信息的产生在于瞬间即时，它使人整体卷入，好像回到"声觉世界"，随时聆听四面八方

---

① 麦克卢汉,等.麦克卢汉如是说——理解我[M].何道宽,译.北京：中国人民大学出版社,2006：17.
② 薛可,陈晞,梁海.微博 vs 茶馆：对人际传播的回归与延伸[J].当代传播,2011(6).
③ 德克霍夫.文化肌肤——真实社会的电子克隆[M].汪冰,译.保定：河北大学出版社,1998.

涌来的信息并随时做出反应。但电子媒介时代的感知方式与前文字社会的"声觉世界"感知有所不同，这是一个经过印刷媒介的时代，这个"声觉世界"的感知不再是原生的和自发的，而是"重新部落化"的过程。电子媒介使人们重新获取感知平衡的机会，它不再只是偏向视觉，而是重新分配了感官的支配比例，其他感觉如听觉、触觉等价值得到恢复，因而在印刷文字时代失落的整体感知可望在电子媒介时代被找回。

第四章　视频媒体

第一节　电视的转变

互联网的出现改变了人们获取信息的方式,数字技术催生了多种媒介形式,媒介生态正在发生改变,新的传播格局已经出现,它将深刻地改变社会文化生活。革命性的多点传播媒介技术深刻地影响了已有媒介,传统媒介的未来出现诸多不确定因素。作为过去60年以来统治了视像传播领域的媒体,电视也不可避免地遭遇到前所未有的挑战。关于"电视的转变"相关议题很多,其中最令人瞩目的是关于电视是否即将消亡的预言和判断,有人预测电视将是继报业危机之后又一个即将退出历史舞台的媒介形式。针对这一危机论,国内外学界已开始注意到这个严重的问题,电视是否即将走向没落,它的争议焦点到底何在。本章将检视该论题的相关观点,考察新媒体时代电视定义的演变。本章,我们将分析网络及新媒介的出现对于电视到底意味着什么,哪些根本性转变将会发生,这些对于我们深入理解未来电视的内涵等问题有重要意义。

一、危机预言

《2010 中国传媒蓝皮书》宣布:"移动传媒与互联网成为传媒产业的新双架马车。"①传统媒体该何去何从开始引人关注:电视会成为继报业之后遭受网络重创的另一个传统媒体吗?"电视的危机"的根源可能在更早的 20 年前,但是,真正的危机出现却是在最近几年。20 世纪 90 年代以来,互联网带来了新的传播技术和传播方式,超链接和点对点传播方式被广泛应用。在媒介生态中,一方面,网络逐渐呈现主导之势;而另一方面,电视在网络的挤压之下似乎正在退出中心舞台。全球的电视产业都面临新的挑战与转折。

有研究显示,中国互联网用户数量激增,网民上网时间多集中在晚上黄金时段,手机上网用户和网上视频观看用户也急剧增多,电视成为继报刊之后又一个受到互联网挤压的媒介。另一份对于视频用户的调查报告也显示:视频用户看电视时长减少 63.3%,频次减少 56.4%,并且视频网龄越长,媒体习惯改变越明显。② 媒体从业人士吴征、朱德付也赞同电视即将消亡的说法,他们认为,虽然传统媒体与新媒体正在经历融合的过程,但是网络媒体在推动社会进步方面具有其他已有媒体无法比拟的优势,因此他们也认为网络即将替代电视,电视的消失是必然的。③ 在西方,有人预言视频网站 YouTube 对电视的冲击还只是一个开始,互联网

---

① 王茜,王千子.传媒蓝皮书:09 年中国传媒产业总产值 4907.96 亿元[EB/OL]. (2010-04-22)[2018-03-12]. http://news.xinhuanet.com/newmedia/2010-04/22/c_1248646.htm.
② 中国网络视频用户媒体及消费行为调查发布,称网络视频改变电视[EB/OL]. (2011-12-28)[2018-03-12]. http://forum.zhongsou.net/31/20111228/3661044.html.
③ 2009 凤凰网媒体峰会探讨转型时代的媒体变局[EB/OL]. (2009-09-29)[2018-03-12]. http://media.ifeng.com/hotspot/sanyafenghui/xiaoxi/200909/0929_8072_1370878.shtml.

可能最终代替电视,现有的电视正在被新媒体革新者们所改造。①

早在 2006 年 10 月,美国全国广播公司的总裁杰夫·朱克(Jeff Zucker)就宣称,电视业务已经到了最重要的转折点,是时候让电视执行官们接受在他看来不可逃避的事实了,"接下来五年的改变将超过过去 50 年的改变"。现在看来,这一预言是准确的:最重大的改变已经发生,电视传统的广告业务模式正在解体,它不得不与其他媒体合作经营,大众媒介继续细分受众和兴趣群体,新的技术将电视的观看经验从客厅的电视机移到了电脑及其他新媒介上。

如果不能积极应对这种改变,电视可能面临没落乃至消亡,取而代之的是视频时代的来临和视频在其他媒体中的广泛应用。王明轩的《即将消亡的电视:网络化与互动视频时代的到来》是目前为止国内对于电视的发展趋势分析较为系统的著作,该书对电视消亡论的解释是:"纯粹广播性的、线性视频,我们称之为电视的传统电视将消亡,而现在网络上、手机里、发行后的双向数字电视网中随处可见的视频——我们也把它们称为电视——将大行其道。"②显然,这样的定义认为,视频将取代电视,并演变为新的意义上的"电视"。

王明轩的分析虽然趋于个性化与经验化,但他从传统媒体过渡到新媒体的实践过程中得到的视角值得我们思考。他认为,电视的危机还没有被电视业内人士充分意识到,他总结了中国电视行业目前面临的五大"堰塞湖":IPTV、基于 P2P 技术的视频传播平台、视频分享网站、手机电视、下载技术,这些都是把电视观众从电视机前夺走的新媒体视频技术平台。"随着时间的推进、能量的积累,终究有一天堰塞湖大坝会决堤,对下

---

① OHANNESSIAN K. Television 2.0: coming to a (computer) screen near you[EB/OL]. (2007-08-14)[2018-03-12]. http://www.fastcompany.com/articles/2007/08/future-of-tv.html.
② 王明轩. 即将消亡的电视:网络化与互动视频时代的到来[M]. 北京:中国传媒大学出版社,2009.

游的传统电视产业造成灭顶之灾。"①王明轩充分意识到了碎片化媒体分化传统媒体用户的能力，并对视频时代的来临充满期待。他对电视人如何转型，以及新媒体用户如何参与视频的制作都提出了有价值的看法。

"电视消亡论"的中心论点在于，当电视观众分流为新型媒体的视频用户，当获取信息和娱乐大众的功能部分被新媒体所取代，电视的新闻和娱乐两大属性被削减，那么，传统意义上的电视的影响力将不复存在，网络和新媒体视频将成为电视的替代者。

以上研究在强调电视危机的同时也忽略了一个事实，即以往电视的影响力在于它是大众媒介，这是与碎片化媒介相区别的地方。碎片化是未来媒体发展的趋势之一，但是，这并不意味着作为大众媒介的电视影响力会真正消失。新媒体技术正处于飞速发展的阶段，电视的未来决不可快速论断，还需要进一步仔细观察和分析。

"广播"和"时间线性传播"这两个传统意义上电视的特征在数字化网络时代被改写，当前出现与其并存的方式是网络化以后的定点传播和非线性传播方式，当广播式传播的基本特点被网络改造后，广播的模式是否还将存在，电视"无处不在"又"处处不在"，那么，到底哪个才是电视，这些都是在分析电视的未来时需要探讨的问题。

二、重新定义电视

到底哪一个才是电视？这是目前最让人难以回答的问题。毫无疑问，电视的观看形式已经发生了种种改变。从传统意义上讲，电视意味着客厅、家庭聚会、共同议题、"沙发土豆"等，现在的情况则不同了：电视机还在，但是电视机前的忠实观众却不见了。受限于电视的时间线性播出

---

① 王明轩.即将消亡的电视：网络化与互动视频时代的到来[M].北京：中国传媒大学出版社，2009.

方式,过去的电视节目稍纵即逝,人们必须在电视机前等着好节目的到来,而现在网络的非线性播放和不受时空限制的获取方式带走了一大批电视观众。于是,我们会遇到接下来的这些问题:

网络电视是电视吗？电视节目不再只通过广播形式播出,网络也是新的传播渠道,它更加方便,可以瞬间即时获取。PPTV、CNTV、优酷土豆等视频播放平台赢得了一大批用户,这些用户中,部分用户过去是电视的忠实追随者。网络电视频道改变了用户的观看经验。如 Discovery 传播公司和视频网站 YouTube 合作开播九个 YouTube 频道,专门展映来自 Discovery 旗下的精彩视频集锦。

用平板电脑、智能手机等看电视的年轻人还是电视观众吗？用其他屏幕看电视的受众还是电视观众吗？虽然电视观众数量并没有减少,同样的电视节目,收看人数也没有减少,只是收看设备发生了改变。但是,年轻观众从传统电视机向新媒体转移的趋势已非常明显。尼尔森 2007 年的调查报告显示,12—34 岁的观众观看电视节目的方式正在发生转变,他们越来越多地使用平板电脑、手机等电子设备观看节目。①

电视的未来充满了不确定性,网络把电视观众带走已经是一个事实。于是一个重要的问题产生:"从电视向网络转移的观众,他们还会回来吗？"②答案看起来非常不乐观。然而,一个反向的事实不得不引起人们的关注:视频网站 YouTube 已经同电视机和机顶盒厂商建立合作伙伴关系,把视频带进了客厅。"从书房走向客厅"的革命性举动正在改变电视的定义,改变电视机前受众的使用习惯,电视机拥抱互联网的媒介融合模式将使电视的命运发生转折。

---

① Youths are watching, but less often on TV[EB/OL]. (2012-02-09)[2018-03-12]. http://www.nytimes.com/2012/02/09/business/media/young-people-are-watching-but-less-often-on-tv.html.

② JENKINS H. Convergence culture: where old and new media collide[M]. New York: New York University Press, 2008.

计算机产业主导的电视还是传统意义上的电视吗？智能电视的出现和决定它的发展的操作系统，将使得电视发展的主动权让位于计算机技术行业，这可能是电视未来将出现的最根本的变化。这也是目前电视人所最需要警觉的趋势。智能电视被称为"下一场技术革命的'风暴眼'"，定义和决定智能电视发展方向的不再是传统电视产业，而是 IT 巨头苹果、谷歌、微软。① 微软前 CEO 鲍尔默认为，"电视不再是一个接收的终端，而是一个家庭娱乐中心，每个人通过这个大屏幕享受到的娱乐体验更具互动性、社会性和娱乐性"②。电视与网络实现真正的融合后，客厅电视将是什么形态，电视媒介的语法会发生变化吗？

多样多变的收视环境与观看方式、改变的硬件和软件系统让今日的电视媒体变得复杂，它的面目从过去的强势单一变得面目模糊。所有这些改变都是因为网络的出现打破了过去信息资源组合与分配的模式。

(一)互联网对电视的影响

与过于的技术相比，网络带来的变革将更加深刻。互联网对电视的影响在于，它改变了过去 60 年都没有改变的单向传播技术的局面。结合网络的互动能力，电视不再是线性播放，不再是即时广播，而是随时随地可得。电视这种根本上的改变正如网络自身近年来的改变，它是类似于 Web2.0 的电视 2.0。融合的技术条件的实现，使我们不得不重新面对新的电子环境，因特网工业正在创造新的电视演进之路，电视正从它早期的单向传播转为交互式的多向传播。

数字技术的出现带来了媒介融合，推动了电视与其他新兴媒体的互

---

① IT 巨头定"游戏规则"或掌控智能电视未来[EB/OL].(2012-02-13)[2018-03-12].http://news.xinhuanet.com/jiadian/2012-02/13/c_122692527.htm.
② 谷歌微软等三巨头掀电视革命:智能电视年底成真[EB/OL].(2011-09-25)[2018-03-12].http://tech.sina.com.cn/i/2011-09-25/09196107852.shtml.

动。它将视频、音频、文字等多种内容集成,传播速度更快、传播范围更广。今天家庭里的电器产品结构随着网络的进入而改变,电视、电视的服务者正通过同一个渠道——网络而进入家庭。这是一个重要的发展趋势,它使早期三个相对独立的传播系统融合,也使每一种媒介的功能得到补充和放大。互联网在电视媒介的接受中扮演着越来越重要的角色,电视制作人、剧作家和相关的行政人员都在试图适应并且利用这种变化。电视观众也以多种公开的、有机的和不能清楚定位的方式与电视节目互动。有学者认为,电视将变成网络上的一个应用,"电视将不再存在,网络将会吞并电视,并且今天的节目将会变成网络上的另一个应用"[1]。这无疑也是在强调网络对电视的融合作用。

未来的智能电视将从真正意义上推翻现有的电视行业制作模式。电视人感受到的来自新技术的压力正在与日俱增,当智能电视时代来临,操作系统将被技术部门所掌控,未来坐在主持人位置上的可能是技术开发设计人员,这些人要么拥有艺术天分,要么有强烈的社会责任感并具备良好的传播交流能力,要么具有灵敏的艺术和社会感知力。

(二)电视的未来在于深刻理解"互动"和"参与"

那么,电视的未来到底在哪里?传统意义上的电视是否真正即将消亡?一项实证分析的结论认为:一般的媒介用户仍然倾向于使用传统的广播式媒体和人际互动。[2] 另一项揭示了媒介的形式、文本、文化功能之间的联系的美国电视现状研究显示,最重要的改变在于多种观看方式的出现。因此可以认为,电视未来的传播及文化形式还很难预见。但可以肯定,融合将是传统电视与网络结合的主要结果,目前出现的电视转变在

---

[1] 尤文奎,胡泳. 电视的未来[J]. 新闻爱好者,2014(7).
[2] JENSEN K B,HELLES R. The internet as a cultural forum:implications for research[J]. New media & society,2011(3):517-533.

媒介生态发展史上将是一种演化而不是终止。① 可以推论,作为大众媒体的电视还不会受到真正的冲击。用户的媒体选择将会呈现多样化趋势,电视并不会在可见的未来消亡,而是在很大程度上进行深度调整,调整的过程势必要与其他媒介融合,以适应网络社会媒介的多种传播方式。

电视演化的进程中必然会发生一些重大改变,这些改变必将涉及电视的定义本身。而要理解电视的内涵,则要把媒介融合的大局面纳入视野。融合的最根本特征在于模糊的边界、瞬间即时的互动与互联、新的时空感知,这完全不同于过去广播、报纸、电视时代的媒体世界。作为融合中的一员,电视正在融入新媒体的运作方式,逐渐从广播式线性媒体发展成为互动和参与式融合媒体。

首先,"观众"或者"受众"的概念要改变,取而代之的是"主动的媒介使用者"。传统的模式将受众定位为一个"大的、无名的公众"②,在使用媒介的时候处于消极被动状态。相比之下,数字媒介的新范式用一种完全不同的方式来看待受众。现在的受众是碎片化的、可知的并且可以被定位的,③或者它根本就不应再被定义为"受众",因为从字面上来理解,"受"有被动的意思。他们是使用者,是镶嵌在媒介上与媒介之间的信息点,是积极而深度卷入的参与者。媒介内容由他们创造,内容的交换也在这种新型社群中进行。

在经过半个世纪的发展之后,电视受众因为互联网的出现得以一改过去单纯作为娱乐的被动接受对象的身份而最大限度地"参与"信息的完成过程。"与过去彩色与有线电视的出现改变了电视相比,互联网会更加

---

① LOTZ A D. What is U. S. television now? [J]. The annals of the American academy of political and social science,2009(625):49-59.
②③ PAVLIK J,MCINTOSH S,BUCY E P. Convergence, content, and interactivity[M]//Living in the information age:a new media reader. 2nd ed. Belmont:Wadsworth Thompson Learning,2005.

深刻地改变电视,这只是一个时间的问题。"①早期案例有 2005 年的《超级女声》和 2002 年的《美国偶像》,近一些的媒介现象包括 2017 年到 2018 年的网络偶像养成类节目,以及以嘻哈、街舞为代表的亚文化的崛起,这都是再好不过的明证。改变已经发生,它不是时间问题,而是现实。现在,受众已成为娱乐形式自身。从新媒体融合时代的真人秀节目发展现状我们可以看出,参与尤其是社交平台上的参与如何让观众真正与电视互动。

其次,在中国,电视仍然是主导媒体,就受众到达的规模和影响而言,电视的影响力远在其他媒体之上。美国媒介大亨戈尔也持同样的观点,他认为尽管网络以其微内容和即时互动的优势正在改变人们的生活方式,但是电视的到达规模和影响力仍然远超出其他的新兴媒体。戈尔认为,虽然互联网是一种民主的力量,但电视仍然是最具影响力的媒介形式。诚然,互联网正在侵占电视的市场,但是它也给电视观众提供了真正影响和接触公共广播体系的机会。

互联网正在抢占电视的市场,现在需要做的是反转这种潮流,利用互联网来给个人提供更多的进入电视这种公共论坛的机会。互联网广告近年来发展迅速,但是"电视仍然是花费上的龙头"。2012 年,时代华纳首席执行官杰夫·比克斯(Jeff Bewkes)在访谈节目《查理·罗斯访谈录》(*Charlie Rose Show*)中表示,电视正在经历新一轮的黄金时期,这主要归因于电视的影响力、伴随性和电视对广告的强大吸引力。

最后,在全球化媒介时代,真人秀节目的发展现象表明,受众与真人秀节目之间的影响与互动就算不是革命性的,也是一次意义重大的行动。《美国偶像》在全世界流行并且成为收视率领跑者就是一个显著的印证,它甚至深刻地影响了全球的文化,如对阿拉伯地区部落文化的传播和影

---

① COWAN D. Television 2. 0[EB/OL]. (2006-05-20)[2008-03-12]. http://whohastimefor-this. blogspot. com/2006/05/television-20. html.

响远远超越了节目本身的娱乐效应。一方面,应该说电视终于在媒介丛林中找到了它自己的位置,找到了自身的"表现"对象,即低清晰度、高参与度的受众群体;另一方面,观众是电视媒介早就设定的内容信息,只不过在经历了几十年后,这种设定才通过其他电子媒介得以无限放大。

当新兴媒体将音频、视频、文字和图片等多种元素以"超链接"形式完成新的媒体组合后,电视媒介的身份和功能开始受到怀疑。在全球流行的《美国偶像》现象媒介生态中,我们发现了一个发生在电视媒介语法上的重要转变:在新兴媒介的参与下,电视媒介的新潜能被挖掘出来,开始从单向传播向双向交互转变。新媒体的非线性播出方式对于电视的线性收看方式而言是革命性的改变。时间向度就是重新定义电视的关键所在。电视选秀节目的影响力在于,它以同步交互和异步交互两种方式实现"深度参与"。通过新媒体提供的参与和表达渠道,电视媒介与受众真正实现双向联通和交互。

新媒体用户与传统媒体用户在参与方式上有所区别。新媒体时代的用户是主动的内容生产者和经验分享者,他们的活动都集中在在线社区,他们生活于其中,不再那么容易被操控。因此,他们对电视节目内容是一种"拥有"的感觉,而单单大众媒介或"碎片化媒介"无法满足这些用户的需求。[①] 当然,观众对于不同内容也不是总有一致的表现,这就是大众媒体的影响力所在,观众或者说用户对于不同类型的电视节目的观看习惯有所不同。"极致传媒"通过研究发现,不同类型的娱乐引起不同程度和种类的社会互动。观众最有可能独自观看戏剧类节目,与家庭成员一起收看喜剧,而对于真人秀节目,观众最可能选择与朋友一起观赏。[②] 我们

[①] Pricewaterhouse Coopers. The rise of lifestyle media:achieving success in the digital convergence era[R]. London,2006.

[②] JENKINS H. Convergence culture:where old and new media collide[M]. New York:New York University Press,2008.

可以由此推论,真人秀节目更加适合客厅或者广场观看模式。

而在媒介融合时代,以真人秀节目为代表的电视2.0将创造一种新多方参与交互的途径,一种介于大众媒介与"碎片化媒介"之间的独特的媒介环境。大众媒介实时互动可以影响观众投票并且活跃唱片市场,而"碎片化媒介"则提供论坛等平台来让更多的用户参与,从而制造更多的议题。相关研究还断定,能够引领这一潮流的电视节目类型将是运动节目、真人秀节目和新闻节目。[①] 这就是低清晰度的"冷媒体"——电视以及网络等媒介的语法,"全民参与和深度卷入"就是它们的本体使命。

另外,电视是否会消亡的问题还要考虑地区差异。已有的研究表明,在中国,农民对于媒体的接受与城市居民有很大差别。如王广生对于中部留守农民的调查研究表明,他们主要接触的媒体仍然是电视,占95%以上,远高于其他媒体。总体而言,这部分人对媒介的依赖程度较低,也体现了他们对媒介的低层次需求。原因在于,一是大量存在的对信息的潜在需求与媒介不能充分满足之间的矛盾;二是对电视媒介的刻板成见阻碍了其他媒介对受众的占有。[②] 这些地区的现代电子信息流通不充分,文盲率和半文盲率较高,"95%以上只上过初中,还有一部分人不识字"[③]。总体而言,这些因素也是影响电视媒介发展的关键因素。

电视正在受到冲击,但是,是否真如人们预测的那样,作为一种提供娱乐、信息和极具诱惑力的电子媒介,电视终究避免不了被淘汰的命运,这是新旧媒体交替时代我们无法回避的问题。在过去几十年里,电视一直是一种信息和传播资源,而作为一种政治与文化论坛,电视正在被网络代替和重组。有研究表明,网络正在为媒介使用者提供地区性、国家性和全球性的议题、框架、日程。未来几年,电视的模拟信号开关可能全部停

[①] JENKINS H. Convergence culture: where old and new media collide[M]. New York: New York University Press, 2008.
[②][③] 王广生. 中部地区留守农民的媒介使用状况研究[J]. 新闻爱好者, 2008(3).

用,但这并不意味着电视机将全部被关闭,未来最典型的媒介形式也不一定不是相关的文化形式,虽然这种形式还有待在新的媒介环境下深入探索,但我们相信,通过不同于以往的传播实践,跨越各种不同媒介的新的文化形式将会出现。

　　媒介融合时代,每一种媒体都面临变化和调整。电视作为传统大众媒体的影响力正在经受质疑,本书也只能试图对电视媒体的内涵做再一次的考察,本书认为,以网络为代表的新兴媒体以融合的方式影响和改变电视媒体,大众媒体与碎片化媒体通过某些新兴的节目类型而相互融通。在与受众互动的层面,同步交互与异步交互已显见于全球"偶像"等参与式真人秀节目中,新媒体与传统媒体的互动将使电视重新发现它的本质语法,这种语法就是高参与度的"冷媒介",低密度的信息将由受众主动填充。因此,对于电视是否会消亡,答案应该是否定的。一方面,电视的影响力将继续存在,一些电视类型的大众传播优势正在通过碎片化媒体得以补充和放大。另一方面,新技术也正在把网络带进客厅,电视获得新的机遇更新自己,而电视人所面对的挑战可能更为巨大。未来,电视的主动权可能会交给软件、交给操作系统,技术的进步正在成为电视制作人转型的契机。但是,目前的分析只是基于已有的技术现状做出的判断,科学技术还在发展中,任何过于坚定的判断可能都言之过早,但是电视媒介目前阶段的演化的确是一个敏感而且值得关注的课题。

第二节　网络视频媒体

　　网络时代,新媒体已成为视频传播的主要途径,电视作为传统媒体,其内容也成为新媒体的内容。新媒体的视频生态与认知已经完全革新了电视时代的特征,视频的获取和发布方式已经发生彻底改变,人们不再只是被动接受电视台按时间线性播出的视频,而是可以主动选取、使用、制作视频。视频的消费者同时也能转变为视频的生产者。学者殷乐将新媒体视频的传播特征概括为"传播介质的高渗透性和私人化""传播形态的系统性与碎片化并存""传播模式的开放性和对话性"[1]。

在线网络视频的瞬间即时获取和上传方式的简单快捷将视频使用主动权交到用户手中,打破了过去电视机构制作、生产、传播视频的权威模式。在内容的分配方式上,标签化的定位模式也增加了视频的分类模式和意义归属,这种定位模式欢迎对同一视频的多样化理解。当旧媒体成为新媒体的内容时,人们就不能再用旧媒体的思维方式来认识新媒体了,新媒体也不能套用旧媒体的语法。旧媒体本身就是信息,所以才能成为新媒体的内容,成为新媒体的融合元素,而不再以独立的方式出现。新媒体的视频在长度上也与电视视频有着不同的要求,网络和手机更倾向于传播短小视频,于是片段文化开始流行。为了与电视视频媒体相区分,我们将利用网络传播视频的媒体称为网络视频媒体。

一、瞬间即时的获取和发布方式

新兴电子媒体以融合媒介的模式重构了时间和空间,网络视频媒体与电视媒体的不同之处在于它拥有瞬间即时的获取和发布方式。与网络传播的其他应用媒体相似,网络视频媒体的技术基础是互联网。网络传播不仅在时间上突破了线性传播方式的限制,更在空间上摆脱了地域的限制。从观众的角度来看,网络时代的人们可以轻而易举地在网上获取国内外电视台过去几年,甚至几十年之中播出过的电视节目。从电视台的角度来看,各地方台也不再局限于过去以本市和本地区为基础的地域传播方式,只要

---

[1] 殷乐.新媒体视频的传播特征、发展格局及趋势分析[M]//中国新媒体发展报告(2010).北京:社会科学文献出版社,2010.

开通地方台的视频网站或者和已有视频平台合作，就能够让过去无法覆盖到的异地用户和无法准时看电视的观众随时观看这些地方台的节目。

时间和地域界限的破除也引起了全球化传播与地域文化的关系的问题探讨。有研究表明，《美国偶像》的阿拉伯版本在阿拉伯地区的传播唤起了人们的参与热情，继而引发了部落诗歌的复兴。对地域界限的突破使得电视机构和新兴的视频媒体都面临全新的发展机遇，而充分理解可以随时随地传播和参与互动的特性是把握未来视频媒体发展走向的根本。在空间和时间上将信息重新组织，不仅打破了传统电视台在内容制作、传播上的垄断局面，而且将内容制作与传播的分工外化到电视台之外。如何制作出高质量的内容，成为未来视频媒体新的发展点。一些视频网站在内容收集上已经不再只将目光锁定在电视台播出的节目上，而是逐渐与网民们建立密切联系，以购买的方式采购网民的独家视频。一些专注做内容的公司也开始出现，他们成为传统电视媒体和视频平台的内容供应者。传统电视媒体受人力和技术条件的局限，常常不能第一时间采集和发布信息。而网站则可以在最短的时间内上传最新的视频信息，后续再由传统媒体跟进做深度报道，这样的方式弥补了传统媒体的不足。视频媒体也打破了传统媒体对于播出内容选择权的垄断，许多热点新闻事件都是经网络视频曝光后开始引发热烈讨论的，当热点事件的影响力达到一定程度时，就会引发官方媒体的播报。

便捷灵活的视频媒体培养了具有交互能力的用户。与电视观众相比，视频媒体用户的媒介接触方式发生了改变。过去的电视观众是单向和被动的，无法对视频进行选取和加工，而视频媒体用户的视频主界面是一种双向模式，用户可以在这个界面进行主动的选择、上传。除了从传统电视转换而来的电视节目内容外，用户生产内容（UGC）也是视频媒体重要的组成部分。在中国，UGC 是伴随着以提倡个性化为主要特点的

Web2.0 的概念兴起的。UGC 不是一种具体的业务，而是一种用户使用互联网的方式，在这种方式下，网民的自主性得到前所未有的发现和满足。YouTube、MySpace 等网站都可以看作是 UGC 的成功案例，社区网络、视频分享、博客和播客等都是 UGC 的主要应用形式。①

视频媒体也可以理解为"私人电视台"。录制和剪辑设备的普及，使视频制作变得比过去任何时候都简单。只要打开手机，手机上的视频录像功能就可以将自己想要记录的内容拍摄下来，剪辑软件也可以轻易在网络上获得，网民可以按照自己的意愿录制上传视频到视频网站、微博、QQ 空间等进行传播。举个例子，假设你在飞机上的座位碰巧在某位电影明星旁边，那么你就可以拍照或者录像，只要你将照片或视频发在微博上，转发率马上就会上升，如果被娱乐网站或者电视台注意到，还很有可能被转发到门户网站或者出现在电视上。因为上传视频而走红的所谓的"网红明星"也不少，延参法师就是一例，他因为自传一段在峨眉山传教时被猴子戏弄的视频而迅速走红网络，并引起了传统媒体的关注，很多电视台邀请其参与电视节目的录制。

在用户生产内容模式里，社会交往的愿望是用户消费内容最重要的动机之一。当把观看者社会交往的愿望理解为一种互动逻辑的时候，最重要的就是视频提供给观众一个基本的话题和社会交互的机会，从而给观众创造一种"归属感"。视频的在线分享，使得围绕视频的社会化成为可能，通过网络视频，用户可以找到与其有共同观看爱好的人。这种情况类似于一些兴趣相投的朋友在生活中的聚会，只是人群更大，在线谈论的方式更加自由。电视与视频媒体还存在共时与历时的区别，网络视频消弭了时间的界限，使得同步与异步互动可以同时进行。

那些为了某个节目而分享共同的爱好的观众常常感觉到彼此之间有

---

① 柏棣泊崖. UGC. "用户生产内容"[EB/OL]. (2009-10-14)[2018-03-13]. http://blog.sina.com.cn/s/blog_4e848c1e0100bh46.html.

一种天然的联系,因此,罗塞尔(Russell)和普图(Puto)认为应该为这种分享的热情在观众之间建立一种"潜在的交往关系或者一种共同点"[①]。电视时代,约翰·费斯克(John Fiske)就有这方面的观察,他认为稳固的观众能够将观看经验看作是一种群体观看体验,因为观众知道其他观众也同时正在收看同一个节目。[②] 而这些观众最明显的一个特点就是他们获得的关于这个节目的信息是最多的,这也让他们自己感觉与另一类观众区别开来。在新媒体时代,网络视频相对于传统电视的最大优势就是互动。用户在观看视频的时候,不仅可以完全不受线性播出时间的限制,还能方便地参与多种形式的社区互动。视频用户可以通过互动实现彼此之间真正的交流、信息共享、感受分享,创造属于他们自己的兴趣群体,将电视时代观众心理上"潜在的交往关系"显化,变成实际的交往行为和关系,在线上与线下同时进行,并形成各种交往社区。

显化的交往使用户的角色发生了改变,作为传统冷媒介时代的代表,电视在感知上对人体视觉以外的其他感知进行了补偿,网络则将"冷"的互动内涵进一步显化,使用户成为网络节点上一个"低定义"的可以激活的信息。视频媒体的互动和参与蕴含了创新的可能性,它表现在影像的创作方式、多种价值观的培育、对于我们的视觉和声觉世界的形塑等方面。

视频的流行培养了一种新的认知方式,因为视频解除了人们对于文字的过度依赖。视频的语音和活动影像更易于人们理解,它拉近了大量源于文字能力差异的人们的心理距离。哪怕是不识字的人也能看懂视频,也能激发他们的视觉、触觉等全体感知的参与,视频模仿秀、FLASH创作以及公民新闻的参与等就是明证。人人皆可成为播客,视频的普及

---

① RUSSELL C A, PUTO C P. Rethinking television audience measures: an exploration into the construct of audience connectedness[J]. Marketing letters, 1999(10): 393-407.
② FISKE J, HARTLEY J. Reading television[M]. London: Methuen, 1978: 80.

将更加体现一种认知上的平等精神。同时，原先无法在主流媒体播出的内容在网络上获得了传播途径，从而使视频信息获得了较传统电子媒介时代更为丰富的内容。

二、标签化的分配方式

除了社会化互动显化外，标签化的分配方式也是网络视频的重要特征。虽然目前仍有很多网络视频内容来自传统电视节目，但是它并不是简单地改变传播路径，或者集合视频信息，而是以一种新的方式对视频做重新分类整合，其中的方法就是标签化处理。以用户为中心的网络视频的整合是根据用户的需求生产，而不是根据既往的电视播出安排，原先电视文化的"观看条"概念和"流程"逻辑被打破，节目内部的策略意图被忽视。取而代之的是，传统媒体电影和电视的视频内容将以在线的方式重新发布，电视节目除了在电视台播出外，还会在网络媒体上播出。

网络视频媒体还使分类形式和意义多样化。电视时代的单一标签管理转变成多重标签分类。传统电视按节目类型分类，一个节目一般只归属于一个类型，电视台在存储这些内容时也是只做主题类型分类，在播出方面更是受到线性播出的时间限制，将节目做栏目化和频道化处理。人们要获得某方面的信息只能在一个大类中去找，无法获得精确定位。网络视频通过将多个标签作为关键词的方式来分类，大大提高了检索效率。有了标签分类法，人们就可以建立起视频分类的巨大数据库。社会书签系统就是进行这种处理的技术。

在网络技术中，社会书签系统是一种具有社会性质的标签化技术，社会书签系统允许用户以自由形式的词语作为标签对感兴趣的资源（如网页、商品、电影、音乐、相片等）进行标注，由此实现了对同一信息的多种分类。"社会书签系统将众多用户的标注数据聚合在一起,就构成了一个协同标注平台,在该平台上用户可以基于标签进行信息的社会化管理和检索。社会书签系统对好友或群组关系的支持为自身的发展注入了非常核心的社交功能,进一步增强了其社会化特性。所有这些都为基于群体智慧的信息组织和发现方式提供了良好的基础。"[1]志趣相投的人可以通过网络社会书签联系在一起,从而在网上有效地形成虚拟社区和兴趣团体。

标签化的分配方式使视频内容重新聚合,原先分散的视频内容通过标签化处理及检索迅速在网络发生聚合,形成一种新的传播方式,同一信息的多种维度立即浮出水面。在视频传播速度加快的同时,视频信息反馈速度也在加快。因此,信息的超载与重复要求人们抛弃直线的、连贯的认知模式,转而采取一种电子传播的螺旋形模式。麦克卢汉认为,面对信息超载时,大脑必须要诉求模式识别,以求理解。[2]

三、片段文化

麦克卢汉说,书籍的未来是内容简介。他预言,厚重的书籍将只剩下一种篇幅短小的封面描述,就像广告语那样精简而显眼。同样,视频在未来也将短小化,以方便用户在碎片时间通过电视以外的媒介终端获取。手机作为最便捷的融合媒介,由于流量的限制,其对视频的需求更是与电视不同。短小的、娱乐化的视频将更受手机用户欢迎。

在线短视频的流行说明观众的注意广度在缩短,人们只对与他们兴

---

[1] 彭景.基于标签信息的协同过滤算法研究[D].北京:中国科学院研究生院,2011.
[2] 薛巍.麦克卢汉诞辰100周年[J].三联生活周刊,2011(29).

趣一致或最重要的部分感兴趣,这就是所谓的"片段文化"①。片段文化充满"冷"的特质,相对而言,网络视频的单元信息量小,片段化的网络视频文化不适合做逻辑分析,要想获得对事物的了解,就必须转换成认知模式,而模式识别的认知模式更加适应片段文化的视频环境。电视与新媒体融合的策略之一就是改变原先电视节目的制作方式,过去大时段的节目播出单位要根据网络的传播需求作出调整,如果要适应手机视频播出的环境,视频时长宜短不宜长,视频编辑方式也应更精简化或者娱乐化。

另外,制作网络视频时要考虑到网络切分的需求,因此各部分之间的内容宜进行浓缩化处理。稀释化的电视节目内容之间的关联性在常规电视中被放大,而在网络时代则应采取相反的策略,以适应移动终端的媒介播出特点。如最受欢迎的美国情景喜剧《老友记》,在电视中播出时是以集为单位的,命名方式也是按集来标出主题的,每一个主题代表一个完整的故事。但是在网络播出时就出现了不同的分类,网络将视频做了分解,挑选出精彩片段进行重新分配,于是出现了更多的原来按标题无法索引到的内容,如《最赞的比赛》《最佳明星客串》《瑞秋终于生了》《钱德勒求婚》《老友的告别》等。

在由电视到视频的转变过程中,视频节目主持人的角色会发生变化。网络节点上的每一个视频信息都是具有独立意义的单位,电视节目主持人在节目中往往起串联和穿针引线的作用,主持人的工作是使节目内容意义连贯,通过改变镜头和片段的节奏,在线性媒介的播放进程中给观众提供暂停,给观众留出建构新的信息的时间。网络视频节目的主持人所起到的作用将发生变化,媒体人王明轩对此提出了"节目主持角色化"的设想:"除非这个主持人本身就是一个重要的看点,即使没有任何其他内容,只要把他往那儿一放,就能吸引一部分观众。他必须是内容的兴奋

---

① 依斯特曼,费格斯.媒介内容策划与运营:战略与实践[M].刘涛,何艳,张海华,译.8版.北京:清华大学出版社,2011.

剂,必须是节目的重要组成部分,而且是对收视率、点击率起提升作用的那部分,否则就没有在节目中存在的价值。即使是像从前那样被录制在节目里,也会在上载的时候被无情地剪辑掉。"[1]主持人节目里串联前后内容的作用在网络时代没有意义,因为就非线性的网络传播方式而言,线性的连接不再重要,每一个视频都要成为一个独立意义的单位。

---

[1] 王明轩.即将消亡的电视:网络化与互动视频时代的到来[M].北京:中国传媒大学出版社,2009.

第五章 电视2.0时代的"偶像"现象媒介生态

第一节 "偶像"现象

从《美国偶像》到今天五花八门的偶像养成,网友们创造了一个可爱的词语来形容他们心中的偶像——"爱豆"。"爱豆"包括娱乐巨星、选秀明星、网红明星等。"爱豆"是生活的兴奋点,梦想的化身。而在这些"爱豆"中,选秀明星是最容易让粉丝投入感情的,因为他们是粉丝一次次票选、转发、点赞选出来的,是由粉丝自己制造出来并且陪伴自己成长的"爱豆"。国内大规模的粉丝现象由著名的《超级女声》节目催生,因此,本节选取早期《美国偶像》的中国版本即《超级女声》来作为案例研究媒介生态的现象及其发展情况。

本书之所以选择《超级女声》这个案例来分析媒介融合和它所在的认知新时代,是因为它是国内媒介史上第一个体现一个内容流经多种媒介的范本。《超级女声》也是国内"粉丝"文化的发起者,它的推出带动了整个中国粉丝经济的蓬勃发展。其实,一个研究案例过去了十几年并不算久,直至今日,这个节目仍有相当强的生命力,它利用新媒体平台发展出全程网络直播的新传播形式,在深入地开展媒介融合下的内容制作与传播互动上开辟出崭新的格局,值得用当前的眼光对其进行梳理和反思。

喻国明教授认为,《超级女声》是近年来社会文化领域中最值得关注的一个标志性现象之一,它标志着大众文化的崛起和精英文化的被打破——精英文化是属于少数人的,而大众文化却是兼容并存的,《超级女声》的成功是因为游戏规则的深刻改变,而"我们要适应这样一个改变"①。《超级女声》及其粉丝现象引起了国内外学者的重视,它既是大众文化的实践范本,也是融合媒介文化兴起的标志。

学者王雅的研究侧重于受众接受心理与媒介认知方面的内容,其文章以实证的方式研究《超级女声》的粉丝,对互联网时代的粉丝群体的形成以及粉丝群体以何种方式卷入"超女"游戏进行了有力的分析论证。她对百度贴吧的观察得出的结论值得重视,她认为,粉丝和百度贴吧共同"改变了人们结成团体的方式"②。她同时指出,《超级女声》为互联网的互动技术提供了一个释放能量的机会,《超级女声》所创造的模式正是国内正在上演的新媒体与传统媒体融合互补的预演模式。③ 王雅认为,《美国偶像》只是粉丝单纯在选举属于他们的偶像,圆他们自己的美国梦,而《超级女声》的影响和意义不只停留在这个层面上,它是一次思想上和文化上的变革。④

詹金斯从市场发展的角度对《美国偶像》的文化融合现象进行了考

---

①② 参看《新京报》对文化批评家、上海大学教授朱大可,中国人民大学新闻学院副院长、舆论研究所所长喻国明教授,社会学家、中国社会科学院社会学研究所研究员李银河教授的专访《超级女声 大众文化对精英文化的反动》,2005年08月20日。
③ 马容."新媒体"与"超级女声"[J].当代电视,2006(4).
④ 潘晓军,巫姝婷.从《美国偶像》到《超级女声》看全球化下的文化整合[J].华南理工大学学报(社会科学版),2007(5).

察,他认为《美国偶像》标志着媒介融合从即时交互到异步交互的文化转变。① 约翰·哈特利(John Hartley)在《电视真相》一书中考察了真人秀节目的本体论,从媒介政治学角度对《超级女声》票选的内涵作了案例分析。《在电视机之外:电视与互联网》一书则以《美国偶像》为例,探讨了新媒介技术的发明对电视观看的影响,重点论述了电视与互联网的媒介交互。

对《超级女声》的研究文献多集中在大众文化批判的层面,也有文章对《超级女声》的粉丝进行研究,并且这些文章也关注到了媒介的层面,认为"超女"是"所有媒体集体出洞的无缝覆盖"的结果。北美学界对偶像类节目的研究多集中于真实电视节目类型研究、身份政治研究、明星研究等,虽然麻省理工学院的詹金斯教授研究了《美国偶像》的媒介融合,但他的关注重点更多地放在媒介融合带来的经济融合的层面。同时,还未有文献将中西比较哲学和认知心理学领域的研究成果运用于观察当前媒介融合在中西方的各自表现。为了弥合这种研究的鸿沟,本书一方面从转变中的媒介环境及其认知的角度对《美国偶像》现象进行考察,分析媒介融合发展趋势,研究不同的媒介在一个事件中汇合或融合的动因,在哪些层面上发生何种融合,以及它们之间的关系是什么。另一方面,目前已有的研究成果没有将《超级女声》的跨文化传播纳入考察视野。实际上,对于参与式真人秀这样一种外来的节目形态,通过与它的前身《美国偶像》对比研究更能突显二者独特的媒介策略和用户参与的行为倾向,进而观察其与各自的认知和思维模式有着什么样的关联。通过对比,将更能辨认媒介融合生态中的中国问题。

《美国偶像》和它的复制版本《超级女声》是过去十年间最流行的歌唱竞赛类真人秀节目,由于《美国偶像》的巨大成功,它已经在全世界掀起了

---

① JENKINS H. Convergence culture: where old and new media collide[M]. New York: New York University Press, 2008.

一股"爱豆"风潮,一百多个国家的广播机构转播《美国偶像》节目,全世界也出现了各种版本的"偶像"节目。

　　无论是《美国偶像》还是《超级女声》都创造了无可比拟的收视奇迹和商业效益,编织了一幅新奇而壮观的媒介融合的图景。尼尔森媒介调查公司的数据显示,《美国偶像》自第二季至第九季都在收视率排行榜上稳居前三名,并且受众人数呈现逐年上升趋势,一反其他真人秀节目首季火爆而接下来逐年下滑的势头。《美国偶像》第九季于2010年4月13日播出时还以3,400万的收视人数再次创下《美国偶像》收视最高纪录,并且在4月20日的《偶像回馈社会》直播节目中被时任美国总统奥巴马誉为"一直致力于改变人们的命运""在电视节目史上树立了一个标杆"。相应地,中国的《超级女声》也创造了收视奇迹,特别是在2005、2006年,其收视率甚至一度超过中央电视台的《春节联欢晚会》。电视节目的成功也影响到其他工业。《美国偶像》捧红了凯莉·克莱森(Kelly Clarkson)、詹妮弗·哈德森(Jennifer Hudson)和亚当·兰伯特(Adam Lambert)等明星,其中,詹妮弗·哈德森以R&B个人专辑获得巨大的市场回报,其唱片和电影的销售都超过了好莱坞当红明星,并得到来自不同艺术领域竞赛如格莱美、奥斯卡的嘉奖。福布斯将《美国偶像》排在真人秀节目获利榜的第一名。根据TNS媒介情报中心的数据,美国福特公司在《美国偶像》前七季就已赞助32.85亿美元,2009年第八季播出,《美国偶像》三大主要赞助商福特、可口可乐和美国电话电报公司的赞助投入超过此前的任何一季。《超级女声》方面,根据中国社会科学院的报告,超女的商业价值评估被认为超过2亿元。2005年,蒙牛酸酸乳因赞助该节目而获得巨大的市场回报。"PK""超女形象代言人""酸酸甜甜"成为当年搜索排行榜上的年度关键词。《超级女声》在中国创造了PK文化、"粉丝"流行文化现象。

　　与"偶像"现象相关的其他媒介也参与到电视事件中来。2008年一

2009年,《美国偶像》在推特(Twitter)上被谈论得最多的电视节目排名中均为前两名。美国手机短信的市场潜力通过《美国偶像》的投票无意中得到开发。中国的手机短信投票创下了惊人的数字,《超级女声》的百度贴吧的渠道潜能得以释放,在新浪微博和百度的"i贴吧"中,《超级女声》的粉丝继续成为可能带动微内容发展的首批用户。在美国,越来越多的电视管理者们开始相信,作为一个电视节目,《美国偶像》的能量已超过此前任何节目。美国全国广播公司的首席执行官杰夫·朱克断定,《美国偶像》是"电视史上影响力最大的节目"[①]。

本节内容以麦克卢汉的媒介心理学哲学理论为依据观察当前媒介生态的发展,从媒介对社会的形塑作用方面观察中美语境中的"偶像"现象的媒介融合图景,再梳理学者们对"媒介融合"的内涵和意义的最新研究,将认知心理学领域对人的媒介认知的新成果运用于媒介认知研究,并对融合的文化和技术心理作一定的前瞻性思考。反过来,再通过"偶像"现象案例研究来反观麦克卢汉"媒介通过影响我们的感知而形塑我们"的论断。

首播以来,《美国偶像》成为北美广播系统播出的真人秀节目中收视曲线连续走势最稳定的真人秀节目。作为最早《美国偶像》的中国版本,《超级女声》的收视率在中国甚至高于中央电视台的《春节联欢晚会》,手机短信和网络投票、网络贴吧互动与电视媒介的高影响度共同作用,创造了众多话题和互动群体。不仅如此,"超女"的影响力更是扩散到全世界华人地区。因此,可以说,"偶像"现象是一个将现有媒体资源和潜力开发得相对比较充分的媒介现象,而用它来观察媒介融合将为我们提供一个极具代表性的观察北美和中国媒介生态的恰当视角。

选取2005年的《超级女声》为例,是因为这届《超级女声》是具有里程

---

① BILL C. For Fox's rivals, American idol remains a schoolyard bully[EB/OL]. (2007-02-20) [2008-05-15]. http://www.nytimes.com/2007/02/20/arts/television/.

碑式影响力的一届，同时，也因为它是湖南卫视"超级"系列节目中在节目制播与受众参与方式上受到规制最少的一届。这样的选择比较利于排除中国特有的广播体制因素的干扰，而直接将注意力放在市场经济条件下相对自由的媒介生态与受众行为上。当然，鉴于其是一种演化进程中的媒介融合，本书还会将其后的类似节目作为研究的参考指标，并将融合纳入历史的观察视野，表明这种现象已经成为中国"偶像"文本的一个特殊的组成部分。

一、无处不在的"偶像"现象

无论是家庭、学校还是其他公共场所，"偶像"现象无处不在。首先，投票过程发生在家庭情境中，它体现了电视作为客厅仪式的情境效应。全家人为喜爱的"超女"选手投票，一个典型的家庭收视场景，互动的经历充满"仪式感"，仪式中讨论的主题通常为自己是否具备参与节目的勇气与才华，观众将选手想象成自己，于是就有了情感的投射，"为谁投票，为什么投票"为家庭场景设置了常规话题。客厅仪式的气氛由节目制造，由年轻人在家里造势，由穿梭于家庭各个场景的长辈催化，将本来并没有任何投票动机的其他人拉进这个投票决策过程。这样的节目适合全家人一起观看，网上看视频是无法感受到这种全家人集体参与的氛围的。其后，由于无处不在的媒介影响，观众开始参与"超女"话题，寻找歌手信息等，身边也出现粉丝、参赛选手、"超女"讨论者等各类与超女相关的人物。在其他具有代表性的场合，我们也都能看到"超女"无处不在，粉丝、普通观众、投票者等，似乎每个人都与"超女"有点关系。"超女"由电视节目而起，参赛选手从普通观众中来，再加上便利的手机和网络，使观众与"超女"的互动变得非常容易，由此产生一系列的效应，包括"超女粉丝团"的诞生、百度贴吧的出现、手机铃声下载和唱片消费等，多种媒介使得人们深度卷入"超女"现象中。

即使最随意的参与者也认为看真人秀和连续剧是一种"家庭仪式"。研究人员发现,"这种分享式仪式和相互评估是让成员与群体相联系的中心因素"①,而且同样的道理也可应用于家庭环境和学校寝室。《美国偶像》的家庭情境与《超级女声》类似,虽然网上有节目直播,但是一旦有这种参与性、讨论性强的节目时,人们会选择电视甚至广场的大屏幕集体观看,体会一种群体参与的"仪式感"。"超女"的影响力扩散到了海外,成为人们特别是年轻人的话题中心。"偶像"类节目的确能改变人的生活方向,参赛选手可能因此而得到以前无法得到的发展机会,这是这个节目吸引人参赛的一个最重要的因素。同时,观众投票又能决定节目的走向和选手的去向,因此,观众的投票热情自然很高。

在话题上,《美国偶像》与《超级女声》有所区别,虽然投票在美国是一件再平常不过的事情,但是,政治票选的话题仍然是他们的兴趣所在,与中国不同的是,种族问题在北美表现明显,人们在对抗与妥协中加深着对民主和现实社会的理解。官方对《美国偶像》现象显然并不持反对态度,这与北美相对自由的媒介政策有关,媒介市场和行为一般由机构自己选择而不受官方的制约。对于以工具理性为主导的西方社会来说,西方人自己也有切身的感受,认为他们失去的是"真实",是作为人类而存在的本真状态。娱乐节目媒介现象引发的不只是娱乐层面的讨论,而可能是更加"严肃"的话题。

新兴电子媒介技术带来了更多的交往渠道,大大提高了人们的交流与传播能力。在街头、校园、商场等随处可见人们打电话或者用拇指快速输入短信的画面。在机场,随处可见人们在随身携带的手提电脑上或者手机上看视频、听音乐、读新闻、玩游戏、在线聊天、刷微博、上传图片或视

---

① JENKINS H. Convergence culture: where old and new media collide[M]. New York: New York University Press, 2008.

音频等。交流和传播工具的增多正在让人们体验着与以往不同的生活和行为方式。

智能手机因其"一触即发"的即时交互能力而深受中国人的热爱,当然这也与中国社会的人际交往的文化传统有关。2003年"非典"期间,由于当时电视、报纸等传统媒体的"集体失语",民众对于主流传媒普遍表现出"远离"的心态。有学者在北京地区的调查显示,"高达80%以上的北京市民在4月20日之前所倚重的第一媒体不是报纸、电视和广播,而是体制约束力相对较弱的网络、手机短信等传播形式"[1]。可以说,2003年的"非典"培养了中国人用手机获取新信息的习惯。因为手机是个人化的,在传统媒体集体失声的时候,通过手机在个体之间传播的信息反而更加可靠。手机在北美的年轻人当中也较为流行,甚至产生了"一直在线"一代,这些年轻人在晚上睡觉时都会把手机开着放在枕头边,随时随地处于"在线"状态。

"超女"手机投票引发了短信狂潮,仅2005年的决赛夜,手机短信投票数就超过800万条,而这还是在短信收费是平时的十倍以上的前提下。与"超女"以前中国的短信市场就已经非常红火所不同的是,美国的手机短信业务一直没有像欧洲和亚洲这样受欢迎,尽管电信运营商们想尽了各种市场策略。但是,《美国偶像》的手机短信投票渠道的开启,意外地促成了短信功能的开发,这让电信商大呼意外。[2] 据统计,2002年12月,美国每位手机用户当月发送的短信条数刚刚超过7条,远低于当时全球用户单月发送30条的平均水平。2005年,使用手机短信投票的美国电视观众数为4,150万。[3] 在此之前的2003年,该节目收到的电话呼叫及短

---

[1] 喻国明.当前中国传媒业发展客观趋势解读[J].现代传播,2004(2).
[2] JENKINS H. Convergence culture: where old and new media collide[M]. New York: New York University Press, 2008.
[3] 陈耀川.《美国偶像》一场"金"光闪闪的"美国梦"[EB/OL]. (2006-06-04)[2018-03-13]. http://media.people.com.cn/GB/40724/40726/4432492.html.

信息仅为2,000多条。美国电话电报公司报告指出，大约三分之一的《美国偶像》短信投票者以前从来未使用过短信息。他们认为，这个节目的互动行为引发的短信市场胜过公司以前所有的市场策略，对如何让公众开始使用短信息，这是一个很好的启发。就像德意志银行分析师布里安-莫多夫认为的那样，即使一些电视观众并没有真正使用短信给选手投票，《美国偶像》这种投票竞赛式真人秀电视节目对手机短信在北美地区的认知程度提升仍起到了促进作用。就像当前报纸和网络上的标题一样，手机短信的即时、精短、口语化和以最快速度抓住人眼球的特点，将引起北美人新的兴趣。在一个市场高度发达的地区，工业界的精英们都无能为力的手机市场潜力开发得到出人意料的效果，媒介的潜能要靠"偶像"现象的深度参与热情来激发，这说明媒介技术的发展逻辑和经济文化效应是此前人们难以预料的。

与欧洲和东亚的情况类似，中国手机市场在短期内迅猛发展，手机用户剧增，其影响力使其被称为"第五媒体"。事实上，在中国，手机在媒介丛林中的重要地位比"第五媒体"更靠前。随着技术的发展，手机正在成为媒介融合的载体。以苹果手机为例，苹果手机几乎集成了受众所需要使用的所有媒介，视频网络 YouTube、在线音视频渠道 iTunes、收音机 iRadio、天气预报、照相机、iPod、短信息、日历、股市、电子游戏、录音机、电子词典、电子邮件和 Safari 网页浏览器、地图、备忘录、电子钢琴等。由于互联网技术和电子通信技术的发展，我们现在正在进入一个媒介无处不在的世界，我们使用各种媒介工具与别人相连。手机也不再只是一个电话设备，它越来越集合其他媒体的功能：发短信、玩游戏、下载信息、看视频、读电子书、拍照片、炒股票、看天气预报等。技术融合的趋势使便携成为用户最实际而迫切的需求，手机以其便携和即时即地的特点，最有可能成为未来技术融合的应用工具。德克霍夫教授断定，手机将因为其便携性而成为未来的首要媒体。

二、《超级女声》和《美国偶像》媒介生态图

今天,我们可以在《美国偶像》现象中看到新兴电子媒介的深刻内涵。在凯莉·克莱森、詹妮弗·哈德森、亚当·兰伯特和李宇春、张靓颖等平民偶像那里,我们看到了自己娱乐和造星的能力。在百度贴吧那里,我们看到人们的聚集方式如何开始和演变;在唱片里、在电影中、在手机里、在广场电子屏幕上,在每一个"超女"和"偶像"概念延伸的地方,我们无处不见电子媒介的影响。几乎所有的媒体都参与到《超级女声》中,无论是电视、手机、网络、广播等电子媒介,还是报纸、杂志等平面媒体。

对于媒介生态对"超女"现象形成所起到的至关重要的作用,学者王雅认为,"超女"是"现存的所有媒体在这场盛事当中集体发挥作用"的结果。[①] 学者张洪忠等认为,《超级女声》在 2005 年形成了一个"超女旋涡",而这个旋涡是由大众媒介制造出来的,广大受众都纷纷被卷进了这个旋涡之中。[②] 喻国明教授认为,从《超级女声》中我们看到传媒语法规则的改变,这种改变的游戏规则是互动和参与,它更新了传播关系,它的魅力在于"造就了受众和'超女'之间的互动和参与,改变了过去的观赏式的传授关系,并且突破了以往单一化的审美标准,所以引发了公众的热情参与"[③]。

笔者绘制了两幅"偶像"现象媒介生态图(见图 5-1、图 5-2),在这两幅图中,《超级女声》和《美国偶像》是中心,它们的架构是媒介,内涵是参与。从理论上来看,电视被融入整个媒介丛林中,成为媒介生态中的一个环

---

① 王雅.真人秀与互联网时代的粉丝[D].北京:北京大学,2007.
② 张洪忠,许航,何艳.超女旋涡的传播模式与传播效果研究——以北京地区大学生调查为例[J].国际新闻界,2006(1).
③ 喻国明.2007 年的传媒:向形式产品和延伸产品转型[J].新闻战线,2007(1).

节,而不再像以往那样单独存在,它也无法再独立存在,这是由新媒介的特性以及电视自身的语法所决定的。并且,在媒介与媒介之间,边界不再清晰,模糊性因相交的主体之间的共同性和差异性的同时存在而形成。

图 5-1　电视 2.0——《超级女声》现象媒介生态图

图 5-2　电视 2.0——《美国偶像》现象媒介生态图

在全球化媒介时代,受众与真人秀节目之间的影响与互动如果不是革命性的,也是意义重大的。《美国偶像》在全世界流行,并且日渐成为收视率领跑者就是一个显著的现象。可以说,电视终于在媒介丛林中找到了它自己的位置,或者说找到了它自身的"表现"对象,这对象即低清晰度、高参与度的受众。反过来说,观众就是电视媒介早就设定好的内容信息,只不过,在经历了几十年后,这一事实才通过其他电子媒介得以无限放大。

自20世纪90年代以来,互联网由于其超链接的优势越来越成为主导媒体,而电视在其压力下似乎呈现逐渐退出中心舞台之势。崔保国等学者在分析了中国互联网用户的各项指标后认为,电视将是继报刊之后下一个受到互联网挤压的媒介,"2000年报刊业遇到的冲击将在未来降临到电视身上"[①]。在西方,也有人预言,视频网站YouTube对电视的冲击还只是一个开始,如果新的研究具有可信性,那么互联网可能最终代替电视。但是,是否真如人们预测的那样电视会受到很大的冲击呢?作为一种提供娱乐、信息和极具诱惑力的电子媒介,电视就像我们今天看起来的这样好像正在变得弱势,甚至很有可能避免不了终究被淘汰的命运。凤凰网前总编辑吴征断定,传统媒体与新媒体在未来很长一段时间内将继续融合、并存、发展,最终传统媒体将像竹简或书法一样,恐难逃沦为投资收藏品的宿命。《中国周刊》前社长朱德付认为,网络媒体具有此前其他任何媒体都无法比拟的能力,"网络媒体在推动社会进步方面的作用比传统媒体加起来几十年做的还要多,还要有意义,所以就算互联网真'挖了个坑把我们活埋了,我们也是含笑九泉的'。传统媒体'生的可怜,死的

---

① 崔保国,朱春阳,王世蓉.2006年中国传媒产业发展分析[EB/OL].(2007-07-25)[2008-03-13]. http://lianghui.china.com.cn/city/zhuanti/07chuanmei/2007-07/25/content_8580252_3.htm.

光荣'"①。

尽管自第五季到达收视高峰之后,《美国偶像》的受众人数稍稍有所下降,它仍然是总体上被观看得最多的电视系列节目,它在 18—49 岁年龄群体中的收视率也是最高的。与其他真人秀节目如《生存者》等不同,《美国偶像》是唯一连续九季在尼尔森收视排行单上保持前三名的节目,并且与《生存者》等其他真人秀节目无法持续保持收视领先位置的情况相反,《美国偶像》的收视表现一直很稳定。福克斯公司表示,"第六季,在一年中的三分之一的时间作为广播网领头于 18—49 岁的类别,它是唯一在总体收看人数上逐年上升的节目,比上一季增长了 3%"。《美国偶像》在第六季达到它的第一个收视高峰,第二个收视高峰则出现在第九季的 2010 年 4 月。广播系统竞争者、CBS 高管凯利·卡尔形容《美国偶像》为"一个庞大的怪兽",他说:"有一年,一个庞大的怪兽横在路上,我们无能为力,无疑,它是这条路上的终极王者。"

电视 2.0 时代已经到来。当新兴媒体凭借技术融合的优势将音频、视频、文字和图片等多种功能以"超链接"形式完成一种新的媒体组合时,电视媒介的身份和功能开始受到怀疑。在《美国偶像》现象媒介生态图(见图 5-2)中,我们发现一个发生在电视媒介语法上的即使不是革命性的也是重大的分离:在新兴媒介的参与下,电视媒介发现了它的新潜能,即从单向传播向双向交互的转变。通过新媒体提供的参与和表达渠道,电视媒介与受众真正实现了双向联通和交互。电视 2.0 的意义在于,电视作为一种互动媒介不在于它的可计量的受众行为和态度,而在于一个新

---

① 2009 凤凰网媒体峰会探讨转型时代的媒体变局[EB/OL].(2009-09-29)[2018-03-13]. http://media.ifeng.com/hotspot/sanyafenghui/xiaoxi/200909/0929_8072_1370878.shtml. 2009 年 9 月 25—28 日,在由凤凰网主办的以"转型时代的媒体变革"为主题的 2009 媒体峰会上,有来自互联网、无线、网络视频、SNS、报纸、杂志、广播电视、国内知名院校和第三方调研机构等领域的近 50 家新旧媒体和机构,汇聚了当时国内主流的新媒体和传统媒体的领军人物以及传媒业界知名的专家和学者,共同探讨转型时代的媒体变局及应对策略,就新旧媒体的功能和角色以及媒介融合主题展开了讨论。

的电视概念模式,这一模式更加适应一个多种媒介的环境及其引起的新的社会注意和经验经济[1],从而使电视节目的发展延伸到了电视机之外。

结合网络的互动能力,电视不再是线性播放,不再是即时广播,而是随时随地可得,电视这种在根本上的改变正如网络自身近年来的改变,它是类似 Web2.0 的电视 2.0。这种改变由"一些公开标准的接受和融合技术的发展所推动,这些公开标准有时不一定是人们情愿接受的"[2]。数字技术将音频、视频进行编码,在电信、计算机和有线电视之间建立一种共同的语言,它打破了传统媒体之间的界限,所有业务在数字网中都成为统一的 0/1 比特流,而无任何区别。话音、数据、音频和视频等各种内容,无论其特性如何,都可以通过不同的网络来传输、交换和处理。[3] 这就是媒介融合的技术基础。这种融合的技术条件的实现,将使我们重新面对新的电子环境,电视、电子传播和因特网正在创造新的电视演进之路,电视从它早期的单向传播转为交互式的多向传播。

电视与互联网的结合正在改变电视看似无法逃脱的命运,改变其在 60 年之内都没有改变的单向传播技术的局面,"从电视信号播送到一个屏幕"[4],无论这个屏幕是一台电视机、电脑或者手机。从某种意义上来说,电视变得更加个人化,具有互动性,甚至可以满足用户点播的反向要求。歌唱真人秀节目《美国偶像》与《超级女声》在传统媒体与新媒体(主要指网络)产生的巨大影响力通过媒介间和媒介与受众之间的互动释放

---

[1] ASKWITH I D. Television 2.0: reconceptualizing TV as an engagement medium[J]. Massachusetts institute of technology, 2007(9).
[2] HOROWITZ E, GRAHAM J, SENFTNER B. Television 2.0[EB/OL]. (2007-06-04)[2018-08-13]. http://www.forbes.com/2007/06/04/television-new-look-oped-cx_eh_0605tvnewlook.html.
[3] 陈郧生,三网融合到下一代网络[N].通讯产业报,2001-10-31.
[4] HOROWITZ, GRAHAM J, SENFTNER B. Television 2.0[EB/OL]. (2007-06-04)[2018-03-13]. http://www.forbes.com/2007/06/04/television-new-look-oped-cx_eh_0605tvnewlook.html.

出来,电视再次成为主角。"偶像"现象让电视再次回到中心,以一种仪式呈现制造了一个"广场",媒介和作为其内容的身体共同组成了广场"景观"。麦克卢汉认为旧媒体总会成为新媒体的内容,并且将主导权让位于新媒体。

但是,既然网络的效力如此强大,那么网络的出现是否会削弱电视的影响力呢?

在《2010 中国传媒蓝皮书》宣布"移动传媒与互联网成为传媒产业的新双架马车"①的背景下,传统媒体何去何从开始引人关注,事实上,全球的电视产业都面临着新的挑战与转折点。2006 年 10 月,NBC 的总裁杰夫·朱克宣称,电视业务已经到了最重要的转折点,同时,他宣告了一个引人注目的行动:将其电视网升级为"NBC 环球 2.0(NBC Universal 2.0)"。公司的组织架构和运行需要一次几乎完全的重整,以使电视发展更好地应对新的范式危机。朱克解释说,是时候让电视管理者们接受在他们看来不可逃避的事实,"接下来五年的改变将超过过去 50 年的改变"。不到一年的时间,最重大的改变已经发生,电视传统的广告业务模式正在解体,这看起来虽然缓慢,但是几乎无法避免,当大众媒介继续细分受众和兴趣群体,新的技术将电视的观看经验从广播节目转让给媒介用户,电视的传统业务模式越来越不可行。未来电视的命运将"有赖于它是否能将自己重塑为一个积极的媒介,是否具备捕捉受众注意力和产生情感投资的能力"②。

至少到目前为止,互联网还并不完全具备复制电视影响力的能力。戈尔③认为,虽然互联网是一种民主的力量,但是电视仍然是最具影响力

---

① 王茜,王千子.传媒蓝皮书:09 年中国传媒产业总产值 4907.96 亿元[EB/OL].(2010-04-22)[2018-03-13]. http://news.xinhuanet.com/newmedia/2010-04/22/c_1248646.htm.
② ASKWITH I D. Television 2.0:reconceptualizing TV as an engagement medium[J]. Massachusetts institute of technology,2007(9).
③ 艾伯特·戈尔,美国前副总统,也是在北美及欧洲颇具影响力的媒介精英,信息高速公路的倡导者。他现在是"当前事务频道"(Current TV Channel)的所有人,美国谷歌公司(Google Inc.)的顾问和苹果(Apple)公司的董事会成员。

的媒介形式,这位电视频道的拥有者提醒人们既要看到互联网在传播视频用户交换能力上的强势,同时也应该更多地控制它的规划。诚然,互联网正在侵蚀电视的市场,但是,它也给电视观众提供了真正影响和接触公共广播体系的机会。在媒介个人化的同时,电视呈现的仪式性与"环形"景观制造能力仍然不可取代。因此,当朋友们聚在一起观看"超女"比赛直播时,电视仍然是人们的首选。

2005年,在戈尔的当前事务频道(Current TV Channel)上线以后,用户生产的视频迅速扩张,并通过 YouTube 这样的网站广泛传播,YouTube 每天都有上亿条视频在传播。① 尽管网络视频的传播非常强劲,但就它到达大众的能力而言,仍然让位于电视。当电视信号出现,网络视频的强势会变成一种弱点,因为半小时电视节目的信息量相当于18个月的费力的邮件交换信息量。②

由于盗版问题与创作能力等多种原因,中国音乐市场不景气早已成为现实,与电视媒体等的合作可能是媒介化时代音乐市场的有效出路。由此出现了对"媒体人"身份的质疑和讨论。③ 同时,对音乐经济的拯救在于将其与电视媒体结合,其中有一个重要的因素,那就是大众媒体与"碎片化"媒体的互补融合。在中国,电视仍然是主导媒体,就受众到达的规模和影响而言,电视的影响力远在其他媒体之上。美国的媒介大亨戈

---

① Gore wants TV to welcome more users Internet-style[EB/OL]. (2006-08-27)[2008-03-13]. http://upload.democraticunderground.com/discuss/duboard.php? az=show_mesg&forum=364&topic_id=1995027&mesg_id=1995027.
② 参看戈尔在2006年苏格兰英国电视执行官年度峰会上的演讲。
③ 参看潘靓的《喻国明:WEB时代全能媒体人走俏》,《职业》2009年第7期。喻国明认为:"WEB时代的传媒人要做的不仅仅是迅速准确地传播信息,还要做的是利用传媒人的专业逻辑和视角吸引公众,为公众呈现有价值的、全面的、客观的信息,以及探索应该如何综合利用各种媒体技术、各种媒体形式去达到目的。新媒体时代需要的就是这种能够跨媒体工作的全能型媒体人。"因此,作为跨媒体的媒体人、跨媒体内容《超级女声》的制作人龙丹妮才成为媒介融合的媒介机构竞相争取的对象,关于这方面的内容可参看《湖南广电推改制进程 龙丹妮:资本平台上的"超女"》。

尔也持同样的观点,他认为尽管网络正在以其微内容和即时互动的优势改变人们的生活方式,但是电视的到达规模和影响力仍然远超出其他的新兴媒体。除了规模和到达能力外,电视对于当代流行音乐的传播能力影响之大还有更深层次的认知方面的原因。

媒介融合在中国引起的变化是数据化。在传统媒体时代,数据化并不是唾手可得的资源,同时它的精确程度也非常值得质疑,涉及"超女"现象的部分英文研究材料指出了"超女"数据获取的难度。[①] 同样,在本课题的研究过程中,笔者搜索到的关于"超女"收视率和短信投票率的数据就有多个不同的版本,对于事实的"模糊化"处理让学术研究的论据搜集工作难度加大。但是新媒体技术正在改变这种传统的行为方式,并带来一种数据化研究的可能。"百度的检索显示,湖南卫视是中国最受媒体和网民关注的媒体,其品牌提及率是其他省级卫视平均提及率的27倍。那次'娱乐沸点'[②]空前成功,可说是湖南广电'触新'的第一步。"[③]《湖南卫视·百度娱乐沸点:中国最具影响力的网络盘点》一文对娱乐沸点榜单的说明为:"以3.38亿网民的搜索行为为唯一准则评选而出,没有在线和短信投票、没有专家评选、没有外界一切因素的干扰,真正做到公平、公正、权威。网民的每一次搜索就代表一次投票,网民在用户键盘和鼠标的点击表达出最真切的需求和心声。"因此,它成为一种新兴的民主力量并影响社会行为。

"微"时代信息选择的个人化和各种新媒体渠道的出现使得人们的选择更多,甚至在这个过程中,媒介的一些新的未被意识到的功能也被发掘出来。由于需求的差异,人们在媒介的选择上也呈现多样化趋势,在选择

[①] HARTLEY J. Television truths[M]. Malden:Blackwell,2008.
[②] 湖南卫视·百度娱乐沸点:中国最具影响力的网络盘点[EB/OL]. (2009-11-02)[2018-03-13]. http://yule.baidu.com/feidian09/news/2009-11-02/185911243034.html.
[③] 湖南广电推改制进程 龙丹妮:资本平台上的"超女"[EB/OL]. (2010-03-01)[2018-03-13]. http://media.ifeng.com/school/guangdiangaigemoshi/qita/201003/0301_9577_1559859.shtml.

的过程中,起决定作用的不再是过去被媒介制作方挑选出来的所谓的"最重要的内容",那些在原先看来不起眼的细节内容现在正在引发新媒介内容的无限增长和用户"兴趣群体"的产生。

互动的从多点到多点的传播模式的形成,打破了过去施拉姆时代的从一点到多点的单向传播方式。① 就像帕夫利克(Pavlik)和麦克托什(McIntosh)指出的那样,传统的模式将受众定位为"大量的、无名的公众",在使用媒介的时候处于消极被动状态。相比之下,数字媒介的新范式用一种完全不同的方式来看待受众。现在的受众是碎片化的、可知的并且可被定位的,或者从根本上来说,我们根本就不应再称其为"受众",因为从字面上来理解,"受"有被动的意思。他们是使用者,是镶嵌在媒介与媒介之间的信息点,是积极而深度卷入的参与者。媒介内容由他们创造,内容的交换也在这种新型社群中进行。

多种媒介共同营造了边界模糊的环境,这是一种介于大众媒介与碎片化媒介之间的状态。我们大体可以认为,在功能上,大众媒介是民主投票、造星和唱片市场的保障,而碎片化媒介则是那些围绕着特别讨论话题的被日益细分的用户的承载体。作为一种参与性媒介,电视未来将需要一种新的模式,将注意力放到电视机以外,以更好地适应多种媒介环境、新兴注意力和体验经济。在这种模式中,电视利用媒介平台、内容、产品、行为和社会空间给观众提供一系列的使其卷入其中的机会。如果电视工业希望在数字化互联网时代生存,当前的模式与实践的确要有一些重大改变,如果电视经营管理者们希望出现一种有意义的改变,就必须接受一个事实,即每个人包括经营管理者、广告人和受众都需要重新思考电视业务的功能以及电视的性质本身。

---

① LYONS J K. Media globalization and its effect upon international communities: seeking a communication theory perspective[J]. Global media journal, 2005, 4(7): 0-9.

第二节　电视媒体与媒介融合

电视媒体借由媒介融合发展出了新样态,节目样式也随着电子媒介的发展而更新,真人秀节目如今已是电视节目的主要类型之一。在真人秀节目中,观众不再只是被动接受的"沙发土豆",而是通过各种形式参与节目,观众的身份发生了巨大的变化,观众成为电视媒介的信息本身。

一、参与:受众即内容

(一)参赛:"我自己的游戏"

《超级女声》一经推出便成为现象级节目。以 2005 年 8 月 30 日的《南方都市报》的数据为例,央视—索福瑞媒介研究公司的 2005 年《超级女声》节目收视调查结果显示,在北京、上海、长沙等 12 个城市的收视调查中,《超级女声》的平均收视率为 8.54%,平均收视份额达到 26.22%,决赛期间平均都有 11% 的收视率,居于同时段收视首位。尤其是三强对决的尖峰时刻,个别时段的市场份额最高达 49%。如果按照央视—索福瑞在全国范围内平均一个点的市场份额一般有 580 万名观众来计算的话,那么当晚收看"超女决战"的观众则超过 2.8 亿人。也就是说,当晚每 5 个中国人当中就有一个在看《超级女声》。《超级女声》的观众参与程度和参与规模引发了诸多思考。

在参赛的动机上,从邻家女孩变成超级明星是大多数参赛者的初衷,这也是该节目的口号和宗旨。同时,"参与"和"展现自己"也是选手们参赛的重要原因,很多选手参赛并不是为了当明星,因为他们知道自己并没有多少歌唱天赋,但是,参加节目展现自己仍然极具诱惑力,这在以前的电视节目中是无法见到的。不需要太多的资格证明就能获得参与节目的机会,亲自体验的诱惑让报名者在不知不觉中成了节目的一部分,成为电视的"信息"。学者王雅对"超女"粉丝心理和行为进行深入研究后认为,《超级女声》节目成功的原因在于其体现的"平民偶像化","表演选秀类真人秀的固有特点使得平民被偶像化,而互联网使得粉丝很容易地聚集在一起——这直接导致了粉丝对真人秀游戏参与程度的加深和正式的粉丝团的形成,而粉丝团的形成又使其成员更深程度地卷入这场游戏当中。所以说,真人秀和互联网共同打造了这个时代不容忽视的新群体——粉丝。"[1]"超女"可获得与国内唱片公司签约的机会,但由于国内唱片市场远不及北美发达,因此,在后续效应上相对不及《美国偶像》,但是她们仍然可以获得可观的名声,从而使她们的人生得到戏剧性的改变。

与其他的真人秀节目一样,"超女"们来自我们身边,是平民,是与一般观众机会相同的人,其身份逻辑是"我们就是我们所观看的"。因此,该节目也能在最大限度上引起普通观众的情感投射。如果对于一部分参赛者来说,参赛就像参与一场游戏的话,那么对于另一部分情感投入较深的参与者,他们则将节目视为改变自己人生的机会。这不是一场游戏,而是人生中真正发生的一场比赛,她们有备而来,并且立志以此作为改变自己命运的契机而真正投入、认真比赛,"所以,观众们的情感又是真实的,最后的结果也同样会有真实的后果"[2]。此类真人秀对于参赛者和粉丝观众都产生了深远的影响。

北京师范大学心理学研究人员冉俐雯等就《超级女声》节目参与性在大学生群体中进行的调查研究结果显示,"大部分观众在《超级女声》节目播放冗长的广告的时候,还是能够坚持看下去,这也说明了超女吸引人的

---

[1][2] 王雅.真人秀与互联网时代的粉丝[D].北京:北京大学,2007.

程度"①。这项调查根据参与的积极性而设置的五个选项是(选项数值越大表明参与越积极):1.换台,不看;2.无所谓,继续看;3.很积极地看;4.主动地看,如果漏掉了要想办法补上;5.不仅直播时看,每次重播都尽量去看。这是一项关于节目受众主观体验的调查,即被调查者对节目的喜爱程度。并且,研究还表明,观众的行为和态度有高度一致性,即观众是否收看和讨论,与他们的态度一致。也就是说,不会出现当前很多电影的观影体验中的"越骂越看、越看越骂"的情况。

关于《超级女声》深受民众喜爱的原因,学界有诸多讨论。在学者喻国明教授看来,《超级女声》之所以成为一个流行现象,是因为它设计了新颖的游戏规则和"顺应时势改变的革命性改造",而不是传统意义上"内容"的创新,从"内容"上来看,这仍然只是一场歌唱比赛,中央电视台"中国青年歌手大奖赛"等类似的比赛在以前并不鲜见。但是,与以往的歌唱比赛节目不同的是,新的游戏规则让受众和"超女"之间得以互动,"改变了过去的观赏式的传授关系,并且突破了以往单一化的审美标准,所以引发了公众的热情参与"②。而互动的前提是新媒体如手机、网络的出现在技术上使投票和话题以及后续的粉丝群体的培育成为现实。《美国偶像》之所以能成为当前的"娱乐巨人",也是生得逢时,技术的发展让大众获得表达的渠道,一改过去"被娱乐"的被动情势。

(二)投票:"我的偶像我来选"

华盛顿的"追踪"公司调查显示:"每十个美国人中,就有一个为《美国偶像》投过票。"③2006年,《美国偶像》"共收到6,300多万张选票,超过任

---

① 冉俐雯,田陌阡,邓洁,乔菲,曹华招.大学生观众群体在《超级女声》节目参与性调查[J].大学时代,2006(11).
② 喻国明.2007年的传媒:向形式产品和延伸产品转型[J].新闻战线,2007(1).
③ 陈耀川.《美国偶像》一场"金"光闪闪的"美国梦"[EB/OL].(2006-06-24)[2008-03-13].http://media.people.com.cn/GB/40724/40726/4432492.html.

何一位美国总统所获得的选票"①。

奥巴马在《美国偶像》第九季第33集的回馈活动中评论指出,"《美国偶像》一直聚焦于如何在这个世界的舞台上改变人们的命运"。这个节目已经筹集到超过1,400万美元善款,帮助美国及世界各地的儿童及家庭,让他们过更加健康和幸福的生活,从对抗非洲疟疾到解决美国当地社区的温饱问题,奥巴马及其夫人感谢《美国偶像》节目开创先河,鼓励观众进行捐助。

在《美国偶像》每集留下那个最大的悬念的时候,人们可以参与其中并决定结果,节目之后他们希望有进一步互动,互动网提供了这种后续互动的可能,我们称这种互动为"屏幕下的互动",有一个网站DialIdol就是专门提供这种互动的,于是,观众成了这个故事的一个部分。网站开办者Hellriegel描述了这个节目的吸引人之处:

> 当节目结束时,你觉得很享受,你会想要更多,而且你可以去做:去投票吧。我想,《美国偶像》成功的主要原因就是互动。因此,你可以在节目后投票,现在DialIdol又加入了更多的元素,"哦,我的上帝啊,我能看到我最喜欢的那个歌手的票数情况如何,我有三四个最喜欢的人,所以,现在我可以更清楚地考虑哪一个是我最想投票的人"……那就好像与他们(那些选手们)一样,生活在梦中,那就好像你正在帮助他们成为明星,因为你可以投票!……所以像这样的网站就能够帮助你,让你的投票更加有效,这就是这个节目的一种延伸。②

塔扎格(Dave Della Tarzag)开办了一个票选最差偶像的网站Vote

---

① 陈耀川.《美国偶像》一场"金"光闪闪的"美国梦"[EB/OL].(2006-06-24)[2008-03-13]. http://media.people.com.cn/GB/40724/40726/4432492.html.
② ROSS S M. Beyond the box: television and the internet[M]. New Jersey: Wiley-Blackwell, 2008.

for the Worst①,这个网站鼓励观众为那些最差的选手投票,通过这种方式来让最没有才华的选手赢得比赛,以此来"搞垮"这个节目。类似这种做法会对节目结果的真实可信度产生影响。比如 2007 年第六季的歌手桑加亚(Sanjaya)就是这个网站支持的才华并不出众的歌手,这个歌手在赛后出了一本书来展示他在《美国偶像》的经历。尽管评委对此很不满意,但是也无法阻止这个最差歌者留下,而被公认为有实力的或者评委认为很有才华的选手却只好提前打包回家。不过,节目制作人一直公开坚持认为这个网站并没有让节目选出一个最差的选手,他们认为最主要的粉丝群体对节目很尊重,不会真正去给最差的选手投票。

但是这个网站的出现却带来了很多意料不到的争论,其中之一就是关于"真实"的争论。因为这个网站每年都会将一些最差的选手的海选镜头集合,甚至还发行 DVD,或者为了制造和加强戏剧性,将选手的个人背景大加渲染,因此,有人认为这种为最差选手投票的做法比节目本身更真实。"真实性"的问题,涉及文化的核心层面,也是北美许多行业和领域最关注的一个问题,笔者在多伦多的课堂以及与北美学者的交谈中都常常听到这样的关切。一位中学老师告诉我:"'真实性'(authenticity)是我们教育者现在考虑得最多的问题。如何让孩子们获得这种经验,如何给他们传递这种信号,都是让我们头痛的问题。"由于网络这种媒介的参与,《美国偶像》也因此被卷入关于"真实性"问题的深入讨论中。

很多赞助商也开始纷纷关注"真实性",即提供各种方式让粉丝参与节目,比如,Progresive Auto Insurance 就通过赞助节目的回放来让粉丝反复回看表演。节目第五季时,网站开始制作《地下〈美国偶像〉》。乐队只要交 25 美元,即可提交他们的原创歌曲参赛。用户可以在线听歌并且投票选出他们心中的偶像,交 30 美元就可以成为在线贵宾,进入"贵宾

---

① 网站名为:www.votefortheworst.com。

室"与参赛选手即时互动。"Fantasy Idol"则让用户进入比赛来预测将被淘汰出局的选手顺序。"American Idol Messenger"可让在线的访问者通过 AIM、MSN、Yahoo！等在线聊天工具接收最新消息而不中断他们之间的聊天。聊天的参与者还可以下载像 Meca's Translator 这样的翻译工具帮助他们与讲其他语言的粉丝们在线即时交流。① "融合就是要在用户有限的消费时间和注意力里在视像内容之间搭建一个平台。消费者正在通过一个双向通道的传播架构来获取和分享内容,而事实上,其中的绝大部分内容仍然来自广播系统。"②

(三) 话题:"谁是话题王"

在为数不多的"超女"实证研究论文中,北京师范大学心理学院的冉俐雯等通过问卷调查对超女进行的实证研究的科学性和有效性都较高,因此,他们的数据能够从一个向度上有效地证明本书对于"超女""民众参与和卷入"这一项上的观点。他们的《大学生观众群体在〈超级女声〉节目参与性调查问卷》统计结果显示,被调查者中参与"短信投票、聊天时聊有关'超女'的话题、逛超女的相关论坛或者帖吧"的比例分比为 37.9％、95.5％、56.7％。我们可以看出,大家参与最多的主动行为是聊与"超女"相关的话题,最少的是短信投票。人际传播和网络是"超女"媒介"旋涡"的两个重要的共谋者。它们将传播对象从女性发展到男性,将传播渠道从单一的电视传播发展到电视、人际、网络等多渠道传播。③

数据显示,在美国,超过三分之一的工作人员在办公室讨论过"偶像"

---

① ROSS S M. Beyond the box: television and the internet[M]. New Jersey: Wiley-Blackwell, 2008.
② Pricewaterhouse Coopers. The rise of lifestyle media: achieving success in the digital convergence era[R]. London, 2006.
③ 张洪忠,许航,何艳. 超女旋涡的传播模式与传播效果研究——以北京地区大学生调查为例[J]. 国际新闻界, 2006(1).

现象,女性比男性更喜欢谈论这个节目。① 有很多人看这个节目是因为他们希望能够在别人谈论"偶像"的时候自己能跟上话题。

在媒介的影响下,许多与"超女"相关的词语在网络中被演绎成一种新的名词文化,这些名词更是进入现实生活中,使得网络与现实之间本来就已经模糊的界限更加模糊。

(四)真人秀时代的参与:受众即内容

> "超女"只不过是人们的标准、意志、选择、审美的一个象征,一个文化符号,所有的观众看到她们的时候,是一种"我在现场"的感觉,"我的选择""我的评价""我的爱好"通过这几个"超女"进行PK,进行参与。这样的节目的魅力与其他节目就有很大不同,受众自己的魅力和参与使这样的节目有了魅力。②

在对主观体验的调查一项上,冉俐雯等在论文中得出的结论是:"观众的行为和态度有高度一致性。"尽管研究者认为这项结果的出现有可能有调查方法上的原因,"问卷要求被调查者先填行为问卷后再填态度问卷,被调查者根据自己的行为来推断自己的情绪,会造成对节目的喜爱程度的高估"③。但是,这样的结果仍然表示,深度卷入和参与基本说明他们对《超级女声》节目的喜爱程度相当高。

间接参与是指观众对节目的进程和比赛结果没有影响的参与行为,包括观看节目中的选手PK、海选、日常生活回放以及选手亲友的亲情寄语环节。直接参与是指观众对节目的进程和比赛结果有影响的参与行

---

① KEVENEY B. "Idol" contest is a numbers game,too[EB/OL]. (2006-05-22)[2008-03-13]. http://www.usatoday.com/life/television/news/2006-05-22-idol-numbers_x.htm.
② 喻国明. 传播的语法革命和传媒竞争力构建[J]. 青年记者,2007(15).
③ 冉俐雯,田陌阡,邓洁,乔菲,曹华招. 大学生观众群体在《超级女声》节目参与性调查[J]. 大学时代,2006(11).

为,包括短信投票、关注相关论坛或者贴吧并对评委和选手进行正负面评价以及观众之间的信息与情感交流。①

尹鸿教授给"真人秀"节目总结了三个关键词:"'真'是特色,体现了这类节目形态必须是纪实的、非虚构的;'人'是核心,意味着节目必须要有人格和人性的凸现;'秀'是手段,节目必须设置虚构的规则。"②但是,正如王雅在分析真人秀节目的本质时认为的那样,虽然"尹教授对真人秀的分析可谓一针见血",但是他忽略了一个非常独特的元素,即"观众对节目的参与"。这可以说是真人秀节目之所以为真人秀节目的最本质的特征,而观众以多种形式参与的特征在《美国偶像》节目中更为突出。

《超级女声》没有受众,人们的主动参与和卷入已经使自己成为《超级女声》的一个组成部分了。《超级女声》的观众表现出来的不是被动而是主动地参与,在对观众参与程度的调查显示,虽然直接参与短信投票的人数不如加入话题讨论的多,但是他们大部分是主动参与的,甚至设法拉票并影响其他人。许多被采访者都提到自己曾经被拉票。观众这样积极主动地为他们心中的"超女"拉票和投票的现象在中国电视史上恐怕是前所未有的,甚至在整个国家史上,都没有过这样的拉票现象。"这说明了《超级女声》节目的吸引力的确不容忽视,让众多观众主动宣传,进一步说明研究'超女'的价值。"③电视的未来成功与否取决于业界是否能够将电视改造成交互型媒介,是否有能力捕捉住受众的注意力并使其有效地产生情感投资,甚至于"投入"。④ 这是一个引起电视制作人和广告人激烈讨论的词语,大家都竭力理解"投入"的含义是什么,它是如何运行的,它的

---

① 冉俐雯,田陌阡,邓洁,乔菲,曹华招.大学生观众群体在《超级女声》节目参与性调查[J].大学时代,2006(11).
② 童兵.中国新闻传播学研究最新报告(2007)[M].上海:复旦大学出版社,2007.
③ 冉俐雯,田陌阡,邓洁,乔菲,曹华招.大学生观众群体在《超级女声》节目参与性调查[J].大学时代,2006(11).
④ ASKWITH I D. Television 2.0: reconceptualizing TV as an engagement medium[J]Massachusetts institute of technology,2007(9).

实践效果到底如何。电视所寻求的新方式不再是为了聚合最大量的观众从而把广告卖出去,而是像"偶像"现象那样,给观众提供一系列的媒介机会让他们深度参与电视内容,使电视成为情感"投入"链条上的重要一环。

没有网络信息技术的支持,单一传统媒体如电视的交互能力是比较弱的。有研究表明,能与网络进行交互的新兴媒体的媒介民主能力是比较强的。莫梅锋、刘欣通过对"超女"进行"传受合一"传播模式的实证分析,得出"超女"在大众媒体使用方面具有信息发布的优势,但作为信息的接受者,大众媒体却显出劣势。作为信息的发布者,"粉丝"只在网络或新兴媒体方面具有优势,相反,接受信息却不是网络的优势。"可见,人们在扮演传受不同角色时,在传播媒介使用方面不平等,尤其是对传统传播媒体的使用方面存在严重的不对等现象。"[1]在"传受合一"传播模式下,受者成了传者的合作伙伴,[2]传受双方有望共创"传受双赢"的传播新愿景。尽管在研究方法上他们仍然采用的是新兴媒介出现之前的媒介融合前时代的"传"与"受"的理论模式,用在分析"超女"这种多媒介现象的理论框架上还有值得商榷之处,但他们的研究为指出传统媒体和单一媒体在平衡信息方面的无力感提供了有力的依据。

传播媒介对于社会的影响在于,媒介的性质在无形中塑造了一种新的交流方式,无论交流的内容是什么,交流的形式本身就带来了一种新的改变。因此,麦克卢汉认为所有技术几乎都具有像点金术一般的性质。"每当社会开发出使自身延伸的技术时,社会中的其他一切功能都要改变,以适应那种技术的形式。"[3]电视媒介属于图像型艺术,它让我们像用手一样使用眼睛,以求填补图像未提供的其他面向的形象,因此,"图像型

---

[1] 莫梅锋,刘欣."传受合一"传播模式的实证分析[J].新闻界,2007(4).
[2] JAMIESON K H, CAMPBELL K K. The interplay of influence: news, advertising, politics, and the mass media[M]. San Francisco: Wadsworth Publishing Company, 1992: 224.
[3] 麦克卢汉,秦格龙.1969年《花花公子》访谈录:"麦克卢汉——流行崇拜中的高级祭司和媒介形而上学家袒露心扉"[M]//麦克卢汉精粹.何道宽,译.南京:南京大学出版社,2000.

艺术并不是视觉具象（visual presentation），也不是一个视点决定的专门化的视觉偏向。触觉形态是突发的，不是专门化的；它是整体的、通感的，它涉及一切感官。电视时代的儿童浸透着马赛克电视图像，所以他们接触世界时带着与书面文化对立的精神"①。

像人们所看到的那样，虽然新兴电子媒介的影响正在改变我们的生活方式，但是有一个事实不能忽略，那就是中国的媒介普及水平还很不平衡，尤其是在农村，普及率最高、人们接触得最多的还是电视媒体。地区平衡也是媒介生态发展研究的重要考量因素。

二、电视认知：情绪与态度

《超级女声》的投票规则是每人可投15票，可在比赛过程中投票，也可以在节目之后投票，短信收费为每条1元，是常规收费的十倍甚至以上。但在2005年和2006年8强赛之前，短信投票存在公正性和准确性问题，如可能存在"做票"现象，甚至有地下公司为"超女"粉丝定做"投票"方案。② 自2006年9月2日起，节目暂停手机短信投票方式，改为使用QQ、移动梦网以及固定电话进行投票。但结果表明，QQ投票在可靠性上比短信投票更低，非法买票行为严重，影响比赛的公正公平。投票收益的过度开发以及种种票选传闻，会逼得大多数观众彻底放弃票选这种互动方式。③

与《超级女声》的15票投票限额和1元一票的规则相比，《美国偶像》规定每个电话号码限投一位选手，而且投票时间是在每次节目结束后的

---

① 麦克卢汉. 理解媒介——论人的延伸[M]. 何道宽，译. 商务印书馆，2000.
② 06超女选拔短信数量增长50% 地下投票压倒粉丝[EB/OL]. (2006-08-17)[2008-03-15]. http://old.hbjs.gov.cn/News/2006/08/17/14144.html.
③ 范明献. 平民选秀节目热播背后的隐忧[J]. 青年记者，2006(24).

两小时之内，观众通过电话或用短信发送编号的形式来支持自己喜欢的歌手。短信按照常规标准计费，电话投票免费，不加任何其他费用。两小时后通道关闭，之后的投票无效。这意味着，只有节目结束后两小时内的投票是有效的，除此之外的任何时候都无法进行投票。投票在司法监督下进行，保证了投票的有效性。

对于《超级女声》节目每人可投15票的设置，学者也曾产生置疑，认为只有一人一票才能保证人们的持续参与热情和竞赛的公平性，这也是该节目最让人诟病的地方。因为多次投票和高价票容易滋生腐败和不公正，"如果不加以控制，很容易最后变成选手之间和粉丝之间经济实力的比拼"①。即使是游戏，也至少有一个通行的稳固的规则作为保障。而30人大众评审团是否具有代表性以及在多大程度上能做出相对合理的决定，这些都是《超级女声》在对《美国偶像》的规则改造中存在的问题。

淘汰选手时的程序也有所不同。《超级女声》在淘汰选手时会播放煽情的音乐，并给选手留下告别的时间，几乎每次都会有人在此时流泪，这种情绪相互感染，台上哭成一片，所有人都在为梦想破灭而伤心。而《美国偶像》则不同，在主持人宣布完被淘汰的选手的名字之后，立即播放音乐让被淘汰的选手重新演唱最后一首歌，没有任何情绪可发泄的余地，而主持人对此时情感的处理也相当理智又不失人情味。"超女"现象全国情绪的蔓延，不仅表明当代焦虑释放所引起的"安全阀"效应使得情感滥觞，它快速即时爆发的原因更在于中国人重感官和深度卷入的整体感知使得《超级女声》不只是我们的观看对象，还是我们的一部分，是我们身体的延伸，它与我们的感觉和情绪直接相连。

评委点评是《美国偶像》的重头戏，几个评委都是北美及欧洲音乐界最顶尖的制作人和音乐人，他们的存在保证了节目选出来的歌手是具备

---

① 王雅. 真人秀与互联网时代的粉丝[D]. 北京：北京大学，2007.

歌唱实力的。其中,西蒙·考威尔(Simon Cowell)更是节目的一大看点,他的目标是代表世界顶级的唱片公司寻找下一位音乐巨星,他将节目看作是一个唱片公司面试歌手的真实场景,这个想法使得他自始至终都保持着一种理智的人才选拔的行业标准,当然,在节目中这些标准体现为一种抓人眼球的表现,因此吸引了大批粉丝。而中国的唱片市场本身就不发达,《超级女声》评委们也没有一个固定的选拔标准,并且容易受现场情绪的影响。《美国偶像》的节目创始人兼节目评委西蒙·考威尔著书分析了该节目的成功之处,他认为,《美国偶像》的成功在于他们致力于发现每一个人身上的个性。[1] 书中阐述了节目在选拔歌手时的标准,那就是坚定地锁定选手的才华加个性,书中并没有给"个性"这个词下一个明确的定义,但是,我们可以从他风趣的散文体中看出,要展现个性首先要了解自己是个什么样的人,这需要具备一种主体意识,是一种理性抽离的状态。另外,必须跟上流行文化的时尚,强调人的时代性:时尚、独特的气质和审美品位。关于个性和魅力,有一种神秘的因素无法完全用言语阐释,这也正是新兴电子媒介"界面"所传达的信息,一种综合的、边界模糊并带有一种美学色彩的意味,它包括逻各斯(logos),但它远不止于逻各斯,它是密索斯(mythos),是一个带有形象的有机模式。西方文化之所以拥抱希腊的传统就在于希腊文化对人的个性和主体的重视,这也是古希腊艺术在当代仍然以其鲜明而丰盈的主体性直慑人心的原因。在西方环境中,从古典音乐到流行音乐,从外在的对形式和理念的追求到对个性的追求,是一个向密索斯回归的过程。个性是有主体的,主体是人,是一个综合的、有机的、感性与理性并存的综合体。它是个体区别于其他个体的特质的综合,是使人受关注或受欢迎的特性和品质。从个体感知的角度看,个性使自己成为这个世界的主体和中心,其他的则是作为"客体"的"他者"。

---

[1] COWELL S. I don't mean to be rude, but...: backstage gossip from American idol & the secrets that can make you a star[M]. New York: Broadway, 2003.

有评论认为《超级女声》制造了一种现实的反映和普通人的情境,一种情绪的满足,因而引起了整个国家为之疯狂。① 节目中,一个普遍的群体哭泣的场景经常出现,甚至连主持人也处于情绪的极度激动当中。女性竞赛者的脆弱、面对面的挑战、青春的表达,这些都是建构哭与情绪的元素。②

历史学家试图记载情绪与反情绪的轨迹,即使普通人的眼泪,在情绪的理论反思上,也仍然是一个谜。有学者做了以中国人哭的文化表现和伦理为主题的研究,他们在结束课题的时候也仍然对《超级女声》节目中哭的场景和原因感到困惑,"当我们完成论文的资料搜集和分析'超女'的片段,我们仍然对那种情绪感到困惑,我们的学术理性塌陷了,我们为'超女'而哭泣。我们不得不注意到一个最重要的'超女'卖点:海选和PK环节,它们明显是对政治文化的模仿,它们回应了年轻人的渴望,重新捕捉住了娱乐面具的民主,哭的隐形逻辑是我们作为个体的基本的权力"③。

"超女"比赛像"典型的中国人际游戏",粉丝把他们的时间、情感和金钱投在他们的偶像那里,是为了看到她们赢得比赛。"他们的行为颇似在玩电脑游戏:游戏者操控着画面里面的角色,投入自己的感情,掌握他们的生死。自己支持的选手赢了,就是自己赢了。而真人秀比赛结束之后,一切会逐渐回归原位,所以说真人秀的粉丝参与真人秀,似乎是在玩一场游戏。"④在"超女"的选拔上,节目呈现出态度重于才能的倾向。以李宇

---

① QING M. "Super voice girls" challenges China's TV culture[N/OL]. China Daily,2005-08-12[2008-03-15]. www. chinadaily. com. cn/english/doc/2005-08/12/content_468543. htm.
② "哭"也是被诟病的原因之一,按照他们的理解,我们为什么要哭,而不要快乐呢? 于是就有了后来的《快乐男声》,一声"不许哭",于是开始表演"快乐"。另外,关于"哭"和"情绪"的商品化请参看 Wu W H, WANG X Y. Cultural performance and the ethnography of ku in China[J]. Positions east asia cultures critique,2008,16(2):409-433.
③ Wu W H, WANG X Y. Cultural performance and the ethnography of ku in China[J]. Positions east asia cultures critique,2008,16(2):409-433.
④ 王雅. 真人秀与互联网时代的粉丝[D]. 北京:北京大学,2007.

春为例,在态度上,李宇春的确以一种清新而满不在乎的态度让自己显得与众不同,她也因为这一点而获得了大量的粉丝,并被《时代》杂志评论为"李宇春现象的影响,远比她的歌声来得深远",他们认为,"李宇春的歌艺并不出众,但李宇春之所以能够击败15万个对手脱颖而出,是由于她所具备的态度、原创性以及一种能打破中国传统的双性形象"[①]。2007年,她再度被评论为"中国流行文化代表"[②]。但是,就歌唱才华和实力而言,非常明显,她还远未达到一个优秀歌手的水平。

由于评委的专业水准和节目标准的稳定,加之有发达的美国流行工业和市场作为基础,《美国偶像》节目始终没有背离它挖掘实力歌手和明星的目的,于是,出现了像兰伯特那样在短短的时间内就成为国际巨星的歌手,他表现出来的特别个性与才能说服了其他专业歌手,更多的专业歌手加入歌唱选秀节目中来,而哈德森跨影视、歌唱的优秀表现使她早就成为娱乐工业的一个标杆,考威尔以代表流行工业的选择标准对选手进行评价,从而对受众投票产生影响,这说明在选拔歌手的比赛中,《美国偶像》的基准线是才华,标准是去除纯游戏性质。投票规则的合理性如一人一票、投票免费或同标准收费也将游戏玩得很真实,去除了腐败、经济实力比拼和投票的附加费用等因素,因此保证了一个节目的公平和公正。而在实力与才华的基础上,《美国偶像》节目同样看重选手的个性,在考威尔看来,个性是仅次于歌唱实力的重要指标。

与《超级女声》将情绪进行到底所不同的是,《美国偶像》则显出相对的理性,这与节目环节的设置有关,更重要的是评委考威尔对选手中肯而不顾情面的点评在节目中起到了类似悲剧中的幽默效果,他让观众在音

---

① 李宇春成《时代》封面人物[EB/OL]. (2005-10-04)[2008-03-15]. http://www. qingdaonews. com/content/2005-10/04/content_5464958. htm.
② 李宇春登美国版《时代》成中国流行文化代表[EB/OL]. (2007-12-24)[2008-03-15]. http://www. ce. cn/xwzx/shgj/gdxw/200712/24/t20071224_14021258. shtml.

乐和比赛氛围所引发的情绪下突然与节目拉开距离,使情绪和情感得到一种节制,节目很好地把握了观众的情绪感,而不让观众情绪一次性完全宣泄,这与麦克卢汉对待媒介研究的姿态一样,使观众与节目之间有一个投入与分享的节奏感和平衡感。另一个评委宝拉·阿巴杜(Paula Abdul)则代表了另一种感知,她是观众的代表。她用全身心去感知,用一种非线性的、直觉的体验方式去感知。宝拉的直觉式的感动是触及肌肤、直达心灵式的。从"后宝拉时代"的反思来看,她在节目中起到的观众与节目之间的桥梁作用不可忽视。

随着媒介身份的变化,作为传播的形式,不同媒介的特质、功能和影响必须纳入研究范畴。那么,在屏幕与我们之间到底发生了什么?德克霍夫在《文化肌肤——真实社会的电子克隆》一书中提出一种连接的可能性,那就是电子屏幕(包括电视机屏幕、计算机屏幕、视像屏幕)和我们的"视像屏幕"之间的互动反应,电子形象通过我们的镜像神经中枢作用于我们的感知系统,尤其是触觉。它的成功是否是由于受众与屏幕之间存在"神经-技术"关联?德克霍夫认为,电视主要与我们的身体而不是心智在对话。他对电视对人体的影响进行了探讨,并以他亲身在媒体分析实验室做的实验作为明确有力的证据得出推论:电视屏幕直接对观众的神经系统和情绪产生影响。[①] 电视这种光透媒介以触觉的形式直接作用于我们的人体肌肤。

三、粉丝群:"用户生产内容"

粉丝群体通常是新媒体的早期探索者和实践者,并且他们在使用新媒体的过程中往往打破常规而创造出多样的模式。因此,詹金斯认为,

---

① 德克霍夫.文化肌肤——真实社会的电子克隆.汪冰,译.保定:河北大学出版社,1998.

"从历史的角度讲,粉丝们是最早开始利用新媒体与分散在不同地区但具有相同兴趣的人共同组建社群并进行沟通的群体之一。同时,他们也和很多其他的网络社群一样,在整个 20 世纪中一直努力获取进行文化生产与文化流通的机会"①。"超女"粉丝是较早对贴吧、论坛等网络社区进行实践探索的群体,通过在这些平台上的聚集、分享、参与、互惠,逐渐形成了早期的粉丝文化,也形成了新媒体的粉丝圈文化。从"超女"粉丝贴吧开始,贴吧上的媒体参与文化逐渐形成,贴吧的文化生产和流通的实践是中国互联网上最有代表性的最具有活力的参与文化。

网络的出现,使"偶像"现象的异步交互成为可能。网络甚至与真人秀一起共同打造了一种新群体——粉丝团。② 而百度贴吧是"超女"粉丝们最大、最集中的聚会场所。网络在线聊天软件如 QQ、MSN 等也提供了社交的方式。按兴趣分类,粉丝们在 QQ 上建立各自的 QQ 群,比如,"北京维生素群""大龄芝麻群",等等,他们除了在贴吧聚集,还在那里面交流信息、组织活动。"在这个过程当中,有些群体产生了固定的领导人。"③

新媒体给用户提供了一系列参与平台,从 2005 年的媒体热点中我们可以看出中国人对新媒体的参与热情。2005 年的中国传媒发展热点不仅有"想唱就唱"的《超级女声》,还有腾讯 QQ、百度贴吧和网络博客等新媒体。百度贴吧就是在"超女"影响力最盛的时候被喜欢她们的人寻找到的,他们希望找到一个公共平台来表达自己对某个选手的喜爱,于是他们聚到了这里。逐渐地,贴吧的规模越来越大,越来越具有组织性,由此诞生了"粉丝"群体和"超女"百度贴吧。可以说,是"超女"粉丝成就了百度贴吧。④

---

① 詹金斯,伊藤瑞子,博伊德.网络时代的参与文化[M].高芳芳,译.杭州:浙江大学出版社,2017.
②③④ 王雅.真人秀与互联网时代的粉丝[D].北京:北京大学,2007.

网络用户使用媒介其实就是在生产他们自己的内容,并通过兴趣群体与在线的朋友共享,这种模式被称为UGC,它是"user generated content"的缩写,中文可译为"用户生产内容",即网友将自己创作的内容通过互联网平台进行展示或者提供给其他用户。在中国,UGC是伴随着以提倡个性化为主要特点的Web2.0的概念兴起的。

在UGC用户生成内容模式下,网友不再只是观众,而成为互联网内容的生产者和供应者,体验式互联网服务得以深入发展。这主要表现在三方面:第一,用户生产内容(UGC)将其与依靠复制粘贴的传统新闻网站区别开来;第二,多媒体手段被广泛使用;第三,新的赢利模式产生。UGC不是某一种具体的业务,而是一种用户使用互联网的方式,通过这种方式,网民的自主性得到前所未有的发现和满足。社区网络、视频分享、博客和播客等都是UGC的主要应用形式。互联网上的所有内容由用户创造,一改过去用户只是信息的接收者的被动局面。互联网的内容以一种内爆的形式增长,它给人们提供了获得知识的机会。

百度贴吧就是在"超女"影响力最盛的时候由"超女"粉丝充分地开发并利用起来的。有调查发现,从2006年7月到2007年4月不到一年的时间,《超级女声》选手尚雯婕从一个不被人认识的女孩成为"超女"明星,"她的贴吧里帖子的数量以千万计,网友平均每天的发帖量达到了数万条,不可谓不惊人"①。粉丝们使用贴吧最早的目的主要是在"选手吧"中表达自己对某个"超女"的喜爱,并攻击其他"超女"及其粉丝,同时,发布和获取选手的相关信息,包括她们的最新动态、音频、视频、图片以及关于个人生活和隐私的信息等。王雅的调查显示了"选手吧"成立的线索:"2006年5月到8月,在'选手吧'成立之初,粉丝们因为热爱某个超女选手而在百度通过输入她的名字来到她的贴吧。""他们在这里的活动主要

---

① 王雅.真人秀与互联网时代的粉丝[D].北京:北京大学,2007.

是：交流对选手的喜爱之情，分享选手的照片、视频、音频；发布投票信息以及互相鼓动多多投票。"①

电视引发的情绪在网上尤其是在百度贴吧里继续蔓延。"如果把'超女'比赛比作足球比赛，那么，在每场比赛期间，'选手吧'就像是球迷聚集的看台，他们聚集在一起，欢呼和悲伤着。'超女'的情绪会体现在每一场比赛的投票中。与体育、新闻直播不同，贴吧在这个时候就像虚拟的比赛看台，电视机前的观众由此可以和电视里舞台下面的观众一起，共同经历这场比赛。"②用户在早期卷入网络媒介与"超女"互动时，激动的情绪仍然像电视屏幕上展现的那样，铺天盖地。论坛里，有的网页整页都是无限复制的攻击谩骂图文。王雅观察发现，与"超级女声吧"的"舆论阵地和情绪宣泄"以及"流言弥漫和冲突频发"的特点相比，"选手吧"更多地用于"交流信息和感受"。造成这种不同的原因是"超级女声吧"是超女PK的另一个战场，它是"游戏"的继续。但是，"选手吧"的用户多是因为喜爱同一个"超女"才聚在一起的，所以这里就不会有激烈的冲突。粉丝在"超级女声吧"与"选手吧"里的表现还存在情绪上的区别。"在'超级女声吧'的字里行间，充满狂热、不理智的情绪，并且想象力泛滥。而在'选手吧'里，气氛是充满鼓动性的、振奋人心的、急切的和洋溢着幸福的。"③在对粉丝的调查研究中，王雅发现，粉丝们被偶像打动只是瞬间的事情，而对她们产生进一步狂热的迷恋，则是在不断地卷入当中逐渐形成和加深的。④

霍加特主张流行文化会给价值观和判断力带来正面影响，他认为，"无论涉及品位形成、政治进步主义抑或是想象力的解放，流行文化都能够自我纠错"⑤。即使是粉丝群体在网络社区时出现的极端非理性的状态也会经由时间的逐步沉淀而改善。在新媒体时代，过去一切不被人察觉的人的意识状态如今都充分展示在网络上，心灵之路也变得有迹可循。

---

①②③④ 王雅. 真人秀与互联网时代的粉丝[D]. 北京：北京大学，2007.
⑤ 哈特利. 数字时代的文化[M]. 李士林，黄晓波，译. 杭州：浙江大学出版社，2014.

一切都是在线的,无论是过去的还是现在的,当人与事有了距离,理性的一面才得以展现。特别是当这个事物本身作为自我潜意识被外化后,人在反观自我时,自我理性纠偏和网民之间的相互印证将调节和平衡起初的情绪。随着"超女"出于各种原因的降温,贴吧也出现"温度退却"的情况。2007年4月是一个时间分界点,"超女热"的温度逐渐退去,百度贴吧的内容表现为三方面:吧内成员继续联络感情;网友发布选手近期的新闻、八卦等;吧内发起各类活动。① 笔者在此后的观察中发现,"选手吧"里交流信息的群体已经裂变为多个兴趣群体,且这些论坛里的很多话题与吧内成员热爱的"超女"无关。

如果说在传播的早期时代还有意见领袖的话,那么在新兴电子媒介时代"意见领袖"就成为一个有多种含义的词语。我们可以称那些在网上发布最初信息的人为"意见领袖","最早发现信息的人会把信息发布在这里,所以每个人都有可能成为意见领袖。有些意见领袖会渐渐成为权威人士,受到其他人的拥戴,成为固定的意见领袖甚至是群体的组织者、领导者"②。但是,"意见领袖"在这里更意味着一种既群体化又个人化的社会信息组织方式。当每个人都可以并且可能成为"意见领袖"的时候,人的能动性首先就被最大范围地调动起来,同时,多种态度、多方协商、多方参与和卷入并"相互纠偏"使得超女贴吧从最初的战场演变为今日的信息集散地。

当然,对于网络的这种"结构性信息提纯能力"③,并非没有争议,而且这个争议就来自网络媒体自身,这也从另一个角度说明了新兴媒体的"自我意识"的反思纯化能力。一个署名"闭门造车"的网民以《中国互联网,何来"用户生产内容"?》为题在他自己的博客上对"用户生产内容"的中国局面表示不乐观:

---

①② 王雅.真人秀与互联网时代的粉丝[D].北京:北京大学,2007.
③ 喻国明.Web X.0时代的传媒运营新法则[J].编辑之友,2009(6).

Web2.0的特征之一是用户生产内容,但是我却怀疑这种用户生产内容在中国的互联网环境下是否更多地表现为一种用户传播内容的形态。

这种用户传播内容的情况没有什么不好,只是需要那些奉《长尾理论》为《圣经》的互联网从业者们来重新考虑中国的互联网环境。《长尾理论》把美国(或其他一些国家)的互联网趋势阐述得明明白白,但是在中国,我十分怀疑这本书的实用价值。

许多时候,我觉得中国的互联网环境和传统行业几乎相同,线上正在发生和线下同样的事情。而互联网从业者从技术人员到歌手几乎涵盖了社会各行业的圈子——这本来十分正常,因为互联网就是一个新的世界,一切现实中存在的都可以搬到这个虚拟的世界里。但是互联网所应该具有的创新,我却少有看到。

正是这种缺乏创新的互联网环境,鲜有所谓用户生产内容的出现。不过,这里的"内容",定义不是"拷贝粘贴",更不是"假新闻"或"炒作"。[①]

创造力是知识建构和文明发展的内驱力,离开创造力或者创造的热情,对知识产权的无视和官僚组织系统的存在会打击人们的创造力和创造的积极性,从而坠入为"关系"而"关系"的网络。西方影视文化的发达基于他们的创造热情,西方人对视觉艺术和音乐长期而深入的探究,他们对于布景、构图、空间创造、色彩表达、材料和工具选择、创作对象等始终保持着突破的欲望,每一种探索都是动态的、扩张的、野心勃勃的,这种所谓的"荤"性文化与中国传统的"素"性气质相比较更具色彩感,更能彰显

[①] 闭门造车. 中国互联网,何来"用户生产内容"? [EB/OL]. (2007-09-18)[2008-03-15]. http://syriana.blog.techweb.cn/archives/9.html.

人类创造的张力。

个体的热情与潜能通过新媒体被激活,"冷媒介"需要热参与,新兴媒介的深度卷入在于用户主动去填充联结点之间的信息,调整信息之间的关系与距离,于是,用户成为内容。"超链接化"媒介环境促进了西方受众的整体感知的提升,而这种感知的变化使直觉得以恢复。在中国,远高于任何其他电子媒体接触率的电视和手机继续承载受众情绪与直觉表达的重任。但同时,网络的接触率正在上升,从"超女"贴吧的发展历程来看,"WebX.0"时代媒介融合中相互纠偏的"无影灯效应"和"联结智能"的认知建构能力又可能成为培育理性的实践之途。

第六章 媒介形式与认知

本章试图通过分析文化环境中与认知习惯相关的因素,建立媒介认知与不同文化环境之间的联系,以西方文化为参照体系,从大媒介的概念视角出发探讨和把握当前的媒介认知。

第一节 速度问题:改变的时空结构

一、核心问题:速度

在媒介认知层面,速度成为融合中的媒介认知的关键问题,交互过程的即时性与地理距离的消失带来认知层面直觉与理性的调整。与速度相对应的另一个认知事物的维度是认知深度。深度是指工作或认识触及事物本质所达到的程度,它与浅度思维模式相对应,在大脑认知的层面,它反映了人们认识世界及其本质的程度。它通常表现为个体化独立沉思的特征。近年来,媒介研究领域对这种思维模式面对新的媒介环境可能出现的变化表现出了浓厚的兴趣。综合人文和神经认知科学领域的研究成果,学者们普遍认为,相对于其他媒介环境如口语、手抄文字等认知媒介环境而言,深度思维模式属于书面文字媒介环境培育出来的认知偏好。人们在阅读纸质书的时候大脑的神经机制倾向于深度模式,即注意力集中的、沉思式的深度理性思维模式。而浅度思维模式则是新媒体时代培养出来的认知偏好。①

麦克卢汉认为,"媒介即讯息""媒介形塑我们",媒介塑造我们对于世界的感知方式,进而形成某种思维模式,不同媒介环境里的人可能有不同的思维方式,其原因在于媒介在潜移默化中影响了人们的大脑结构和认知偏好。近年来的认知科学领域研究也证明,大脑神经元具有极大的可塑性,这种可塑性产生的原因是神经元细胞中的树突的生理机制在长期特定的行为模式下会发生改变,如强化、减弱已经与其他神经元之间所建立的联系,或者完全产生一条新的通道,这使新的思维路径的产生成为可能。

詹金斯描绘了电子时代的认知现状:一切故事即使是当下发生的故事都已过时,既不可能再有海德格尔的"诗意栖居",也无法寻回本雅明的"本真韵味",因为一个关键的问题:速度的改变。瞬间即时,人人可得,速度问题注入人们生活的方方面面,摆在了所有人的面前。一切都在来不及的时候就已发生,人们与周边世界的关系变得越来越难以把握,甚至连战争都改变了它的形态,转而成为意识形态、经济发展速度的较量。② 正如维瑞里奥(Paul Virilio)所说的,"时间流动下的意识会经常性地缺席或者被打断"③,速度的提升越来越让人困惑,因为人们需要不断适应事物的消失。而当消失的事物被重新唤回,过去重回现在,被重新纳入即时生

---

① 参看沃尔夫. 普鲁斯特与乌贼:阅读如何改变我们的思维[M]. 北京:中国人民大学出版社,2012. 以及卡尔. 浅薄[M]. 北京:中信出版社,2010.
② VIRILIO P. Speed and politics:an essay on dromology[M]. New York:Semiotext(e),1986.
③ 谢旺. Paul Virilio 研讨会札记[EB/OL]. (2009-10-02)[2018-03-02]. http://blog.sina.com.cn/s/blog_5325f6eb0100fcdb.html? retcode=0.

活,于是就出现了一个时间的切点,一个界面。人与信息社会的实时速度之间有了距离。维瑞里奥认为,那是一个消失的向度,它预设了一种滞后的状态,就像看电视时人的大脑"缺失的半秒钟"的状态,时时处在"缺失的半秒钟"状态中会让人产生焦虑感和迟滞感。

  电子技术的速度正在以几乎不可预知的方式改变时间,改造社会。麦克卢汉说:"速度会取消人类意识中的时间和空间。"①"传播速度的本质也不在于它能够以什么样的速度来传播信息,而在于它提供了一种新的生活方式以及权力结构,已经成为一种文化现象,正在深刻地改变着人类社会,对政治、文化、历史意识、民族国家观念等都产生了难以估量的影响。"②技术的设计或模式扩大并加速了现有的行动过程。"任何媒介或技术的'讯息',是由它引入的人间事物的尺度变化、速度变化和模式变化。铁路的作用,并不是把运动、运输、轮子或道路引入人类社会,而是加速并扩大人们过去的功能,创造新型的城市、新型的工作、新型的闲暇。"③在电子时代以前,人们感受媒介影响力的过程是渐进的,人与社会对媒介的吸收过程是缓慢的,因此人体有时间与空间调整自己去适应新的媒介环境。"电子媒介构成了文化、价值和态度的全局的、几乎是刹那间发生的转换。这种巨变产生剧痛和身份的迷失。只有对巨变的动态有清醒的认识,才能减轻痛苦,减少迷失。"④这就是麦克卢汉所谓的"环境闪电战"。电力内爆使理性的距离感受到干扰,它几乎将西方线性切分世界的架构全部打乱,"一切意义都随着媒介的加速运动而发生变化,因为一切个人和政治的相互依存模式都随着信息的加速运动而发生变

---

① 麦克卢汉,秦格龙.麦克卢汉精粹[M].南京:南京大学出版社,2000.
② 梅琼林,袁光锋."用时间消灭空间":电子媒介时代的速度文化[J].现代传播,2007(3).
③ 麦克卢汉.理解媒介——论人的延伸[M].何道宽,译.北京:商务印书馆,2000.
④ 麦克卢汉,秦格龙.1969年《花花公子》访谈录:"麦克卢汉——流行崇拜中的高级祭司和媒介形而上学家袒露心扉"[M]//麦克卢汉精粹.何道宽,译.南京:南京大学出版社,2000.

化"①。"媒介即讯息",媒介正以快速改变时空关系的方式改变社会形态和人的感知方式,媒介重塑并控制了我们。

电子媒介对时间和空间的改变是内向的、内爆式的。"我们今日的加速度并非缓慢地从中心向边缘的外向爆炸,而是瞬间发生的内向爆炸,是空间和各种功能的融合。"速度正在使媒介从单一媒介各自表现过渡到"媒介融合"的各种媒介共同参与的生态,在这样一种类似马赛克的共生情态中,交往关系趋于部落模式化。"一种非常大的加速现象,比如随电力发生的加速现象,又可能有助于恢复参与强度高的一种部落模式。"②部落中的人与世界的关系、人与人之间的关系将发生改变,它们的关系将不再容许人对其做客体的切分,深度卷入将模糊主客的边界,变成一种多点之间的模糊交叉的能量动力。当马赛克这种类似印象派艺术的感知方式出现以后,就像反转了文艺复兴绘画透视法的印象派一样,新媒介认知方式也正以超速度反转着理性思维模式的认知习惯。

二、一种逻辑观:直觉与理性的差异

哲学家和逻辑学家金岳霖认为,"直觉与理性之间的本质差别大概是速度问题"。电子媒介对于时空的改变首先在于速度。早有学者从中西方文化思维差异的角度,看到速度之于人的认知作用的重要性。直觉与理性是人的感知体系的两部分。在金岳霖看来,速度决定了它们之间的差异。理性需要一定的距离感与时间差,尤其是距离感带来的主客体分离,在时间与空间两个维度上的相对静态都将其与直觉区别开来。但是,由于直觉来自一种综合体验,带着一定的神秘性又得到特别重视,"使人强调直觉的原因之一毕竟在于理性不能跟上变化的世界,而且他们把这

---

①② 麦克卢汉.理解媒介——论人的延伸[M].何道宽,译.北京:商务印书馆,2000.

种无能看作是我们对这个世界的认识的一种局限性,因而是一种缺陷"①。那么,电子时代的加速就产生一个新的问题:电子速度是否会消灭理性的距离感与时间差,使理性退位而直觉主导?

电子速度必然会对理性造成冲击,放大直觉。而推论和分析事物的基础是理性,要进行推论和分析,就需要符号作为代表,并且符号作为通用的一般规则,被相对固定来使用,逐渐发展成为固定词语。命名使事物具有持久性,它是一般的概括。"因此,若要让我们的认识对我们的生命有用,那么与已知的世界相比,它就必须是静止的。它的名字、符号或用词必然至少暂时具体地形成了统计概括或严格的概念,它们的关系必然是具有相对持久性质的一般概括,因此,它们可用作进一步的更复杂的推论的数据。"②追溯词源,理性(rationality)一词源自拉丁文的"比例"(ratio),因此它也暗指比例的含义。比如,理性主义所研究的对象、概念和关系不是简单孤立的,而是与属于同一法则的其他事物之间的比例关系相关。"理性是用字母表示的心理动力学的组成部分。"③它的表现方式是透视法结构,一种固定视点的模式。以透视法则看待事物,意味着事物在头脑中的成像方式是按数字化的精准比例进行的,每一个部位被组合在某个相应的视觉位置上。

透视法使西方人对世界的把握更具有稳固性。西方人看世界的角度与透视法具有逻辑和事实关联,透视法的思维方式更注重透视和分析,主体从世界分离,进而主体控制客体,它是科学哲学的思维体系。"由透视法所构筑的这种现实是很具有选择性的,而且也很可靠。通过使用透视法,用字母表示的大脑结构在现实中强行加上了两个占支配地位的时空坐标,并使之停下来。就像我们的自然视力在看目标和分析目标之间分解其任务一样,作为一种视觉策略的透视法,允许我们的整个文化在空间

---

①② 胡军.金岳霖选集[M].长春:吉林人民出版社,2005.
③ 德克霍夫.文化肌肤——真实社会的电子克隆[M].汪冰,译.保定:河北大学出版社,1998.

上把握世界,在时间上分析世界。"①在西方人的世界里,希腊罗马字母文字系统通过强调大脑安排时间的特性而指挥着大脑左右半球之间的合作,人们得以获得既稳定又集中的处理自然的方法。②"我们开始占据和操纵空间,而不是由它来占据和操纵我们。毫无疑问,伴随文艺复兴时期人们的读写能力迅速提高的,是世界探险、地理学和天文学等领域同样快速的进步。"③科学取得了进一步的快速发展,科学的发明与新探索在很大程度上取决于这种具有切分特点的线性思维。电子媒介时代,速度的改变对西方人固有的理性认知思维方式形成冲击。

西方世界主客两分的哲学逻辑在中国文化传统上并不受重视,这种"静体"哲学传统在中国是不被讨论的。④ 在梁漱溟看来,"像这种呆板的静体的问题(指一元、二元等),中国人并不讨论"。"中国自极古的时候传下来的形而上学",也即"一切大小高低学术之根本思想"是"一套完全讲变化的——绝非静体的"体系。回到中国哲学与美学的源头,中国的金、木、水、火、土五行表示的是"一个抽象的意味",而认识这种抽象的意味或倾向只能用直觉,才能得到所谓"阴""阳""乾""坤",才可能理解和体悟到《易经》里的神秘世界。

自古以来中国人讲究直觉的宇宙观就是一种速度的极致,这种时空观能使人在无时间的当下状态中体会人与宇宙的永恒。"天人合一"和"关联思维"模式下的中国文化是另一个与西方完全不同的思维体系,它更加注重事物的关联和宇宙整体,对宇宙和自然的认识是万物浑然一体,而非主体对客体的掌握和控制。在梁漱溟所分析的认识世界的道德、知识、宗教三个面向中,中国相对比较注重道德而忽略知识和宗教。西方则

---

① 德克霍夫. 文化肌肤——真实社会的电子克隆[M]. 汪冰,译. 保定:河北大学出版社,1998.
② 关于书写系统与大脑结构的关系的分析,请参看 DE KERCKHOVE D,LUMSDEN C J. The alphabet and the brain: the lateralization of writing[M]. New York: Springer-Verlag,1988.
③ 德克霍夫. 文化肌肤——真实社会的电子克隆[M]. 汪冰,译. 保定:河北大学出版社,1998.
④ 梁漱溟. 东西文化及其哲学[M]. 北京:商务印书馆,1999.

是道德、知识、宗教三者并行发展。① 知识即认识世界的本体论,是将世界作为分析对象加以把握的,特别是自柏拉图以降,世界被抽象为理念和形式,因此有了后来的数理、天文等科学。世界被抽象为符号而被认知。但是,"在古代中国人的世界里,人的形象的构造被看作是一种完全自然的现象,被作为一种天理及地理的补充和延伸来探索。人对世界的构想将隐含在天地中的条理当作激发想象的范式,而不是将其当作模仿和复制的客体。而且,在主体和客体之间设定了一个连续体,这样,主体参与象建构世界的活动,象必然是多义性的。"② 古代中国人的世界没有主客体之分,人与世界融为一体,动态变化,彼此影响。德克霍夫教授跳出普遍西方人的视角,看到了这种宇宙规律的神秘性和不可把握性,"关于现实的一个重大问题,即它太多,而且总是处于运动之中,当你试图抓住它时,它却在不断变化"。面对爆炸式的信息,电子媒介时代的人们在认知世界时难以静态地有距离地去把握,而是与传统中国人认知世界的方式一致:用直觉感知变化,在当下感知宇宙世界的永恒。

第二节 "脑认知偏倾"与中西文化

中西认知思维方式各不相同,这与大脑的认知偏倾有着极为密切的关联。神经科学研究结果表明,人类左右脑分工不同,人的左脑重在分析、数学、线性、细节等连续的、控制的认知活动,而右脑则偏重整体的、艺术的、象征的、即时的、情绪化的、直觉的认知。一般认为,当代的西方文化体现出左脑偏倾的特质,重分析和逻辑式认知而忽略整体感知思维。

---

① 梁漱溟. 东西文化及其哲学[M]. 北京:商务印书馆,1999.
② 郝大维,安乐哲. 期望中国:中西哲学文化比较[M]. 施忠连,何锡蓉,马迅,李琍,译. 上海:学林出版社,2005.

这可以从媒介环境的角度来解释。特别是追溯媒介发展的源头，文字媒介在社会文化心理认知上的影响得到了媒介研究者们的重视。麦克卢汉的"媒介延伸论"认为，人类创造工具以表达自己的所思所想，但是，这些工具的使用已在不知不觉中形塑了我们的思维方式。在此基础上，德克霍夫等媒介文化与技术关系研究学者认为，书写体系形塑着我们理解世界的大脑思维方式，这意味着作为人类最原始媒介形式的语言文字不仅塑造了我们的大脑思维方式，同时也影响了人类后来创造的多种媒介形式：它们既包括传统书写工具如硬笔、毛笔和刷子等，也包括电力媒介和网络等新兴电子媒介。

近年来，认知神经科学领域的研究表明，大脑可以被不同的书写体系所结构。这些书写体系包括中文的象形文字系统、西方的拼音文字，以及日本的由片名和假名两套符号组成的文字系统。已有证据证明，书写语言能够引起大脑内在根本性的适应性调整。这些能力包括适应性变化和在认知过程中发展新的路径的能力。[①]

根据麦克卢汉、德克霍夫和伦纳德·史莱因等学者的研究，[②]西方发明的字母表，在经历五千年的深化之后，已经深刻地进入人们的思维体系中，成为电力发明之前主导文化的心智、心灵和躯体。与左脑相连的特征有分析和数学，所有西方的字母文字体系，即使有些能用右脑来设计和解释，也都在逐渐地影响大脑左半球的功能。"在迄今为止的所有文字体系中，没有一种比希腊和罗马的语音字母能更彻底、更专门地强调对左脑的偏倾。"[③]它反过来也对其他感觉和思维方式产生影响，而西方人就是靠

---

① PERFETTI C A, LIU Y, FIEZ J, TAYLOR J N, BOLGER D J, LI N H. Reading in two writing systems: accommodation and assimilation of the brain's reading network[J]. Bilingualism: language and cognition, 2007, 10(2): 131-146.
② 请参看 MCLUHAN、DERRICK、LEONARD SHLAIN 等学者所著相关论述。SHLAIN L. Art & physics: parallel visions in space, time, and light[M]. New York: Harper Collins, 2004.
③ 德克霍夫. 文化肌肤——真实社会的电子克隆[M]. 汪冰, 译. 保定: 河北大学出版社, 1998.

这套体系成长起来的,其必然像文化模因一样,进入他们的思维、心智与身体。

字母文字与人体的视觉组织机制相连。德克霍夫通过研究发现,阅读时需要大脑两侧密切合作,但是更多地由左脑参与,这是因为负责计算、分析视域的主要是左脑而不是右脑。但是这一过程不像这里表述的这么简单,它是一个复杂的机体工程。

拼音文字延伸了西方人的视觉,培养了重分析轻体验的习惯,它是感知形态力量中的一种。视觉的放大抑制了其他官能感知。麦克卢汉在对印刷术对西方文化的影响进行分析之后认为,只有拼音字母才是创造"文明人"的技术手段。这里所说的"文明人",是指在成文法典面前一律平等的所有独立的个体,是西方哲学意义上的主体。"个体的分离性、时空的连续性和法典的一致性,是有文字的文明社会的首要标志。"①

当有一个恰当的空间安排每事每物时,每一事物就会有秩序地各就各位,它不仅应用于文字阅读、透视法的艺术视觉原理,更重要的是,它在16世纪以后的人们组织知识和行为的过程中发挥作用,它产生了专业分工,激发了创造力,同时,甚至连本来微妙的情感和情绪等生命中流动性的一部分也被划归至它的组织体系,根据不同的图景重新构造、排列、组合和分析。

西方印象派之前的具象派艺术就是重分析、重细节的一个明证,它与中国的绘画尤其是山水画的意境表现截然相反。"视觉的力量使我们能把时空中的一个事件单独地分离出来,具象派艺术就是这样做的。从视觉上表现人和物时,要将该人该物的一种状态、一个时刻、一个侧面分离出来,从众多为人感知到的状态、时刻和侧面中分离出来。"②《古登堡群星璀璨》研究古登堡活字印刷术发明之后产生的与以往相异的视觉价值。

---

① 马尔尚.麦克卢汉:媒介及信使[M].何道宽,译.北京:中国人民大学出版社,2003.
② 麦克卢汉.理解媒介——论人的延伸[M].何道宽,译.北京:商务印书馆,2000.

古登堡技术使视觉放大到与其他的感知相分离,这也就是本雅明意义上的"灵光的消失"。

摄影术赋予物体自我成像反转并远远超越了颜料和语文描述自然物体的力量,它不用句法表述,也不使用构图规划,而是让物体自我表演,不经排列和分析,就能使物体本原中细微的心理世界得以自动展现。"不用句法或不用言语的表述,实际上就是借助姿势、模拟表演和经验整体的表述。这一新的维度为诗人对人的考察敞开了大门,波德莱尔和兰波这样的诗人表现的,正是心灵的图景。诗人和画家涉足这个心灵图景世界的时间,远远走在弗洛伊德和荣格用照相机和笔记本来捕捉心理状态的前头。"①麦克卢汉预见到了今天技术的如此不可思议的惊人潜能,本雅明也对于驱赶"蝗虫"而重见"太阳的光芒"表达了乐观。当然,此处需要再次强调的是,无论本雅明还是麦克卢汉,他们对整体感知的拥抱都基于重视觉的、线性思维的西方文化语境。

"埃及文化、巴比伦文化、玛雅文化和中国文化确实是感官的延伸。"②感官是情绪化的、直觉的。"部落人在口耳相传的复杂网络中发展……用独特的感情混成体来区分。部落人的内心世界是由复杂情感构成的创造性的混成体。"③字母文字与象形文字作用于人的感知体系时产生了文字与形象的区分和侧重。字母文字是抽象的概念世界,象形文字代表复杂情感的形象。中国的文字属于象形体系,连续五千年从未中断和裂变,它浓缩了人们对世界的认识和形象审美,是中国人对世界的把握的反映,同时,反过来它又深刻地影响了中国人对于世界的感知方式:灵活多义与互相关联。

---

① 麦克卢汉.理解媒介——论人的延伸[M].何道宽,译.北京:商务印书馆,2000.
②③ 麦克卢汉,秦格龙.1969年《花花公子》访谈录:"麦克卢汉——流行崇拜中的高级祭司和媒介形而上学家袒露心扉"[M]//麦克卢汉精粹.何道宽,译.南京:南京大学出版社,2000.

与中国的象形文字相对应,西方字母文字的字母提供了"切分世界"的"最重要的代码",提供了人类分析世界的"基本灵感和模型:原子结构、氨基酸的基因串、计算机比特"。德克霍夫认为,这是西方人思维方式真正的基础,它根植于有教养的希腊人心智深处,并成为此后在西方人心智中根深蒂固的分组原则。① 发明和创新的秘密就是这种切分代码的无限复制。这种代码与 DNA 类似,是一种由四个氨基酸以不同方式组合形成的长串的基本字母结构。遗传工程是以所谓的重组 DNA 来实现的,"是对原来的基因结构的一种'重写'"。而"从某一情境中提取出来的信息被称为'信使 RNA'。用字母写的任何东西都像信使 RNA——没有生命情境的纯信息。发明和创新的秘密是把信息从一种情境中提取出来并置入另一种情境中。"在文化中,它就像"有读写能力的染料",将自己的色彩融入水中,而不再是"水"和"染料"两种独立的存在。字母对人的影响就是"在这个新世界中,每件事情都是通过有读写能力的眼睛来察看的"②。这也就是保罗·莱文森所谓的"有读写能力的染料"的作用。"人脑习惯于推理、感知和构想之后,在某些武断的情况下,它就会误以为主观构想是自然法则。"③从另一个意义上来说,这就是相较于中国的"素性"文化而言的西方"荤性"文化的密码,不断地复制、更新、复制、再更新,扩张再扩张,用理性和分析控制自己的同时雄心勃勃地解剖并且控制这个世界。

　　与西方线性思维模式下的"命名"、概念与事物分离、切分思维相对应的是中国文化的整体感知,它的形而上学的根本之处在于"无表示"。④ 梁漱溟对"表示"的解释是,"凡一切事物的存在为我所意识的都是一个表

---

①② 德克霍夫.文化肌肤——真实社会的电子克隆[M].汪冰,译.保定:河北大学出版社,1998.
③ NETTLESHIP H. Essays by the late mark pattison[M]. Cambridge: Cambridge University Press, 1889.
④ 梁漱溟.东西文化及其哲学[M].北京:商务印书馆,1999.

示。……因吾人是生物,一思一感为有所问而要求一个答,就必须有表示"。要求"表示"也就是科学的要义。"所谓要求表示,就是要求对于他们的实际问题有影响,这是生物的本性。从这本性就发生知识,其精义即为科学。"①

中国传统哲学美学体系中的"无表示"②是形成中国传统上"无知识之部"的认知层面的原因,根据梁漱溟的分析,"知识之部"与"形而上之部""人生之部"共属"哲学"范畴,而哲学与"宗教"又归之于"思想",也即"广义的哲学"。在评价中国哲学"最盛且微妙"的同时,梁漱溟指出中国的"知识之部"为"绝少注意,几乎可以说没有"。相对而言,西洋方面的"知识之部"则为最盛。③ 但这不表示中国没有知识人,或者没有知识,这里的"知识"是指西方意义上的科学与认知体系,是自柏拉图和亚里士多德以来的科学传统。而思维模式的差异由文化血脉而来,作为个人,要调整、适应并研究也非常不简单。"知识之部"的缺席是由于思维模式的不同,中国人的思维模式并非线性切分和注重逻辑,它更倾向于整体感知和注重审美,也就是安乐哲与郝大维提出的"关联思维",它是一种非逻辑的程序,与亚里士多德意义上的现代西方的逻辑相对。关联思维运用类比联系,"关联思维对逻辑分析不感兴趣,这意味着能够同形象和隐喻相联系的多义性、模糊性和不连贯性,扩展到更具形式的思想成分了。与重视单义性的理性思维模式适成对照,关联思维将诸成分之间的联系包容于一组形象之中,这保证这些组成部分的含义模糊而丰富"④。中国哲学不具备亚里士多德那样条理分明的体系。而观念或概念越是分明,命名的效果就越不具有暗示性。中国哲学非常简洁,观念之间没有清晰的界限,

---

①② 梁漱溟. 东西文化及其哲学[M]. 北京:商务印书馆,1999.
③ 有关中国、西洋、印度三方思维情势的论述请参看梁漱溟的《东西文化及其哲学》,第76页.
④ 郝大维,安乐哲. 期望中国:中西哲学文化比较[M]. 施忠连,何锡蓉,马迅,李琍,译. 上海:学林出版社,2005.

彼此之间相互联结，因此它具有无所穷尽的暗示性。

中国文化中"关联思维"体系下的"无表示"，意味着这种文化体系并不热衷于对每一具体事物进行命名与标记，而更重视以最少的字或词表达最丰富而模糊的意义与情境，中国古典诗词就是体现中国思维的最高艺术形式。而且，西洋的"关联"一词意指中国的"天人合一"，天人一体，无分彼此，人是大自然的一部分，具有山水草木自然的灵性，你中有我，我中有你，这在做学问这件事情上也体现得非常突出。比如，作为学人，西方人做学问比中国人要更加轻松，或者说学问对他们而言是外化的而不是向内的，这明显区别于中国人的思维方式或者说精神状态。西方人对世界的探求是外向的，是越走越远、越切越细的，其所探求的客体逐渐与主体脱离，甚至于分裂成两个世界，这种距离感使得主体不再有情感上的卷入。而中国人对世界的探求是感知型的，是将世界与自己融为一个整体的，所谓"天人合一"，也就是不存在主客体的分别，而是主体之中有客体，客体之中有"我"的存在。因此，中国学人最后的精神终要归于人与世界的相交相融。学问也携带着个人的心境和生命体验，它不是外在于人的东西，而是时刻在身体和心灵引起反应的一种流动的力量。人与世界的关系是全部卷入的共生关系。

第三节　转变中的媒介生态对认知的影响

在没有意识到电子媒介对社会结构和思维模式的影响的前提下，人类要掌握每一种媒介的特点及其相互之间的关系，要理解并控制任何一种媒介都是完全不可能的。"因为媒介作为我们身体和神经系统的延伸，构成了一个生物化学性的、相互作用的世界；随着新的延伸的发生，这个世界必须永不停息地谋求新的平衡。"①由于社会和技术发展的惯性,以及人们总是拥抱技术所带来的便利,从历史上看,谁都没有砸掉所有机器的想法,即使有想法,也没有行动,因此在做出任何价值判断之前,最好先了解速度和电子技术赋予我们的身体、意识何种影响,就像麦克卢汉反驳人们对他"技术决定论"的批评时说的,"我没有提倡任何东西,我仅仅是在探索和做预测趋势。即使我反对这些趋势,即使我认为它们是灾难性的,我也无法阻止,那么为什么要去哀叹呢?……我看不可能发生全世界砸机器的卢德分子的暴乱,所以我们不妨坐以待观,看看在一个控制论的世界里,我们正在遇到什么问题,将要遇到什么问题。憎恶新技术并不能阻止它的前进"②。观察的结果已在观察的姿势中。因为媒介总在我们没有意识到的情况下先给了结果,观察的姿势表明了理性认知的科学态度。

随着社会经济的发展和媒介技术的进步,口语和书面语言两者在社会和个人行为上不再有明显不同。网络语言,甚至报纸、电视等媒介语言日趋口语化。当我们将口头语言作为人类首要的交流工具时,我们就不能再做这种根本上的区分。作为主体的西方人,身份的文化建构是其一种持续性的努力,"现在的人们正在把它传给未来的人们,他们将发展出一种与当前的现实形式相分离的全新模式。这是一个明显的文化线索,这种重大分离将我们与未来的人们将要揭示的新的语言形式和构造方式联系起来。同样我们看到,由笛卡尔哲学以来的理性分裂深刻地导致了当代的主体-客体两分的文化前提"③。人类被每一种自己发明的媒介工具所塑造,反过来,社会又为此付出代价,就像无论我们多么渴望再次

---

① 麦克卢汉. 理解媒介——论人的延伸[M]. 何道宽,译. 北京:商务印书馆,2000.
② 麦克卢汉,秦格龙. 1969年《花花公子》访谈录:"麦克卢汉——流行崇拜中的高级祭司和媒介形而上学家袒露心扉"[M]//麦克卢汉精粹. 何道宽,译. 南京:南京大学出版社,2000.
③ DE KERCKHOVE D,DE ALMEIDA C M. The point of being[M]. United Kingdom:Cambridge Scholars Publisher,2004.

回到手写书信的年代,收到父亲的亲笔家书和朋友的亲笔信,我们都无能为力了,现在只有短信、电话、E-mail、MSN、Skype等,它们要么无法保存,要么无法在个人身体留下印记,而且语言也基本上转变成了口语。

无论知识分子如何批判技术,技术的演化总是遵循它自身发展的逻辑。"长期以来,人文知识分子对于技术往往采取一种充满悖论的立场:他们一方面享受着技术革命的成果,一方面又对技术革命给人带来的心灵戕害展开无情的批判,这种批判发展到最后也就形成了一种知识分子传统,甚至成了鉴定知识分子身份的一种标志性话语。即作为知识分子,你只能谈技术的不是而不能说技术的好话,否则你就会面临身份危机。"[①]但是,感知方式的转换在潜移默化中发生,尤其是在电子时代以前的社会,速度还不是一个明显的问题,变化在默默地进行,"媒介效应的背景——外观,或曰技术的服务环境,是无法被直接观察的,因为媒介的效应主要是潜意识的"[②]。而且,它不以人们的意志为转移,技术的演化和历史的变迁常常带来人们感知方式的变化,这种变化很大程度上也影响到了艺术作品的存在与毁灭。悲剧艺术随着希腊人的消亡而灰飞烟灭,史诗随着文艺复兴时代的终结而土崩瓦解,木版画随着中世纪的结束而销声匿迹。它们的消亡无疑都与人们感知方式的变化密切相关。正是在这个意义上,本雅明才指出:"在历史的转折关头,如果仅采用视觉方式,即单纯的沉思冥想,人类的感知机制所面临的任务是无法完成的。必须在触觉接受的引导下,通过逐渐养成习惯,才能完成这些任务。"[③]麦克卢汉认为,电子媒介重新恢复了人的感知体系,尤其是触觉。"本雅明将感知方式的变化归结于历史的变迁,麦克卢汉则认为这种变化的原因是媒介和技术发展所带来的长期影响。"[④]本雅明和麦克卢汉都赞成尼采的说

[①] 赵勇. 整合与颠覆:大众文化的辩证法[M]. 北京:北京大学出版社,2005.
[②] 麦克卢汉,秦格龙. 麦克卢汉精粹[M]. 何道宽,译. 南京:南京大学出版社,2000.
[③][④] 赵勇. 整合与颠覆:大众文化的辩证法[M]. 北京:北京大学出版社,2005.

法,"当什么东西正在衰落时,应该给它最后的一击""不要从好的旧事物开始,而要从坏的新事物出发"。① 历史与技术其实并不矛盾,只是要看在历史的进程中,技术在何种程度上发挥作用。伊尼斯的观点是,倚重空间的媒介加强中央集权并强化层级不明显的行政体制,媒介特质在时空维度上影响社会组织方式。②

媒介技术的发展与转变,从电子时代以前就已经作用于人,潜移默化地塑造着人对世界的认知方式。人最初以语言为沟通的媒介,声音是其主要的传导介质,它没有边界,但口头语言一出口便消失无形貌。然后文字诞生,人们通过石头、竹简、笔、墨等形式记录思想,这是语言发展出的一种书面形式,它不仅以有形的记录减轻了人们记忆的压力,而且改变了语言的本质,可以说,书面语言造就了书面文化。

印刷术的发明使文字文化进一步普及,并逐渐成为主导人们思想的媒介。麦克卢汉认为,西方印刷术的线性记录模式强调视觉而忽略其他的感知体系,从而培养了西方人以左脑为主导的逻辑思维方式。印刷术的分割方法使事物被人为地作为对象安置。"'有地方容纳一切东西,一切东西能各就各位',这不光是排字工铅字型号排列的特征,而且是16世纪以后,人类在组织知识和行为的整个领域中的特征。甚至连情感和情绪等内心生活,也根据不同的图景来构造、排列和分析……"③这也是形成西方近现代文明工具理性的主要原因。书本时代的视觉世界,忽略了一种持续而长久的存在,就像视觉世界偏向的认知模式,是有距离感的,因此更加理性,这要归因于印刷时代空间偏向媒介的形塑作用,它更期待确定性和透视观察。

电子媒介时代形成的同步共鸣的文化环境对左脑主导的逻辑和理性

---

① 麦克卢汉,秦格龙.麦克卢汉精粹[M].何道宽,译.南京:南京大学出版社,2000.
② 伊尼斯.帝国与传播[M].何道宽,译.北京:中国人民大学出版社,2003.
③ 麦克卢汉.理解媒介——论人的延伸[M].何道宽,译.北京:商务印书馆,2000.

优势形成冲击,"同步电力信息的环境已经完全颠覆了左脑的优势"①。电子媒介的出现重塑了人们对世界的认知,电话、广播、电视、电影等电子媒介以光电的形式打破了印刷时代对视觉和分割的偏向,重新恢复了触觉、声觉、动觉等整体感知,使世界不再通过符号化和意义体的字母文字来表达世界。传统电子媒介时代的电视将人带回声觉的世界,新兴电子媒介将人进一步推入"全球村"的声觉世界。在"全球村"的世界里,人成为媒介网络信息上的节点,可以自主地激活和创造网络上的内容。多点互动使世界成为一个共鸣的世界,正如声觉世界对于空间界限的打破,任凭时间成为世界的主宰。因此,在这个世界里,一切都是转瞬即逝的,这个世界只关注"此刻"的存在,人人在"此刻"创造一个新的"此刻",它对未来具有最大的开放性,它并不一定意味着和谐,它可能反而意味着不和谐。正如麦克卢汉提醒的那样,当全世界的任何一个人都可以随时干预其他人的事务时,世界将充满冲突和纷争。

传统电子媒介时代则在单向的传播和权威主导的模式下,将声觉世界找回,人不再只是以视觉的方式理解世界,而是通过一个充满声音和形象的媒介来理解世界,它是对印刷时代以前口头文化世界的整体感知的恢复,是对于人的感知体系的恢复。虽然解放了人的感知,但它仍然不是最典型的声觉空间。数字网络世界的虚拟空间将每一个节点的信息变成一个主动信息发出站点,因此它比电视等赋予人以更高的参与度和更深度的卷入。

距离感或者说超越感在处理生活世界的问题时显得过于线性和零散。新兴媒介正在嵌入这个世界,人们的生活不再是孤立的,网络使这个世界的关系变成共生共存且相互影响,而这也正是人类社会早期的一种模式,麦克卢汉的解释是"这是一种部落模式"。这种模式被用作处理今

---

① 麦克卢汉,秦格龙.麦克卢汉精粹[M].何道宽,译.南京:南京大学出版社,2000.

天电子时代的知识结构和探求世界的方法,"以同轴圆的轨迹进行螺旋形追踪"正是"超链接"的一种模式,循环往复的同时携带彼此。"今天的学者敏锐地觉察到,他们探讨课题的方法和探讨的课题之间是有距离的。研究《旧约》和《新约》的学者常常说,虽然他们处理素材的方法必须是线性的,但是他们的课题并不是线性的。他们的课题是探讨上帝和人、上帝和世界的关系,是人和邻居的关系——所有这些关系都共生共存和相互影响。用希伯来思维和东方思维解决问题时,一开始就同时处理问题和答案,这是一切口头文化社会的普遍特征。于是议题的整个信息被以同轴圆的轨迹反复追踪,尽管这种追踪貌似多余。"①西方人从读书识字的长期训练中获得了行动时不必反应的能力,这是一种与事物的距离感和对物质世界的超脱感。将自己与客体分离的好处在于避免情绪的卷入,让人们在处理事物时有一种稳定的把握和判断,就像外科医生在手术中,这种态度是最安全最有效的,它需要的是"一种不卷入行动的姿态"②。

但是,电子时代的即时互通使人类的中枢神经系统在电脑屏幕上得到延伸。"在电子时代,我们以全人类为自己的肌肤。"③人与世界的关系变得相互交融、密切相关,人们无法不卷入其行动的结果,这是对线性阅读时代培养出的超脱理性人的反拨,要想再超然物外和远离社会已经很难。从机械时代步入电子时代,从线性而前后相继的切分类型进入电子的瞬间即时同步世界,西方人拥有了进入艺术家世界的机会,看到西方文化中原有的艺术与自然的对立消失,由于电子媒介的嵌入生活和世界的媒介化,人与物、人与他们原有的研究对象变得相互交融而共生共存,主体与自然之间的界限不再分明,主客难以分立。电子时代的媒介文化以延伸人类神经系统的方式抹除了一切主客体的显著差别,主体融入客体,

---

①② 麦克卢汉.理解媒介——论人的延伸[M].何道宽,译.北京:商务印书馆,2000.
③ 德克霍夫.文化肌肤——真实社会的电子克隆[M].汪冰,译.保定:河北大学出版社,1998.

或者客体融入主体。

由于几乎没有经历过西方"机械的、专门化文化的渗透",非工业国家接受电子技术的速度反而远远超过西方,虽然这种接受是在一种无意识状态下发生的。当电子技术出现,这些非工业化国家的人们无须克服专门化的习惯去适应电子技术时代的文化。不仅如此,他们保留的许多传统的口头文化与电子技术调动的人的感知体系具有一致性,是一种非视觉偏向的整体感知。在西方某些具有悠久历史的工业化地区,口头文化传统的弱化和线性传统的稳固,使得重新发现口头传统成为电子时代给西方文化带来的机遇。从"媒介即讯息"这个前提出发,麦克卢汉检视了发生在西方的两次技术革命对人们感知体系的冲击。首先是古登堡活字印刷术,15世纪中叶之后,它放大了人的视觉而抑制其他感知体系,鼓励人的线性思维。其次便是电力的新兴应用形态(电报、电话、电视、电脑等等),它以恢复触觉的方式为整体感知的平衡提供了可能性。"从长远来看,最重要的心理变化可能是,当我们开始探索我们已被延伸的思维过程中外在的触觉感知时,我们个人化的、普通的、藏在心底里的意识也变得外表化了。整个外部世界将成为我们意识的一种延伸,就像它过去一直代表地球最'原始'的文化一样。这并不意味着结束,而是意味着'理性人'从舞台中央的退出,取而代之的将是'参与人'。"[①]作为融合媒介的网络世界则将事物从观念还原到事物本身,这是对事物与观念二元对立现象的反拨。

尽管媒介融合的电子环境正在塑造一种新的生活形态和感知模式,但是文化所具有的强大惯性是不可忽视的。"后视镜"状态是人们最常采取的安全姿态,它在保证文化的稳定性和持续性的同时,也容易将控制权主动放

[①②] 德克霍夫.文化肌肤——真实社会的电子克隆[M].汪冰,译.保定:河北大学出版社,1998.英文原著中,"理性人"的原文为"homo theoreticus","参与人"的原文为"homo participans",这两个词均为拉丁语。

手于新媒体及其所制造的新幻景,致使人们对新的环境感到困惑丛生,或者完全失控而急速进入弯道。"如果我们坚持用常规的后视镜方法来看待这些天翻地覆的发展,我们的西方文化就要被摧毁殆尽,并且被扫进历史的垃圾箱。如果我们真正对保存西方文明中最富有创造性的东西感兴趣,我们就不能蜷缩在象牙塔中哀叹变革,而应该纵身跳入电力技术的旋涡,而且要通过理解它来支配新的环境——也就是要把象牙塔改变为控制塔。"[2]麦克卢汉强调的人们对媒介的意识并拥护电子媒介恢复西方人的整体感知看似是在走向东方,拥抱东方文化逻辑,但实际上这种媒介分析思路和实用主义的科学研究方法仍然贯穿着西方人惯有的对事物的控制意识。

新媒体对中国文化与其对西方文化的影响因中西方历史发展条件和文化传统的不同而不同。中国的电子媒介发展并未完全遵循西方技术发展的道路,中国的电子媒介发展几乎可以说走的是一条传统媒介与新兴网络媒介并行的道路。中国电视起步较晚,获得较快发展更是在20世纪90年代。在此期间,无线广播可以算是中国最普及的电子媒介。电影虽然有影响力,但有限的荧幕数量和影片也难以使电影普及。90年代中期以来,随着经济情况的改善,我国不断从西方国家引进先进的技术与设备,电子媒介在短短数年间呈爆炸式增长,电视不再是新鲜玩意儿,电脑、网络也逐渐成为人们交流和处理信息的新选择。总体而言,中国并不像西方发达工业国家那样经过机械的、专门化文化的深入渗透。传统上,中国是一个农业社会,人与自然的关系是互渗的,相互关联的,中国人的世界观还是"天人合一",人与自然并无西方文化意义上的主客体之区分,而是彼此关联、相互依赖的关系。与电视在西方所引起的震荡效果不同,新媒体这种冷媒介在中国文化里不会带来如西方般的强烈效果,只会起到加强效应,使原来就重视万物之关联的并未经过理性文化充分洗礼的中国文化在电子时代更加将"关系"和"关联"突出出来。

第四节　中西媒介文化语境及效应

　　对于可否进行文化比较,史学家向来有争议。但是,在承认文化差异性的基础上,比较哲学、比较文化从未中止过,比较是为了镜鉴彼此,而非相较高下,"大约大家都有一个根本的错误,就是以为人类文化总应该差不多,无论他是指说彼此的同点,或批评他们的差异,但总以为是可以拿着比的。其实大误!他们一家一家——西洋、印度、中国——各自为一新奇的、颖异的东西,初不能相比。"[①]但是,梁漱溟的《东西文化及其哲学》就是一个精彩的比较哲学研究的范本,他将哲学分为三个子部,并对三家文化进行了一一对应的比较。相较之下,各个文化的独特性突显。本书在分析媒介如何影响人的认知的基础上,将进一步观察中西方文化语境。因为从根本上来说,媒介与其文化环境是共生关系,要深刻理解媒介,就必须从另一个层面切入文化的视线。"有效的媒介研究不仅要处理媒介的内容,而且要对付媒介本身及其发挥作用的这个文化环境。"[②]

　　中西文化在处理人与世界关系的问题上有着根本的差异。中国人把宇宙看作一个整体,人处于宇宙之中,自然也是宇宙的一部分,天与人是相互关联的,也就是我们说的"天人合一"。中国人感兴趣于事物与事物之间的关系,在面对事物时,通常把一个事物置于大背景下来探究事物之间的关系,然后再回过头来在其脑海里形成对这个事物的整体印象,而不是单一地以线性的、理性的或逻辑的透视法来观察世界,就像中国传统的水墨画,我们对其的欣赏是一种情感的和审美的感受方式。相反,西方人

---

① 梁漱溟.东西文化及其哲学[M].北京:商务印书馆,1999.
② 麦克卢汉,秦格龙.1969年《花花公子》访谈录:"麦克卢汉——流行崇拜中的高级祭司和媒介形而上学家袒露心扉"[M]//麦克卢汉精粹.何道宽,译.南京:南京大学出版社,2000.

看世界更倾向于主客两分的模式。具体到观察一个事物时,主体会先找到一个固定视点,将眼光聚焦于对象事物的某一方面。然后找到与事物的距离感再找到一个观察的方位,让观察对象在这个世界中的位置形成一个坐标,这个坐标的形成将使人们在做任何事情的时候都不会失去方向。这种两分模式反映的是理性的主客二分思维,是西方的科学传统,尤其是笛卡尔以来的世界观。根据麦克卢汉的研究,这种理性思维与主客二分是因为西方受到了音标字母书写体系及其概念化的影响,这种线性阅读将人的视觉感知无限放大,而抑制了其他感知。而电子时代的感知模式不仅仅只依赖于视觉,同时也是触觉和听觉等共同参与的整体感知。中国文化以一种不被人们意识到的方式平稳地从对现实世界的部落感知模式过渡到电子时代的整体感知模式。然而,带着长久以来对部落人的自然天性的艺术表达的欣赏,西方世界正在经历从理性的、单一的、视觉世界的重新部落化,这一切都是由于受到电子媒介的影响。

在"一切都是媒介化的"世界里,哲学研究也无法不向"主体间性"转向。学者谢锐提出用胡塞尔的现象学概念"主体间性"来解释麦克卢汉的理论,这是一个可行的方案,但是他违背了麦克卢汉本人并不想将自己的哲学套入任何一个体系的初衷。但是,"我—你"哲学模式较之"我—它"哲学模式是一种更具有本真性的关系模式,非常具有吸引力。"我—它"模式试图"揭示以万物为认识对象和征服对象的活动不是人类生活的全部,人生的最高意义不在于人己分立、物我隔离的'主客关系'式,而在于民胞物与、万物一体关系的领悟和同体感通的关怀之情。唯有如此,人类才能避免'以我观物'这一'场外观'的局限,而以一种'以物观物'的方式对对象予以把握和认识"[①]。"在这个意义上,传媒建构并决定着世界的

---

① 虎小军,张世远.主体间性:哲学研究的新范式[J].宁夏社会科学,2007(2).

面貌,这就是麦克卢汉所谓'媒介即讯息'的含义。"①

在分析德国媒介哲学的基础上,谢锐解释了麦克卢汉的媒介分析之所以能以"主体间性"哲学来理解的两个原因:第一,"主体间性关系是以对方的独立意义的存在为前提的"。因为麦克卢汉认为,机器的意义在于机器与人和社会的关系,这样机器生产出的内容就不再是人们关注的对象。麦克卢汉不赞同这种主客两分的哲学观点,他认为这样会使人们看不到媒介本身,看不到媒介在影响人与社会层面上的独立存在的意义。作为对象的媒介不是依附于主体的客体,而是发挥独自影响作用的独立的另一个主体。第二,"'主体间性'概念表明,在交往中,双方是互动的、交互的关系,对方的存在意义和价值在相当程度上决定着自我意义的获得和价值的实现"。麦克卢汉认为,新媒介和新技术放大和延伸了我们自己,它是一个整体行为,其影响力和渗透力是整体性而不是局部的,"这些新媒介新技术构成了社会机体的集体大手术,它可以完全弃消毒剂于不顾。如果需要手术,手术中难免受感染的因素是必须考虑的。因为新技术给社会动手术时,受影响最大的部位不是手术切口。手术的冲击区和切口区是麻木的。被改变最大的是整个机体"②。另一位学者梅琼林认为麦克卢汉的"媒介技术思想具有现象学的视野,他悬置了社会、政治、经济等背景,而纯粹地考察了媒介的作用,并以'整体的人'为立足点,对西方文明的异化展开了批判"③。

谢锐和梅琼林等学者提出用胡塞尔的现象学来研究麦克卢汉理论的方法,这是非常有意义的。但是它的意义更多地体现在西方,"主体间性"的前提是"主体"的存在,这是西方文化与哲学的命题,并非中国传统文化

---

① 谢锐.传媒哲学视野下的麦克卢汉媒介观——兼论我们与世界的传媒性关系[D].兰州:兰州大学,2007.
② 麦克卢汉.理解媒介——论人的延伸[M].何道宽,译.北京:商务印书馆,2000.
③ 梅琼林.透明的媒介:论麦克卢汉对媒介本质的现象学直观[J].人文杂志,2008(5).

所重视的内容,但是新兴电子媒介为人的个体参与和创造性的释放提供了相对自由而公开的渠道,主体意识可能在这一过程中得以建构和张扬。即使如此,作为一种理论考察与当今媒介民主时代物与人的关系,"主体间性"的考察方法仍具有积极意义。另一个巧合之处在于,当代信息技术哲学也正是以胡塞尔现象学为理论根基的。虽然,"主体间性"对于理解麦克卢汉提出的许多难以理解的观点会有帮助,但二者并不具有可替代性。麦克卢汉的媒介与文化关系理论研究更倾向于认知心理学和人类学的方法。更重要的是,他的哲学体系立足于西方自柏拉图和亚里士多德以来主流哲学对形式和理念的把握的观点。最有说服力的仍然是他那句类似数学公式的著名论断——"媒介即讯息"。

人用符号而不是物体进行思考,这一思维过程超越了具体的经验世界,进入概念的关系。在这个概念的世界中,时间和空间均已被放大。"概念的关系就是这个世界创造的。"① 主客两分的关系将事物的观念从事物本身分离,事物和观念的二元分割要求思索和协调。于是,"调和个人和宇宙精神的尝试随之而起"②。这种我们与世界的概念性关系引发了德克霍夫的提问:"给事物命名意味着什么?我们命名事物的能力为我们的感知所限,这种感知的有限性进一步限定了我们对个人与集体现实的概念。"③ 如果事实如此,主体与客体分离很可能就是自我感知的一个盲点。语言的发展始于我们用词语给事物命名的时候,我们在命名、概念化和分类的过程中反思和构建了人类身份。

西方的知识体系中包括一个自成一体甚至与生活不再关联的逻辑体系,它是命题之间的特殊联系。"但是生活是合乎理性的或不合理性的,

---

①② 梅琼林. 透明的媒介:论麦克卢汉对媒介本质的现象学直观[J]. 人文杂志,2008(5).
③ DE KERCKHOVE D,DE ALMEIDA C M. The point of being[M]. United Kingdom:Cambridge Scholars Publisher,2004.

是合逻辑的或不合逻辑的,这种说法大概是思想混乱的结果。"①金岳霖认为,逻辑发展到成熟阶段后,就变得不再与事物、概念或个别命题有任何关系,无法将具体的事物以任何方式与逻辑联系起来,"因为严格来说,逻辑是命题之间的一种特殊关系"。从逻辑的观点看,信恶与信上帝并无多大区别,"哲学不考虑随意的思想",与逻辑所关注的对象相反,生活并不是一组得到清楚陈述的其间存在某些关系的命题。反过来说,如果没有逻辑,我们的生活会十分沉重,以致几乎不可能。因此走向概念、逻辑的纯理性和与"无表示"的玄学都无法获得平衡感知的生活。

在使用词语命名事物与观察事物之间存在一种反向的关系。正如埃斯纳所言,当我们开始给一个身份贴标签的时候,我们便不再观察。如果我们身处这个"标签的时代",在我们的电子世界里贴标命名意味着什么呢?"人类赋予经验以意义的敏感性与需求对于创造力来说是至关重要的。因此使用语言来创建世界是创造力的核心前提。"②但是,现实远超出我们能够标签的范围,如果不具备这一意识,我们就以为这种简化的模式就是现实,而无视那些不可标签化和用词语命名的事物的流动性因素。

因此德克霍夫提出,假如我们失去了命名事物或者与它们相互关联的能力会怎么样?③ 这是对于西方文化而言重要的命题。洛曼·杰克布森(Roman Jakobson)认为,感觉性失语在保持感知整合的同时失去了像命名等的语态学分类。失语症这个词来自希腊语,它的意思是没有语言。它表明一种由于与语言相关联的大脑区域问题而失去理解和制造语言的能力。作为语法结构的元素,名称会消失,会被代词、同音异义词或者形象表达所替代,或者被遗漏。而在语法失语中,名称是被保留下来的元素。

---

① 胡军. 金岳霖选集[M]. 长春:吉林人民出版社,2005.
②③ DE KERCKHOVE D,DE ALMEIDA C M. The point of being[M]. United Kingdom:Cambridge Scholars Publisher,2004.

中国传统文化的感知方式仍然偏于整体式,偏于麦克卢汉意义上的部落式文化,中国人的时间与空间概念与西方人意义上的时空关系完全不同。在中国人的世界里,世界的一切都是回环往复的,就像春夏秋冬四季交替一样,《黄帝内经》中的万物归于"五行"的循环规律就是一个证明。它是"一个表抽象的意味",而不是"具体的物质"。[1]"庄子虽然不能不使用推理和演绎,却无意于把观念编织成严密的模式。所以,他那里并没有训练有素的心灵高度欣赏的那种系统完备性。"[2]中国书写系统开始发展的同时,《易经》对中国哲学与美学概念开始发生重大影响,认为最浓缩的形象为最高形式的美。这表明这个世界的汉字中浓缩的形象是动态和互相依存的。以模糊而丰富的意义的形象表达为主的哲学和美学对大部分中国的艺术都产生了重大影响,比如书法、绘画和诗歌等。它代表中国感知方式的模糊性和一定的玄学色彩的神秘性。这种对于世界的感知方式具有传统文化上的代表性,电子时代的全球文化具有部落文化性质,从部落时代的"超链接"到电子时代"重新部落化的""超链接",中国文化从对现实世界的部落感知模式过渡到了电子时代的整体感知模式,"同步共鸣性质的文化环境"[3]使得当代中国在感知方式上通过新兴媒介接通传统中国智慧。

新兴电子媒介的整体认知特点促进了以左脑思维主导的西方文化中"整体感知"的恢复,但同时,西方的"科学认知"和"线性思维"也继续在当前的电子媒介生态的发展演变中得到演绎。因此,中国传统文化中的超链接式思维与电子媒介融合时代的顺利对接,将在传统上对"无知识之部"的中国产生双重效应:深度卷入的顺理成章使得情绪和直觉得到绝对

---

[1] 梁漱溟.东西文化及其哲学[M].北京:商务印书馆,1999.
[2] 胡军.金岳霖选集[M].长春:吉林人民出版社,2005.
[3] 麦克卢汉,秦格龙.麦克卢汉精粹[M]//麦克卢汉精粹.何道宽,译.南京:南京大学出版社,2000.

放大，当它成为一种景观时，也就成为一种文化幻觉。同时，这种卷入又可能通过合作和交互形成一个理性建构的平台。在西方"工具理性"和"科学主义"时代的文化语境下，融合中的媒介为从逻各斯向秘索斯回归的感知平衡提供了契机。

第七章　新媒体认知方法与路径探索

在麦克卢汉生活的时代,他关于电子媒介时代的认知的相关论断让相当多的人感到难以想象和理解,但是,今天媒介技术的发展使我们有更多的可把握的工具来具体考察相关论断,大数据就是目前为止最为有效的可把握的工具。过去,在我们判断"全球村"里的人到底通过什么方式联结时,只能依靠推论,而大数据则提供了可视化的方法。《大数据时代》的作者舍恩伯格断言,大数据将带来工作、生活和思维的大变革。喻国明教授说:"互联网'连接一切'的数字化技术革命的直接结果,就是使每一个人的社会行为、社会状态及社会属性都有了数据记录与标识,这便为把握看似纷繁复杂的社会现实提供了一把有效的'钥匙',这把钥匙即'大数据技术'。"①

本章围绕两个议题展开讨论,希望能从中国传统思想中寻找到理论或思想依据,来理解今天的大数据时代对认知方式的影响和改变。笔者尝试从《易经》中发掘其与大数据沟通的符码,将大数据这一技术时代的显性议题与中国文化资源和方法建立联系。

---

① 喻国明."互联网发展下半场":关于技术逻辑与操作路线的若干断想[J].教育传媒研究,2017(6).

第一节　大数据方法与中国哲学思维的关系及其影响

一、媒介即讯息：大数据方法是沟通东方智慧的起点

　　大数据是一种科学方法，它通过对全体数据的分析，发现存在于人类行为中的固有模式，从而有效地在相关领域实现预测的功能。随着电子媒介技术的快速发展，人类认知不再受等级制知识生产的缓慢过程和条件的限制，而是可以通过大数据挖掘技术将人类通过电子媒介产生的大量数据作总体分析，发现人类行为的固有模式，从而更加准确地把握人类的心理和行为。无论是欢呼还是质疑，大数据时代已经来临。虽然说大数据在伦理、隐私等问题上已经引起热议，但是正如麦克卢汉指出的，媒介过去延伸我们身体的功能，电子媒介则延伸我们的中枢神经系统，媒介潜移默化地塑造着我们的行为以及思维模式。因此有必要对它的影响进行深入的研究，以期真正理解并且控制它的影响。

　　之所以将大数据与东方思维进行关联，是因为电子媒介时代带来了一个总的趋势，即东西方认知思维模式的互通互融。通过观察西方艺术在形式表达上的转变以及电子媒介给人类感知带来的潜在影响，麦克卢汉发现，西方人正在"通过转向内心而走向东方"，这一转变过程在电子媒介刚出现的西方社会中是一种"难以被察觉的外部环境"。

　　和文字文化与视觉文化老套的"距离说"相比，电路的"深刻参与说"有许多独特效果，其中之一就是西方世界日益东方化。"我们把自己19世纪的技术大量向东方'倾泻'，与此同时我们又在走向东方。我们通过转向内心而转向东方。东方人走向西方的趋势是一望可知的，然而我们

转向内心的趋势却很难被察觉,因为这个转向成为我们的外部环境,这是难以被察觉的外部环境。"①

在电力时代之初,在报纸与广播、电视新兴的年代,当时这些新媒体带来的效应,是不被意识到的感知模式转变的开始,是麦克卢汉说的像乌龟没有意识到它背上长出美丽的花纹一样,线性感知方法被打断。报纸排版方式非线性化,广播敲响部落鼓,电视不再与我们的思想对话,而是与我们的身体对话,这些变化生发出西方工业社会以来形成的分割的社会所无法意识到的新的纹理:对环境逐渐开始采取"狩猎人"和侦探的方法,"把整个环境当作统一场来探索"②。大数据是每一个人在互联网新媒体上生长出来的花纹,大数据方法就是探测花纹生长规律的方法,在感知方式上,它是一种超脱的具有东方色彩的整体感知方法,而非科学思维所坚持的卷入的线性因果关系至上的认知方式。

大数据作为一种方法和思维,是指相对于西方主导的因果思维而言的相关思维转向。它与传统东方在知识、道德、行为模式上体现的感知世界的方式一致。美国比较哲学家安乐哲与郝大维教授提出,与西方"因果式思维"相对应,中国人的思维方式传统上是偏向"互系式"或"关联"思维。③ 大数据的特点和思维方法与"关联思维"及其所代表的东方哲学密切关联,尤其是两者都将世界理解为流动的观念。因此,从思维方式相通这个意义上,我们可以认为大数据是西方人从内心走向东方的外化表现形式,即麦克卢汉所说的"东方价值"。

本书将中西哲学文化比较和麦克卢汉新媒介研究方法纳入大数据讨论范围,开展关于大数据理论的跨学科分析。大数据是一场变革,是关于

---

①② 麦克卢汉,等.电视最擅长做什么[M]//麦克卢汉如是说——理解我.何道宽,译.北京:中国人民大学出版社,2006:17.
③ 郝大维,安乐哲.期望中国:中西哲学文化比较[M].施忠连,何锡蓉,马迅,李琍,译.上海:学林出版社,2005.

"生活、工作与思维的大变革"①。大数据的重要特点在于它是"数据流"的概念,而中国思维方式正是基于直觉体悟的"一切皆流"的宇宙观理念,大数据与中国思维方式两者之间存在重要关联。本书将两种思维方法作对照分析以发现其关联所在,从中国传统智慧中发掘更多可利用的方法,深入理解大数据及其对中国新媒体社会产生的影响。

二、作为一种思维方式的大数据与中国思维的关联

大数据可以理解为是对科学思维的一种补充和修正,虽然大数据并没有全盘摒弃科学方法,但是数据驱动的科学在认识论上已经发生了变化。《大数据,新认识论和范式转移》一文认为"大数据催生了一种新的认识论路径:寻找'产生于数据'(born from the data)中的洞见"②。也就是先用归纳的方法使数据呈现意义模式,再用科学的方法对数据进行分析和解读。数据驱动的科学作为新范式,将会引导人们发现超出传统科学认识范围的新价值。大数据中产生的模式以相关关系呈现出有意义的聚合体,即将相关关系纳入科学认识论的视野。在这个视野里,大数据可以与重视相关关系的中国思维相沟通。

大数据与小数据相比具有明显的特征。通过综合分析国内外相关文献对于大数据特点的讨论,我们认为大数据具有四个方面的特点:大(big),动态性(dynamic),交互性(interactive),耦合性(coupling)。从这些特性我们可以看出,数据量大即意味着分析所有数据的可能性。大数据的动态性体现在动态的数据流模式,这说明了它共时的、非序列的特征。交互性表明,大数据的研究对于科学研究方法之"主—客体模式"的

---

① 舍恩伯格,库克耶. 大数据时代[M]. 盛杨燕,周涛,译. 杭州:浙江人民出版社,2013.
② "国内外新闻与传播前沿问题跟踪研究"课题组,殷乐. 大数据实践与研究:批判性反思与研究推动[J]. 新闻与传播研究,2015(8).

改变。耦合性构成大数据之有机生态系统性的特点。这四大特征共同表明,大数据在研究思维上发生了根本转变。在舍恩伯格看来,这种"重大的思维转变"体现在以下既相互联系又相互作用的三个方面:"首先,要分析与某事物相关的所有数据,而不是分析少量的数据样本。其次,我们乐于接受数据的纷繁复杂,而不再追求精确性。最后,我们的思想发生了转变,不再探求难以捉摸的因果关系,转而关注事物的相关关系。"

以上三个思维方式的转变可以与中国智慧中的思维方法作类比,两者之间具有共同的思维基础,因此在处理大数据时可以从中国思维中借鉴方法、经验并发现错误。

(一)重整体而非细节,重过程多于因果

首先,相对于过去研究事物所采用的小样本方法,大数据更重视总体数据。"大"不仅体现为数据容量大,更为重要的是数据类型丰富。科技专家指出,数据多样性在大数据挖掘中相当重要。新的数据来源和新的数据种类的不断增加,使人们能够获得更多的想得到的信息。[①] 大数据的内涵表现为所有数据都是有价值的,过去人们认为无关的和无用的信息在大数据时代都可以被利用,以此来发现那些潜藏于背后的关系。另外,"所有数据"的意义在于发现那些被归入某些类别而不在整体上发生作用的信息。

大数据重视认识事物的整体性,即认为万事万物的存在都有意义,并且互相关联。今天,我们将整个环境当作"统一场"来探索,而不再采用分割的方式。这是麦克卢汉对新媒体影响的判断。新媒体不仅仅是人探索世界的工具,它已经通过改变人的认知方式潜移默化地成为新的环境。

---

① HALEVY A,NORVIG P,PEREIRA F. The unreasonable effectiveness of data[J]. IEEE intelligent systems,2009,24(2):8-12.

"今天,我们生活在信息和传播的时代,因为电子媒介迅速而经常地促成一个相互作用的事件的整体场,所有的人都必须参与其中。"①正是具有互动特性的电子媒介使人的中枢神经系统通过新媒介结成网络,互为延伸,形成新的"自然",才使大数据的全体数据成为有价值的研究目标。这与中国传统思维中的整体观相一致。在中国人的观念里,世界是流动的,万事万物相互交织、相互影响、相互牵制,世界的意义也是多义的,正像被李约瑟解释为"宇宙归档系统"的《易经》中所呈现的世界,万物的关联性与多义性就是世界的奥秘之处。世间万物的存在都有意义,中国传统思维体系中的归档系统将万物以分类的形式纳入整套归档系统,将世界看作互相联系的整体。

其次,动态性是大数据的特点之一,大数据将数据看作"数据流"(data flow)的模式。数据流模式不再将数据看作一堆静止的数据,而是将它们看作连续的过程。"对于数据的分析开始于感知到数据的那一时刻。"②大数据的功能在于描述和预测。在需要实时反馈结果的应用中,一旦拥有数据就要作出预测,否则事件已经发生,预测也就失去了意义。多个数据源能产生巨大而实时的数据流和历史数据,通过对这些数据的分析研究,我们可以实时反馈并预测结果。达文波特指出,这种"数据流"的看法与过去将数据看作仓库中一个静止的库存有本质上的区别。③ 大数据时代,很多数据都产生了原先人们没有预想到的创新用途。数据在不同坐标和不同时间点上的意义均有所不同,数据在不断产生新的数据的环境中流动,形成不同的价值和意义。"流"表明一种动态的、非预定

---

① 麦克卢汉. 理解媒介——论人的延伸[M]. 何道宽,译. 北京:商务印书馆,2000.
② EATON C,DEROOS D,DEUTSCH T,LAPIS G. ZIKOPOULOS P. Understanding big data:analytics for enterprise class hadoop and streaming data[M]. New York:McGraw-Hill,2011.
③ DAVENPORT T H,BARTH P,BEAN R. How big data' is different[J]. MIT sloan management review,2012,54(1).

的、充满活力和创新的过程。

中国传统思维特性表现为对具有特殊性的过程的重视,即安乐哲与郝大维教授所谓的"一切皆流"的直觉。① 与逻辑相对应的事物的特殊性,通过关联性的语言即类的语言来"获得对事物之流的新鲜的、直接的感觉"。如大数据的动态数据流,是一个时时刻刻变化着的有机生态体系。在这样的思维特征下,内在的感觉世界都具有特殊性,是流动万变的。如中国古典绘画观念中的人站在任何一个位置,他的感知世界都是以他自己为中心的宇宙世界,世界以他为起点形成,远山近水环绕,皆在"我"心中。中国人的"宇宙"就是时空以及其中的天地万物,无始无终,万物处于混沌之中。

在电子时代,计算机成为人的中枢神经与自然的中介。因此,对于世界的把握可以通过计算机进行,这使得大数据在理论和实践上具有可行性。大数据的"数据流"的动态模式是大数据价值的核心,也是最难于把握的方面,是大数据技术研究的热点。它是动态的秩序,没有既定的模式,它时时更新变化,就像互联网上的信息,以及处于各个特定系统中的日常数据。把握它的方式是通过关联性的分类系统,如五行和《易经》分类系统。相对而言,对于互联网上的信息,以及通过人类行为在新媒介系统里发生的记录,只要符合一定的计算条件,我们就可以通过大数据的分析方法将其加以透明化,从而发现其中的模式,实现对未来模式的有效预测。

这种对动态的非线性模式的发现与跟踪,已经在科学史上有过成功的经验。它运用于气象学研究非线性系统的多样性和多尺度性,并发展为一种被称为"混沌理论"(chaos theory)的"兼具质性思考与量化分析的方法,用以探讨动态系统(如人口移动、化学反应、气象变化、社会行为等)

---

① DAVENPORT T H, BARTH P, BEAN R. How big data' is different[J]. MIT sloan management review, 2012, 54(1).

中无法用单一的数据关系,而必须用整体、连续的数据关系才能加以解释及预测之行为。"著名的"蝴蝶效应"就是一例,一只小小的蝴蝶在某地扇动翅膀,可能会引发一段时间以后另一个遥远地方的一场暴风雨。这说明微小条件下的改变能带动长期巨大的一系列连锁反应。

(二)重视事物的模糊性价值

小数据样本强调精确性,而大数据更加注重数据的完整性和混杂性。在舍恩伯格看来,大数据更能"帮助我们进一步接近事实的真相"[1]。当数据量大到一定程度时,重复数据和错误数据的影响都可以忽略不计。小数据是一定程度上的精确,但它也只是"有清晰的假象和不完全的精确",而大数据用概率表述,虽不追求精确,却能提供多维视角和整体思路。关于大数据精确性的问题争议颇多,一些研究认为大数据具有精确的特点;也有反对者认为,大数据无法达成认识事物的精确性,因此怀疑大数据方法的可靠性,《大数据的几个重要问题》一文中提出,"认为大数据客观和准确是一种误导"[2]。精确是传统计算(硬计算)的主要特征,是小数据时代的方法。软计算的模式更符合大数据的获取。该文指出,软计算"通过对不确定、不精确及不完全价值的容错取得低代价的解决方案。它模拟自然界中智能系统的生化过程(人的感知、脑结构、进化和免疫等)来有效处理日常工作。它包括几种计算模式:模糊逻辑、人工神经网络、遗传算法和混沌理论。这些模式互补及相互配合,因此在许多应用系统中组合使用"。在 IBM 公司的大数据特点定义中,"精确"并未包含在内,三大特点分别为:容量(volume),种类(velocity)和速度(speed)。

---

[1] DAVENPORT T H, BARTH P, BEAN R. How big data is different[J]. MIT sloan management review, 2012, 54(1).

[2] BOYD D, CRAWFORD K. Critical questions for big data[J]. Information, communication & society, 2012, 15(5):662-679.

模糊在中国人的观念里就是笼统,笼统地表述,笼统地分类。笼统即包含很多意义而非确切意义,是整体判断而非细节分析。相对于西方传统对于数量的痴迷,中国人对于数量都不常以确切数字来表示,而是使用模糊词语来笼统地表述,由解读者根据自己的处境来做灵活处理。中国艺术也是追求模糊而非精确的典范。最浓缩的形象被看作最高形式的美,如《易经》中的阴阳图符和汉字中浓缩的形象。中国哲学和美学以具有模糊而丰富的意义的形象表达为主,对大部分中国的艺术都产生了重大影响,比如书法、绘画和诗歌等。绘画艺术中的"留白"就是"无物即有物"的模糊性审美的代表,这种想象空间在中国艺术中具有很高的审美价值。按照汉学家葛瑞汉的分析,这属于"范式"关系模式,是相似和对比的关系,也是"结构体",是近与远的关系。"基于关联思维的观念是一群群意象,那些复杂的语义联系在其中相互映照,其结果是提供了丰富的、不确定的'模糊的'意义。因此,单义是不可能的。"[1]世界被人赋予种种隐喻意义,将不同语境中的语汇进行类比,将不同程度具有相似性的词语组合成一个认识方式。

模糊理论抛开偏见反而重视以往被认为缺乏科学精神的近似推理,这种方法也属于东方哲理中的重要内容。美国加州大学伯克利分校的扎德教授最早于1965年提出模糊集合理论,1974年和1980年英国与丹麦科学家成功将其应用与推广,主要包括模糊集合理论、模糊逻辑和模糊控制等方面的内容。他们建立了一组量化的模糊语言集作为控制条件,控制物件或过程。人类自然语言的模糊性以及不同文化尤其是东方文化中的模糊性的意义,应用在特定环境中,是有效力的,这是较早时对于模糊逻辑的理解。它的主要精神是模棱两可,差不多就好,根据并不精确的信息,通过差不多的推论过程而获得有效的结果。

---

[1] BOYD D, CRAWFORD K. Critical questions for big data[J]. Information, communication & society, 2012, 15(5): 662-679.

有学者将模糊逻辑与中国道家思想进行了对比,在理解和描述世界以及行动方面梳理出二者自然相通的三个方面:世界的模糊、复杂、转瞬即逝;人类的认知能力是有限的;由于真实世界并不存在那么明确的边界,因此模糊可能比精确的描绘更加精确。[①] 当然,毕竟模糊逻辑是一种数学方法,它与道家思想自然存在差异。

(三)相关关系作为第一方法论

大数据具有耦合性的特点,即不同的人和方法可以运用于大数据的分析和解释,数据耦合作用于分析的最终结果上。这些因素构成一个类似于生物生态系统的信息生态系统。这个系统的各种因素混合在一起,相互影响,使系统拥有了交互、耦合、动态的特点。秩序不是外部强加的,而是存在于其自身的发展过程中的,原因不是外在的,并不能完全区分谁为因谁为果。大数据模式抛开既定秩序和特别的标准,试图发现过去处于事物背景中的数据的价值。

这就是说,我们可以从根本上将大数据理解为一种思维方法,一种认识事物相关关系的方法论。虽然相关关系在小数据时期已经被提倡过,但是,直到大数据时代,相关关系才被发现是数据挖掘与分析最有效的方法。相关关系不仅执着于探究"为什么",而且重视"是什么",它可以帮助我们更好地了解世界。大数据的编程技术需要人们去发现事物之间的非线性关系,并有针对性地研发出解决数据挖掘的相关工具。发现非因果关系的能力在于采取类比的方法,就好比毕加索从多个角度同时观察人物和场景,一些软件已经在这方面找到了方法。将不同范畴的模式作为同一组意象进行考察,可以显示出连续时间或因果序列上所无法呈现的

---

① DING L,LIU X. Human and machine intelligence-between fuzzy logic and daoist thought[J]. Studies in fuzziness and soft computing,2015(5):65-77.

信息。建立特征向量本质上是在建立一种编码的模型,通过向量特征来归纳事物,综合使用分类与模式识别的方法,即因果关系与相关关系并重,在归类方法上,相关关系优先于因果关系。在小数据时代,对于世界如何运作的探索建立于假设之上,通过收集和分析数据来论证这些假设,这是近代以来实验科学的基础,也是西方基本的认知论。但是,在网络世界,大数据将在最大范围内发生作用,我们将不必再受限于这些假想。

在大数据时代,数据量之大和动态复杂性已经将普遍可能的实体泛化为背景。因果概念由于它的线性思维模式而排除了其他与事物相关联的原因,将事物与其背景抽离开来。在人类产生的数据达到一种无法用单个关系去描述的状态时,大数据对于全体数据的实时而动态的分析就体现为对于背景的关注,它注意到了世间万物之间的联系。在分析式因果式思维时代,以概念的关联性为背景,当特定对象变得模糊,退至背景而使前景呈现为背景时关联思维就必定出现于前景。

在中国人的观念世界里,"五行"代表了中国人认识世界的方法,将世间万物进行分类,将不同的范畴混杂在一起,包括事物、行动、属性、样式,并且还有时间、空间、质料,强调事物之间的关联性,而非类别以内事物之间的因果关系。每一个类别都具有"抽象的意味",而不是"具体的物质"。[①] 世间万物回环往复,事物之间相互牵制和影响。

三、关联思维的影响

伏羲用画图来表示天气。下雨用"2、1、2"来表示,这就是数字化时代的开始,它是前文字时代的智慧,是部落时代的无字天书。我们今天的计算机正是以巧合的方式延续了这样的思维方式。相关关系的引入,是对

---

① 梁漱溟. 东西文化及其哲学[M]. 北京: 商务印书馆, 1999.

西方文化转型的思维模式领域的挑战,也代表了麦克卢汉所说的电子技术时代"西方的东方化"的事实,这是一个对于西方人来说难以察觉的外部环境的转向,即"转向内心"。因果关系代表了典型的西方文艺复兴以来的思维方式,而相关关系则是中国传统思维体系下的思维方式。两者之间沟通的潜在价值将体现在人类思维模式和社会生态体系的平衡中。因为,归根结底,人类自古至今的共同理想是一致的,那就是追求一个同一的世界,不管是中国人心中的"世界大同",还是西方的和谐"共同体""全球村"。

大数据的效果已经影响到各行各业,那么大数据方法是否可以替代专业团队?从"关联思维"模式中,我们可以推测出哪些方法和风险?

(一)越过专业化时期的可能性

大数据将过去中国思维模式中凭直觉的判断变为更为准确的数据推论,这是否意味着我们有可能越过专业化时期,而直接到达重新整合社会资本的目标?专业性是线性思维主导下形成的知识获取特征,但是,当计算机算法打破了事物的线性规律,抛弃了序列思维,用代码以及"众"模式(即网民生产和大量计算机共同工作的模式)来获取所有的大量的数据时,过去最为重要的专业性在新的时代里就要让位于数据发出的声音,基于用户数据的分析将取代专家推理和判断,相关行业和产业的传统理念和做法将必须接受调整。新闻采访的性质也将发生改变。彭兰提出的"计算机辅助报道"和"数据驱动型新闻"的概念,都是计算机技术主导的大数据给新闻生产相关专业人士提出的挑战。[①] CNN 的全球采访报道小组被撤销也反映了大数据时代新闻采编所面对的新议题:记者不一定只有到新闻现场才可能做出更好的报道。

---

① 彭兰."大数据"时代:新闻业面临的新震荡[J].编辑之友,2013(1).

行业专家是一批掌握更多专业信息的人士，过去这些人主要产生于各个专业领域以内，如经济分析师，他们是对财经动向和市场预测进行专业分析的拥有相关学识背景的人士，他们是大数据时代之前的掌握更多相关信息并进行分析评判的人士。但是随着大数据的开发，如彭博通讯社通过对财经新闻信息的采集与分析，能够相对准确地预测行业发展前景，提醒市场的风险和资金的走向，这些信息将比专业人士的分析更加准确。西方社会在此方面有很多成功的案例，亚马逊用计算机系统推荐代替专家就是很好的一例，由系统推荐的书的销量比起专家团队要高100倍，亚马逊因此解散了此前为其竞争优势的专业书评家和编辑团队。

但是，数据科学家 Sebastian Wernicke[①] 用 Amazon、Google 和 Netflix 的案例说明了仅靠数据做决策并不是最好的方法，数据中产生的洞见更适用于将事物拆分，用以达成对事物最清晰的理解，然而在重新提出创意决策时，尽管数据分析所显现出来的方案可能是比较可靠的方案，但不一定是最佳方案，真正将诸多信息进行有机重组的是人的大脑机制，是人的经验以及人的直觉，是传统科学思维范畴以外的认识方式，这是到目前为止人工智能还无法达成且可能永远也不会达成的。但是，这正是中国思维里重视流动性、直觉以及在阴阳相生的智慧里所流传下来的启发。

从中国社会的发展历程来看，中国社会直接从农业时期的"部落式"社会急促过渡，专业化分工的工业时期并没有得到充分发展，当前又进入信息时代的后工业社会与工业社会相交杂的时期，因此发展中的专业化问题始终存在。大数据为我们解决专业化问题提供了更多样的方法，即在发展专业化的同时，充分利用数据科学带来的分析预测优势，以弥补直觉方法不稳定的缺憾。

---

① WERNICKE S. TED speech: how to use data to make a hit TV show[EB/OL]. (2015-06-20) [2016-03-16]. http://www.ted.com/talks/sebastian_wernicke_how_to_use_data_to_make_a_hit_tv_show.

(二)"关联思维"的动态特征带来不稳定因素

新媒体"同步共鸣性质的文化环境"给社会带来转变。中国文化从对现实世界的部落感知模式进入电子时代的整体感知模式,麦克卢汉所谓的"同步共鸣性质的文化环境",使得当代中国在感知方式上通过新兴媒介接通了传统中国智慧。在网状社会结构和交往模式里,大数据时代的相关思维和中国式"关联思维"的相通在方法论上具有指导意义。但它们在科学研究中有可能出现不稳定的问题。稳定性构架是孕育理性的基础,对于人类社会的组织来说,缺乏理性将可能导致难以想象的灾难性的后果。

西方社会长期经受印刷文化的浸染,理性主导了社会思维模式,因此网络时代的"重新部落化"已经与第一阶段的"部落化"不同,它带有深刻的理性的特质,"是一个将部落时代建筑在印刷时代之上的独特复合体。这个时代聚集了部落人的完整直观和文明人的理性,是一个拥有自觉和整体感的时代"①。因此,我们有理由对西方社会的大数据和全球村带来的"重新部落化"社会可能的平衡抱谨慎乐观态度。

然而,在中国式"关联思维"主导的新媒介社会环境里,新的难题开始出现。"关联思维"的滑动性与灵活性用在艺术文化等生活世界里能产生无限的创造力,但是如果用于其他的社会系统,则可能导致出现一些问题。问题之一就是,由于深度参与和卷入大数据全球村的"整体场",个人身份将可能丢失,隐私问题也受到严重威胁。很多利益化的操作会危及大数据的制度基础,引起媒体使用者对于参与网络行为的信任方面的问题,从而带来数据偏误。

全球村时代世界呈现为"整体场"的状态,要警惕哈贝马斯提出的"生

---

① 王文娟.探讨电子媒体时代的"部落化"[J].东南传播,2010(7).

活世界殖民化"的危险。① 基于金钱与权力的"系统"正在对包含文化、社会、个性的"生活世界"产生深刻的影响,互联网上的交往行为复杂,在媒介上产生行为的既包括政治和经济两个"子系统",也包括"公共空间"上的私人领域,如何实现两者的平衡,需要探索有效的解决方案。如哈贝马斯提出的充分发展道德意识,即以自觉的、普遍利他的伦理原则来建立符合普遍性原则的"交往关系",为大数据可能带来的诸多伦理和制度问题提供了解决思路。

第二节 《易经》与大数据:
对两个预测系统思维与算法的对比研究②

从口语传播时代到电子媒介传播时代,人类经历了三千年的"内爆"时期,人类的感官与神经系统不断延伸,最终拥抱全球,从机械时代过渡到电子时代,人类渴望的是一种"整体把握、移情作用和深度意识"③,是一种渴望通过感知进而改变世界的力量。在遥远的古代,中国的《易经》以占卜的方式预知未来世界,成为人类预测未知世界的媒介。在电子媒介延伸人类意识的全球村时代,大数据成为人类预测未知世界的媒介。《易经》和大数据都是借助当时最为先进的媒介手段发展出来的人类事物的预测体系,延伸人类的感知系统和中枢神经系统,前者是人类通过自身的感知系统抽象出来的运用占卜的方式预知世界的方法,后者以电子媒介时代的全球村为基础,借助大数据挖掘分析技术,通过计算机的模式识别方式预测世界。这两种媒介,一个来自遥远的口语传播与书写文字传

---

① 哈贝马斯.沟通行动理论:第1卷[M].重庆:重庆出版社,1994.
② 本节内容由董杉和余志为合作完成。董杉:青年影评人、编剧。
③ 麦克卢汉.理解媒介——论人的延伸[M].何道宽,译.北京:商务印书馆,2000.

播交替时代,一个来自电子媒介时代,看似非常遥远,但在本质上二者都是人类在探索世界的过程中渴望认识世界而发明的感知预测系统。

本节内容以麦克卢汉整体感知系统为方法论,探讨《易经》的预测方式与同样以整体感知为基础的大数据的预测方式之间的共通点和差异,并进一步推出将《易经》预测方法及原理应用到大数据方法的可行性。

《易经》在模式和形态上具有高度的统一性和抽象性,但是它却未能做到对各类事物性质的特殊化分类,无法赋予事物具体化的展示。而大数据虽然在内容上具有精确性,但多样的数据形式和外在的庞杂性却导致其出现杂乱的现状。如果这两者之间可以互相取长补短、彼此启发,就能弥补各自的不足,杨中淮在《论计算机和易经的法则》[①]一文中,论述了计算机法则应用于《易经》的可行性,本节内容采取相反的路径,主要以麦克卢汉的媒介变革人类整体感知系统论为理论立足点,研究中国古代《易经》思想对电子时代大数据算法的启发。

一、两套感知预测体系

(一)中国古代思想的代表——《易经》

《易经》的预测系统得益于其成书时代人类正处在感官神经系统触觉的"极限"阶段,这种"极限"阶段的感官十分强大。这就是麦克卢汉所说的部落时代的媒介感知特点,它是一个"全知全能"的天衣无缝的社会,"官能是深刻而强烈的"[②],人类自身的感官力量可以得到无限延伸。

《易经》是中国人思想观念的源头,是中国人感知方式的典型体现。《易经》的原理虽然无法完全被现代科学所证实,但是它的阴阳相生以及

---

① 杨中淮.论计算机和易经的法则[J].周易研究,1998(1):40-57.
② 麦克卢汉,秦格龙.麦克卢汉精粹[M].何道宽,译.南京:南京大学出版社,2000.

变通等思想影响了数千年来中国人的哲学、美学、人生等观念。"易道广大,无所不包,旁及天文、地理、乐律、兵法、韵学、算术……皆可援易以为说。"①《易经》中的原理看似粗糙却萌发了最初的科学的种子。在当代社会,《易经》的当代价值日益突显,随着这一中华文化成果在全球的传播,全世界范围内的研究人员对其具有的预测效力和所蕴含的哲学理念及其影响的研究兴趣日增,影响了现代科学的发展,几乎涉及现代科学一切领域。②

在分析东方文化时麦克卢汉认为,通过东方思维我们可以更好地理解电子媒介对人类整体感知的延伸。在《理解媒介——论人的延伸》一书中,麦克卢汉表示,他的整本书中贯穿的是一种"太和之境"一般的信仰,中国古代思想贯穿其思维与文字之中,他强调媒介的能动性,强调芸芸众生的"存在和个性",摆脱机械时代,宣示了人类自身个性的观点,与中国古代"万物有灵"的思维相对应。《易经》产生于口语传播与书写文字传播交替的时代,中国象形文字媒介特点显示并塑造了中国人感知的思维方式。在麦克卢汉看来,当时的中国是自文字产生以来少数可以摆脱"决然分割""平行发展""粗暴无情"的社会,皆因诸如"埃及的象形文字和中国的会意汉字之类的文字能将其意义和知觉固定下来",中国会意汉字即象形文字的"意义和知觉"反映的是"给口语的意义赋予图形的表现""被用

---

① 叶永在. 论八卦图的现代科学意义[J]. 周易研究,1993(4):58-63.
② 德国数学家莱布尼兹公开发表声明二进制的发明是得益于《易经》阴阳说的启示;丹麦的物理学家内耳斯·波尔发现了阴阳学说和物理学之间的平行关系,并通过《易经》的启发创建了"并协原理";"物理学家弗·卡普拉在他的《物理学之道》一书中指出并解释说现代物理学和《易经》最重要的共同特征是变化和变革。"数学家发现《易经》的卦象解析原理与模糊数学的模糊集合原理一致;医学家还惊奇地发现《易经》的六十四卦与人体遗传基因密码的准确对应,"由《易经》推出的遗传密码表不仅整体上表现出一种十分严整的顺序,从 0→15 和 16→31 氨基酸的排列(Phe Leu Val Ile Ser Pro Ala Thr Cys Arg Gly Ser Tyr His Asp Asn)具有严格的周期性,从 32→47 和 48→63 还有原密码表的缺陷,对于高等生物密码变异情况,全都可以给出解释"。它不仅具有占卜功能,更与现代科学、医学、物理学、数学等息息相关。

于储存人的经验,便于提取人的经验"①的会意文字社会特有现象。西方的拼音文字不具有固定口语时代事物"意义和知觉"的特征,而中国的会意汉字却以其"包容一切的知觉"在书面文字时代到来之时避免了被分裂和切割,仍然"包容宽泛的知觉",这种强大的感知方式是中国古代文明得以辉煌灿烂的前提条件。而西方社会在历经了被分裂和肢解之后,随着电子媒介时代的到来,也迎来了全球村时代整体感知和重新部落化的回归。

(二)电子媒介时代的预测体系——大数据

随着大数据时代的到来,我们摆脱了小数据时代抽样调查式的检测方式。数据以数字、文字、图片、视频、音乐、电子邮件等结构和非结构数据形式一起出现,海量的数据足以呈现它的隐含意义,而不是利用小数据时代的因果关系去推断结果。数据摆脱了静止的状态,成为一股能动的力量,人们不必去追问原因,只要利用数据的相关关系知道是什么和非为什么即可做出预测,数据本身成了发声者,变革着社会的各个领域。

计算机成为人类肢体和中枢神经系统的延伸,在它产生之初我们把它理解为一种运算工具,经历了电子时代的冲击后,计算机本身变成了一个"万物场",它比之前的人类拥有更高级的信息承载系统,它不再以某一个个体为单位承载信息,它是整个人类社会的信息和密码的承载工具,当它与数学等其他学科的方法相结合时,便产生了更为先进的、严谨的、精确的感知预测方式——大数据,一套新的人类行为模式和社会发展变化的预测系统。

---

① 麦克卢汉.理解媒介——论人的延伸[M].北京:商务印书馆,2000.

二、两套预测方法的相通特征

从《易经》到大数据时代,人类的感知系统与时代衍生的"整体场"在不断变化,辉煌的《易经》时代堪比"金矿"和"石油"的大数据时代,都是通过"技术的延伸来反映人的轮廓"。下面我们通过麦克卢汉的整体感知理论来对照考察口语与书写文字交替传播时代《易经》的预测方式和大数据的预测系统,以期找到二者的契合点,从而论证《易经》系统的内在模式如何能够启发大数据算法演化发展的思路。

(一)对于数据信息"量"的要求

《易经》与大数据的第一个契合点表现在对于数据"量"的要求,这个"量"不是抽样,而是所有数据,此处的所有数据,指人类可以收集到的所有数据。《易经》中的所有数据指的是卦义的分析需要综合的信息,包括天、地、人和前后左右上下的、全方位的、无所不包的外部信息,以及人自身的生辰八字、问卦时辰等,结合了阴阳五行和天干地支,是十分全面的信息,是口语传播与书写文字交替传播时代人类所能触及的最全方位的信息"数据"。这些"数据"被《易经》思想中的阴阳符号所转换,排列组合后形成64种卦象。

大数据时代的兴起,是由于全球村时代的到来,全球信息数据库实现了一体化。科技的发展催生了更高级形式的传感器和分析方式,以计算机技术为基础,它提倡万物皆可数据化,以计算机二进制的方式"量化一切",把包括文字、图片、信息、检索词条、视频、音频等在内的一切结构化、非结构化的数字转换成计算机"0"和"1"的二进制语言。抽样调查的小数据模式已经无法满足人们对精确度的高要求,样本的随机性并不能保证样本类型的均衡。而"大数据"以其数量的巨大优势,弥补了小数据的数据不足和不均。

(二)数据或信息的可重复利用

《易经》与大数据的第二个契合点表现为数据的可重复利用,即一组数据的价值不在于对某一事件的预测,而在于对多个事件的预测和反复利用。利用《易经》进行占卜的方式多种多样,如数字卦、大衍之法、六爻法。以六爻法为例,选三枚铜钱握于手掌,抛掷铜钱六次成卦,配合本卦和变卦的解析,再查阅《易经》中的爻辞,以"咸卦"为例,《周易》第31卦,卦辞为,"哼,利贞。取女,吉"。下卦为艮,上卦为兑,艮为山,兑为泽,山上有泽,泽气环山,相交感应。此卦卜运势:吉,但应注意切勿贪婪。问家运:水泽润山,阴阳和谐,融洽。还可问疾病、胎孕、问买卖、问外出、问开业等。从此卦卦义和卦象可判断当下求卦人各方面的运势和未来前景。《易经》的预测是人或事整体"场"的呈现,根据五行相感的原理,占卜不同的事有不同的结果呈现。

数据在不同的时间点产生不同的价值,因而具有流动性,"数据流"的概念便由此而产生。被利用和分析过的"数据"被当作史料一样保存下来,数据的价值不可估量,短暂的利用只是提取了"冰山一角"。经过计算机处理后的数据,如搜索 Google 的检索记录数据,可以预测出市民近期的商品需求、流行元素需求、疾病趋势、即将上映电影的票房、人们对领导者的信赖度等。这些数据不会过时,它们存在着隐藏的能量,例如 19 世纪、20 世纪的数据,会帮助现在的数据分析师预测未来事件的发生,这些数据在不同的时间点会产生不一样的意义,焕发出新的生机,等待更多的研究来唤醒它们的价值。

(三)以聚类的方式提取和分析信息

大数据与《易经》的第三个契合点是都利用聚类的方式提取和分析数

据。"聚类是依据事物的某些属性将其聚集成类,使类内相似性尽量大,类间的相似性尽量小,是一种无监督的模式识别问题。"①大数据算法中的聚类算法被广泛应用,根据相关研究,现有聚类算法大致可以分为两大类:一类是从簇整体出发进行聚类,另一类是从对象个体出发进行聚类。从簇整体出发的聚类是指首先假定存在若干簇,并假定簇的数据模型,在计算簇的中心或选定代表点为簇中心后,根据对象与簇中心的某种距离度量将对象分配给相应的簇,反复迭代,最终实现聚类。② 在已有的对聚类与《易经》的对应分析文献中,《模糊聚类识别分析应用于〈易经〉六十四卦研究初探》③一文研究了利用模糊聚类识别《易经》六十四卦的方式进行计算分析,作者得出结论:"模糊聚类识别分析应用于《易经》六十四卦研究是可行的,展现了应用计算机研究《易经》中各卦爻间模糊关系的可喜前景。"它表明两者在使用聚类方式上确实存在沟通的基础。

(四)信息的输入和建构方式相似

在大数据时代,人类以更加高效的方式提取信息,数据收集依托于人在网络节点上产生的心智信息。自从古登堡印刷术发明以来,西方社会经历了劳动分工的非部落化时代,媒介延伸和放大了人体的单个感知,如印刷书本偏重人的视觉。麦克卢汉预言电子时代人类将回归全知全能,将恢复人类在工业化和印刷书本媒介中失落的整体感知。这是更高层次的部落化。大数据时代,所有数据提取和收集的方式都通过计算机来实现,计算机的基本单位"1"和"0"是组成新兴网络社交媒体、云计算环境的基础代码。

---

① 王宝文,闫俊梅,刘文远,石岩. 基于分治法的高维大数据集模糊聚类算法[J]. 计算机工程,2007(24).
② 应德全,应晓敏,叶继华. 一种基于图论的聚类算法 NeiMu[J]. 计算机工程与应用,2009(3).
③ 6化城居士. 模糊聚类识别分析应用于《易经》六十四卦研究初探[EB/OL]. (2011-12-22)[2016-03-02]. https://wenku.baidu.com/view/6678d590dd88d0d233d46a9d.html.

诞生于部落时代的《易经》提取信息的基础感知方式是由人类自身肢体创造出的阴-阳符号。"重新部落化"社会的大数据是对人类中枢神经系统的延伸,它以"1""0"为基础符号提取信息。《易经》与大数据都是以最基础的两个符号为输入方式的,《易经》在基础上形成八卦和六十四卦,组成世界万物;计算机在基础上构成网络"云"环境的高级感知提取方式,两者的输入方式是相通和相似的。

(五)思维方式的相似性

《易经》思维与大数据在思维方式上有相似点,表现在利用相关关系推算预测的结果。

《易经》强调整体感知,提取人类利用自身肢体所能提取的包括天地、前后左右、多维度在内的全部数据。它通过人类自身与天地时运结合,与外部特征等间接相关关系推理判断未来运势,通过综合时辰、卦象、时运等多种信息进行最后的判断。它提取的数据的种类多种多样,不求具体结果,只求数据的存在性,它对运势的判断不是一个准确的结果,而是一个趋势。

在大数据时代,互联网技术和新兴网络社交媒体得到广泛传播和应用,云计算兴起,致使数据的整体性提取、运算成为现实。利用大数据进行判断和预测,根据的不是因果关系,而是根据数据与数据之间的相关关系。数据的不精确性表现为数据的多样化和对数据的要求不再是精确化,而是尽量追求"量"的可观性,以期通过相关关系创造更有效的结果。

五、易理对大数据算法的启发思路探析

上文中论述了《易经》与大数据的契合点,计算机的输入方式与《易经》的"阴""阳"原理一致,且大数据算法中的模糊聚类识别方式应用到

《易经》六十四卦是可行的,下面我们根据《易经》中的易理部分,分析其内在模式如何能够启发大数据算法演化发展的思路。

(一)阴阳说推断数轴阴阳论

阴阳之道是周易的道义之根,处世之基,阴阳之道对于后代的影响是极其深远的。《易经·系辞》曰:"一阴一阳之谓道。"《易经》认为阴与阳共同组成了人类的物质世界,现代科学对于阴阳理论也有证实,物质世界的两种存在——波色子和费米子与"阴""阳"相对,阴是基础对应波色子,是构成物质世界的基本粒子;阳是形式对应费米子,起传递的作用。"阴"和"阳"既是两个相互对立的面,又是同一事物中相互对立的两个方面,阴和阳相互影响、相互对立、相辅相生。"一物必然有另一物与它相感应,正面必与反面相依存。"①

《易经》认为,任何事物都有"阴"性与"阳"性之分,老子也有与《易经》"阴—阳"思想相近的表述,归结为:"道生一,一生二,二生三,三生万物,万物负阴而抱阳,冲气以为和。"其中"一"为万物未开之时的混沌世界,"二"即为"阴"与"阳"。万事万物都有阴阳之分,例如,男为阳,女为阴;太阳为阳,月亮为阴;水为阳,山为阴;正电为阳,负电为阴等。阴阳之分不仅局限于事物之中,对于数的阴阳属性也有区分。晋代王嘉《拾遗记》中有记载:"禹铸九鼎,五者以应阳法,四者以象阴数。使工师以雌金为阴鼎,以雄金为阳鼎。"其中,依据卦爻的爻位判定,一卦六爻,初、三、五为阳爻,故奇数为阳,二、四、上为阴爻,故偶数为阴。《易经》中又以"九"代表老阳,"六"代表老阴,少阳为七,少阴为八。在《易经》中阴阳对立,互相区别,那么我们由此可以推断数有阴阳之分,0 是中间量,且阴阳处于一个对立面,此处以正数和负数的互相牵制来表示"阴""阳"之分(见图 7-1)。

---

① 张忠,高道才.周易:感应思想初探[J].青岛农业大学学报(社会科学版),2007(2).

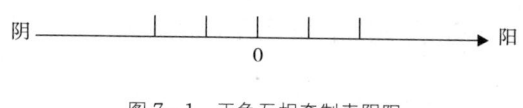

图 7-1 正负互相牵制表阴阳

(二)八卦图的形成对大数据算法图的启示

CFF 大数据专家委员会官方发布的《2013 年中国大数据发展白皮书与 2014 年大数据发展趋势预测》显示,大数据可视化成为热点问题,专家委员会认为数据可视化已经成为大数据预测的发展趋势。法国统计学家杰克·伯廷认为,"图形是解决逻辑问题的视觉方法""数据可视化的技术可以通过图像在逻辑思维的基础上进一步激发人的形象思维和空间想象能力,吸引、帮助用户洞察数据之间隐藏的关系和规律"。[①] 统计学教授弗朗西斯·安斯科姆提出了"安斯科姆四重奏",他通过 4 组数据的对比和实验,得出"图形是解决逻辑问题更为直接有效的方法"[②]。生理医学也证明了"人类的神经系统天生就对图像化的信息最为敏感。通过图像,信息的表达和传递将更加直观、快捷、有效"。

《易经》有象、理、数三大特点。"象"为《易经》成书之根本,因为《易经》的成书是通过"观象"来"取意"的,《易经》中的卦辞信息也确实可以通过解"象"来绘"意"。《易·系辞》曰:"古者包牺氏(伏羲氏)王天下也,仰者观象于天,俯者观法于地,观鸟兽之文,与地之宜,近取诸身,远取诸物,于是始作八卦,以通神明之德、以类万物之情。"

《易经》思想浓缩抽象而成的八卦图一直被后人推崇为"神秘图谱"。八卦图有着高度的模糊性、概括性,它形象地绘出了万事万物相生相依的终极规律。八卦图的原理依据是古老的河图、洛书。河图、洛书把客观规

[①②] 涂子沛.大数据[M].桂林:广西师范大学出版社,2012.

律和内在结构附身于龙马、龟身,揭示一事一物的内在结构和客观规律,其形式虽然看似无凭证,但抛弃形式只看内容,其中所蕴含的原理可被持续应用,图中实心圆点代表"阴",为地;空心圆点代表"阳",为天。

对比大数据时代的人类身体效果图(见图7-2),人类的身体中排满了密密麻麻的二进制代码"1"和"0",这是电子信息时代人类以自己本体为传感器所传递的信息图,而图7-3中的龙马形象的河图则是远古时代人类根据时令节气、五行、阴阳、天地之象揣摩得出的图像,其中的自然规律和数学计算深不可测,其形状内容被中国古人称为纵横术,国外称之为魔方、幻方,以阴和阳为基础衍生了天地之数,包括1、2、3、4、5、6、7、8、9、10这十个基础数字以及万物生存之数、五行之数、天干交合之数、六音纳甲之数、大衍之数。① 河图正是以"阴"和"阳"两种符号蕴含了精确的运算和天地之象,图像本身的"简"与其所承载的"繁"形成鲜明对比,这种可视化的呈现正是大数据时代所要追求的运算方式——至简至繁。河图、洛书是人类在最初阶段进行思考和总结后得出的二进制密码结论图。

图7-2 人体信息可实现数据化和符号化的表达

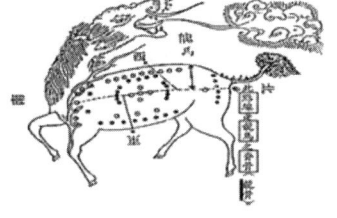

图7-3 中国古代龙马形象的河图

太极八卦图是《易经》思想的精髓,"太"意为"大","极"意为"极限"。何为"极限",唐颖达的《周易正义》说:"太极谓天地未分之前,元气混而为

---

① 大衍之数50即五行乘土之成数10,同时也是天地之数的用数。天地之数55,减去小衍之数5得大衍之数50,其中小衍为天地之体数,大衍为天地之用数。所谓"大衍之数50,其用49",就是用大衍之数预测的占筮之法:以一为体,四十九为用,故其用四十又九(引自《周易·系辞》)。

一。"在太极八卦图中的极限指一种"气",也可以理解为一个"场","大场"与"大数据"进行对比,两者意义十分相近。电子媒介制造了一个"整体场"效应,它无法再以过去的线性思维方式去分析,而只能求助于"模式识别",人类将通过这种新的认识工具反观自己身处于其中的"大场"。数据并不仅仅存在于计算机和纸页上,科学家们正在将一切非数据结构化的数据实行数据化,以达到量化一切的目标。这些数据信息将与存在于我们周围的"场"一样,无时无刻不围绕在我们身边,只是二者的基础代码形式和感知中介不同。

(三)《易经》及八卦图对大数据算法的启示

以麦克卢汉整体感知场理论为方法论,对部落时代中国古代《易经》与重新部落化的电子时代的大数据进行分析和对接后,我们认为,《易经》思维对于大数据算法的发展是有借鉴作用的。下面我们试着用"象",即图式算法来说明预测结果。通过以上对河书、洛图、太极图的论述,我们认为:假设大数据的预测动态图为一个圆,一个人、一件事情、一个物体、整个世界是一个"场"的呈现,人与事、物的场包含在一个无法确认的"极限"的统一"场"域里,而"场"的流动由天地万物瞬息变幻所决定,即事物的动态性,如果应用到大数据的预测中,则可把这个"场"理解为一个预测对象所拥有的信息资源的整体。

结合大数据经典算法中的聚类算法,把《易经》中的"场"域理论与聚类算法中的"簇"对应起来我们可以发现,每一个"场"的信息承载都是一个或多个"簇"的聚类集合,我们把大数据算法图假设为一个圆形结构,而在这之前许多利用大数据的预测图也呈圆形结构。例如,人类用DNA数据来判断人类病因的预测图也呈同心圆结构。在《基于分治法的高维大数据集模糊聚类算法》一文中,作者论述了图式聚类算法中二维聚类图形应用的可行性,"将高维样本的差异性转化为二维样本的差异性,实现高维样本向二维样本的映射"[1]。本书推断的大数据算法图也将应用二维图式。

《易经》认为,"六十四卦的每一卦都是由阴阳两爻的错综交织与流转变化而形成的,代表阴阳两大势力不同的排列组合所形成的具体形式,象征自然和社会不同的状况及势力的消长,这是一个动态的过程"[2]。因而《易经》中所谓的"时"是总揽一卦之大意义,表示此动态过程的一个特定的发展中的一个相对稳定阶段,因此是一个动态图。

人类事物的发展受多个相关因素的制约,我们把这些因素共同容纳进一个圆形结构中,而圆形结构中应该又有牵制这些圆的子圆,这些子圆在正常情况下是圆形,大圆在正常情况下也是圆形,所以大圆和子圆中应该有多条由正负数轴组成的数轴,"在易学看来,世间的诸多问题皆可归结为阴阳失调,就人自身而言,只知进不知退的阳盛阴衰者,其身体终将受损,心理亦会因长期紧张和焦虑而出现问题"[3]。当这个数轴的阴阳属性不和谐时就会出现变化,我们应该假设一个数值来认定,当圆中正负数轴超过这个数值范围的时候就会出现预期以外的事情,我们暂且把这个数值假设为0,图7-4是一个圆,数轴上有1、2、3、4和-1、-2、-3、-4几个数字,说明这个圆是无问题的,是阴阳协调相合的状态。但是图7-5中,正数轴上有1、2、3、4和-1、-2、-3这几个数,它们是不对称的,所以它们就无法形成一个圆,就会出现阴阳不协调,造成一定的变化,每个子圆都应该由N个数轴组成,相互牵制。数轴的此消彼长会让圆的图像产生变化,当然,如果牵扯正负数轴的两个方向有一方完全消失,应该另作定论,因为阴极成阳,阳极成阴。

---

[1] 王宝文,等. 基于分治法的高维大数据集模糊聚类算法[J]. 计算机工程,2007(24).
[2] 余敦康. 周易现代解读[M]. 北京:华夏出版社,2006.
[3] 杨淑兰. 以易经哲学为基础的咨商模式[M]//陈丽云,等. 华人文化与心理辅导. 北京:民族出版社,2002.

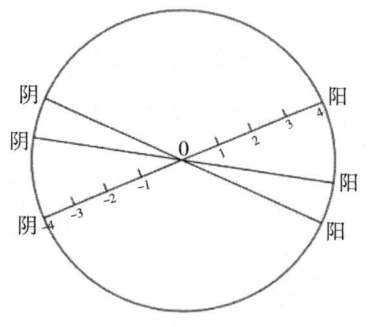
图 7-4 阴阳协调相和

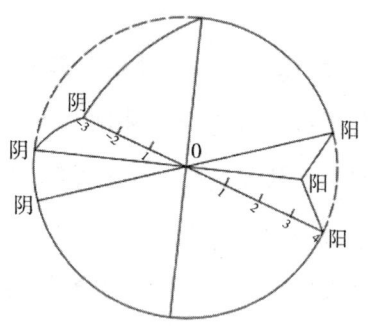
图 7-5 阴阳失调状态

　　《易经》诞生于口语与书写文字交替传播的时代,而大数据预测方式通过电子计算机和互联网才再次兴起。但是二者作为预测系统,存在五个共同特征:第一,都要求巨大的数据量,大到几乎世间万物无所不包;第二,数据或信息都可重复利用,数据并非一次效用,而是在不同的时间点上产生不同的作用;第三,都以聚类的方式提取、分析数据;第四,数据的输入、建构方式相似;第五,思维方式相似,即注重事物之间相关关系的关联思维而非因果思维。

　　结合《易经》的阴-阳说、"太极""模糊"理论和大数据经典算法中的聚类算法,我们推断出,阴阳数有阴阳之分,0是中间量。阴阳处于对立面,在数轴上以正数和负数的互相牵制来表示"阴""阳"之分。我们设想了以圆形图式为整体场的大数据算法理论简图,以至简的图像呈现至繁的万物发展规律,以"阴"和"阳"两种符号为基础发展出精确的运算来把握天地万象。我们认为,《易经》思维和方法对大数据算法的优化处理是有参考价值的,我们将大数据算法图式也假定为一个圆,圆中的各个子圆力量相互牵制,数轴的此消彼长会让圆的图像产生变化。当假定一个数值为计算坐标,圆中正负数轴超过这个数值范围的时候就会出现预期以外的事情,从而帮助提升对这些事情的预警。

结　语

从"媒介即讯息"将媒介提到人们的意识视域开始,"全球村"的预言也正在或在部分地或在某些意义上成为现实。如今我们可以看到的是,从麦克卢汉的"媒介形塑我们"到科文斯通的"一切都是媒介化的"和詹金斯的"媒介及文化融合",电子媒介生态丛林的发展的确正在深深地影响着社会结构和人们对世界的感知方式。

麦克卢汉用他喜欢的隐喻手法提醒人们,电子技术正在重塑人类的行为方式和与世界的沟通模式。同时,麦克卢汉对历史的判断基于对柏拉图以前的口头文化世界的怀念,基于古登堡印刷技术的文化心理效应的切身体验和研究,也基于20世纪上半期由于广播和电视的大众化而刚刚萌发的新兴电子技术对政治、经济和社会控制的巨大能量释放的震惊,对于后来对他的媒介理论历史坐标和人类"控制"的批评,他早在《理解媒介——论人的延伸》这本书上就提出,"即使把世间的一切保守力量加在一起,也不能对新型电子媒介在生态学上的所向披靡的力量构成一种象征性的抗拒"[①]。人类对技术的发展规模与速度无从抛弃与抗拒,那么是否就意味着哀叹与"被控制"呢? 要从"被控制"反转到"控制",重点就是媒介形式与内容争议的消除,这就是"媒介即信息"中的媒介"语法""形

---

① 麦克卢汉.理解媒介——论人的延伸[M].何道宽,译.北京:商务印书馆,2000.

式"和"秩序"的深刻含义。它是启动可能"控制"媒介的密码。那么转变中的媒介"语法""形式"与"秩序"是什么?融合媒介带来了新的混沌景象,因此更加需要谨慎的态度和历史的眼光。"这是一个规则改变的时代,它不仅考验着我们的智慧和眼光,也考验着我们的胆识和勇气。"①可能更加确切的判断是,我们最需要的不是改变规则而是建立规则。

  一方面,中国文化里的类比关联的随意性和灵活性在一定程度上保持了生活和生命的多层面流动性真实。另一方面,它也带来了另一个社会学和心理学向度上可能的缺失,那就是随命名、逻辑、形式和秩序而来的稳定感。从弗洛伊德对文明的判断来看,秩序是保持文明的必要条件,它带有一定的强制性。如果没有秩序,没有规则,人性中本能欲望强大的破坏力将可能摧毁文明,其中包括创造力的动机。"……每一种文明都必须以对本能的强制和否定为基础;我们甚至看来不能确认,一旦压制终止,人类的多数是否会准备去做那些为获取财富所必需的工作。我认为,人们必须重视如下事实:所有的人都表现出破坏性的,因而是反社会的和反文明的倾向,对绝大多数人而言,这些倾向十分强大,足以决定他们在人类社会中的行为。"②因为人类具有两个基本特征:一是"人并不自发地喜爱工作",二是"劝说他们的观点对他们的激情又不起作用",这两个总的特征是"文明只能通过一定的强制才能维持的原因"③。在此,我们必须非常谨慎地对待这里所谓的"强制",它的效果取决于"意图和被告之间不可避免的差别"④。此处的"强制"非专制,而是一种秩序的创造,一种稳定而又理性的社会结构。它提醒处于社会大结构中的人们不可忽视那座仍然并将永远深藏于海面以下的巨大的潜意识或者"本能"的"冰山"。由于我们对它的无知和不可知,在缺乏理性和系统稳定性的情况下,当它一旦获得不恰当的释放,它给文明带来的破坏力将是无法想象的,我们可

---

① 喻国明.传播的语法革命和传媒竞争力构建[J].青年记者,2007(8).
②③④ 弗洛伊德.论文明[M].徐洋,何桂全,张敦福,译.北京:国际文化出版公司,2007.

以从弗洛伊德对人类的"生本能"与"死本能"之间的斗争的分析,来想象一种没有秩序和结构的社会"系统"将对文明可能产生的巨大威胁。

> ……文明是服务于厄洛斯的过程,它的目的是把单个的人,然后是家族、种族、民族和国家结合成一个大的统一体,人类的统一体。为什么是这样,我们并不知道;这正是厄洛斯的工作(注:《超越快乐原则》)。这种人类的集合是在里比多上相互联结的。仅是需要,共同工作的好处,并不能使他们聚到一起。但是,人类的天生的进攻本能,单个人对全体人和全体人对单个人的敌意,反对这种文明计划。这种进攻本能是派生的,是死亡本能的主要代表;死亡本能是和厄洛斯一起被我们发现的,它与厄洛斯分享对世界的统治。我想现在文明进化的含义对我们不再是晦涩难懂的了。它一定显现了厄洛斯和死亡之间、生命本能和破坏本能之间的斗争,正如它在人类中所起的作用那样。这一斗争是所有生命的最基本内容,因此,文明的进化可以简单地描述为人类为生存的斗争。①

在文明进化的过程中,电子媒体以其技术的"自我意识"带来了社会结构、感知方式和思维方式的转变,转变中的媒介带来的是"无影灯"效应的更理性的社会,抑或是"关系"或"关联"社会带来的牵一发动全身的非理性的冲突和混乱?这有待继续观察。但不可忽视的是,我们需要对社会变革的方向有清晰的把握,对人类自身的转变有清醒的认识。近年来,诸多媒体事件效应表明了一种人们获享普遍权益的可能性,而这种机会很有可能在建构一个更加理性的平衡的社会结构与秩序过程中扮演积极角色,而它的前提就是:媒介的这种"自我意识"能否开放自由地发展。人

---

① 弗洛伊德.论文明[M].徐洋,何桂全,张敦福,译.北京:国际文化出版公司,2007.

们"不能对新型电力媒介在生态学上的所向披靡的力量构成一种象征性的抗拒",这是麦克卢汉对媒介发展的历史必然的论断,也可以用来启发我们对这个问题的思考。在媒介融合初兴之时,我们需要探索新兴媒介语法与秩序并且重视这种意识,这种秩序正在生长演变之中,但及时的观察会帮助我们加深对媒介的认知,从而掌握这一新兴事物的结构并建立一种理性的媒介秩序与法则。

中西文化差异突显了文化的地域性和历史传统,中国和西方文化可以说是两条完全平行的线索,基于此,本书在比较研究中也并非没有看到二者在经济条件上的差距,那是一个非常明显的事实,尤其在与媒介融合相关的技术开发和市场经济的完善程度两个指标上。但是,就目前来看,市场经济正在将我们急速卷入一个城市化、商业化和信息技术的后工业社会,在中国并未经历西方的现代工业历史逻辑的条件下,这种卷入是一个急速调整和变革的过程,我们正处于一个历史交接处,一个横断面,一个社会结构重组的时机。在网状结构和交往模式的切面上,这一联结是隐形的,因为"超链接"时代的"联结"和"群体"的网状结构型社会正应和了文化中"关联"思维的滑动性与灵活性。同时,这里潜藏着理性获得的契机,发现了一种平衡感性与理性的可能性。网状结构不仅具备强大的卷入能力,互联网时代的网状结构还能将人的潜意识和智能透明化,它给具有"调和"色彩的中国形而上文化注入了一种新鲜的元素。"调和"是《易经》的中心意思,"其大意为宇宙间没有绝对的、单的、极端的、不调和的事物;如果有这些东西,也一定是隐而不现的。凡是现出来的东西都是相对、双、中庸、平衡、调和。一切的存在,都是如此"[1]。那么媒介整合的"联结智能"的内涵于中国文化就意味着那些"隐而不现的"东西得以外化。在一个智能分享和民主参与的时代,这"隐而不现的"形象究竟是什

---

[1] 梁漱溟.东西文化及其哲学[M].北京:商务印书馆,1999.

么姿态样貌,由用户主导的"冷媒介"的发展将在其自身的演化进程中带给我们答案。

虽然媒介在不断进化,融合的前景并不清晰,但是融合不代表混沌和紊乱,而代表了一种新的媒介形式和秩序的逐渐建立。这种秩序由用户参与和创造,其核心含义是,媒介形式已经成为内容,成为我们可以感知到的世界,它将我们的潜意识外化并将再次内化为行为和思维模式。同时,在历史的坐标上,作为一种隐喻,"融合"既是媒介和文化在各自文化语境下的融合,同时也在文化的意义上标志着中西方认知方式正在走向对方,寻求一个理性与感性相平衡的支点,而这个支点很有可能就是雅克·巴尔赞意义上的浪漫主义的文化结构:一种"灵与智的结合"的审美和感知倾向。于西方而言,电子媒介的整体感知或是其走向感性平衡的方式;于中国而论,电子媒介或可成为其走向理性平衡的通途。

从媒介史的角度看,互联网的出现并不意味着媒介历史的终点,它只是媒介发展过程中的一个环节,新技术的发展会带来更多新的媒介,人与机器的关系将会进一步得到调整。如果像德克霍夫预言的那样,即将出现量子计算机、人体真的能植入芯片,那么人的身份都将受到来自技术发展的挑战,而且看起来似乎并未出现阻止技术发展的力量。像其他器具和所有相关技术标准那样,媒介技术已经变成不言自明的事实,它是实验室实践和科学发布的社会过程的结果。"一开始在电话的阶段,人们的'自我意识'还很明显,但是,今天,人们使用电话通话是不经任何一秒对电话的思索的。"[1]因此,我们才有必要再次对媒介自身的能力做进一步的考察。

伊尼斯提醒我们,"一种基本媒介对其所在文明的意义是难以评估的,因为评估的手段本身受到媒介的影响。实际上,评估本身似乎是某种

---

[1] STEFIK M. Internet dreams:archetypes,myths and metaphors[M]. Cambridge:MIT Press,1996:15-22.

类型的媒介的特征"。他接着说:"媒介类型一变,评估类型随之而变,因此一种文明理解另一种文明并不容易。"①这里表明的是媒介本身的"自我意识"以及我们把握媒介对人们的影响的困难。尽管如此,麦克卢汉仍然从心理学和哲学的角度对媒介做出了"媒介形塑我们"的论断,将传播研究的被动立场进行了一次颠覆性的反转。在超速度"超链接"的时代,认识媒介融合的内在逻辑仍然需要把握一个基本规则:人人参与。如麦克卢汉在 20 世纪 60 年代所预见到的那样:"大众媒介所显示的,并不是受众的规模,而是人人同时参与的事实。"②如果人人参与的基本权利被取消,媒介融合将不可避免地成为瞬间从"克隆"到"审美疲劳"再到"陈词滥调"的又一次拙劣表演。这也是本书之所以一再讨论理性与秩序的原因。

除了对融合中的媒介的理性认知外,对待技术的态度也需要更多的理性参与。即使在北美这样技术非常发达的地区,甚至有"数字原生代"(Digital Native)、"网生代"(Net Generation)等新概念对使用技术的人群进行界定与划分,人们仍对技术保持一份谨慎的态度,在面对这种不清晰局面时试图保持冷静并做出相对理性的选择。中国的媒介工业本身的潜力并没有得到充分挖掘,规则仍未建立,因而时常显得无序,如:盗版、数据安全、隐私侵犯等问题。如果不经思考便认为媒介融合就是一个乌托邦世界,贸然闯入的结果将可能带来不可估量的损失。由于媒介对人无所不在的影响,媒介本身成了讯息,而不是内容成了讯息。"任何一种媒介的内容或讯息的重要性,实际上和原子弹弹壳上镌刻的文字一样。察觉由媒介诱发的人的延伸的能力,曾经是艺术家的领地,但是现在它已经

---

① 伊尼斯.帝国与传播[M].何道宽,译.北京:中国人民大学出版社,2003.
② 麦克卢汉.理解媒介——论人的延伸[M].何道宽,译.北京:商务印书馆,2000.

拓宽了。因为电力信息的新环境使非艺术家能够获得新的知觉和批判意识。"①媒介技术的演化已经为我们提供了普遍利用媒介的可能性:"碎片化"媒介的透明性和个人参与的相对自由,它的迂回营救电视与大众交互的多种渠道能力,它提供的个体表达需求的释放能力等。

还是那句"回答是变化的,但问题是永恒的"。希腊哲学的永恒价值在于它的开放性追问,而麦克卢汉的研究的意义也正在于对媒介形式的强调和媒介哲学空间的建立,这正是他超越传统传播学派研究和电视研究的开创性所在。而转变中的媒介生态的认知和传媒理性的建立也需要我们提出更多的问题并欢迎更多开放性的讨论。这种理性超脱态度正是一种"美妙的怀疑主义"。让我们以中国哲学家金岳霖的一句话来作为本书最后的收尾:"我们可以把这超脱描述为一种美妙的怀疑主义,在这种怀疑主义里,可以说希腊的明朗渗透进了希伯来的美妙,希伯来的美妙软化了希腊的明朗。有幸接近这种理想的人会妙趣横生,怀疑主义并不使他尖酸刻薄,美妙也不使他冒冒失失地勇往直前。"②于媒介生态转变和人生的态度,或许都该如此。

---

① 麦克卢汉,秦格龙.1969年《花花公子》访谈录:"麦克卢汉——流行崇拜中的高级祭司和媒介形而上学家袒露心扉"[M]//麦克卢汉精粹.何道宽,译.南京:南京大学出版社,2000.
② 胡军.金岳霖选集[M].长春:吉林人民出版社,2005.

参考文献

一、中文参考文献

巴尔赞. 从黎明到衰落：西方文化生活五百年[M]. 林华,译. 北京：世界知识出版社,2002.

巴勒. 传媒[M]. 张迎旋,译. 北京：中国传媒大学出版社,2007.

波兹曼. 娱乐至死[M]. 章艳,译. 桂林：广西师范大学出版社,2004.

蔡骐,彭欢. 亨利·詹金斯：新媒介及粉丝研究[J]. 中国传媒报告,2011(4).

曹慎慎. 2005：中国电视研究十大关键词[J]. 中国电视,2006(2).

陈晓庆. 由播客的兴起解读麦克卢汉媒介理论[J]. 东南传播,2007(2).

德克霍夫. 文化肌肤——真实社会的电子克隆[M]. 汪冰,译. 保定：河北大学出版社,1998.

邓瑜. 媒介融合与表达自由[M]. 北京：中国传媒大学出版社,2011.

范明献. 平民选秀节目热播背后的隐忧[J]. 青年记者,2006(24).

弗洛伊德. 论文明[M]. 徐洋,何桂全,张敦福,译. 北京：国际文化出版公司,2007.

高铮,张乐养. 从"超级女声"的身体演示辨析当前电视音乐节目的变异倾向[J]. 浙江艺术职业学院学报,2005(4).

古玉立. 我国校园 SNS 受众媒介使用的研究[D]. 成都：电子科技大学,2008.

梅琼林. 透明的媒介：论麦克卢汉对媒介本质的现象学直观[J]. 人文杂志,2008(5).

郝大维,安乐哲. 期望中国：中西哲学文化比较[M]. 施忠连,何锡蓉,马迅,李琱,译.

上海:学林出版社,2005.

胡易容.以麦克卢汉为原点:关于媒介本体论的对话[D].成都:四川大学,2006.

黄志斌.冷热媒介传统划分标准误区及概念新探[J].北京印刷学院学报,2006,14(2).

金岳霖,胡军.金岳霖选集[M].长春:吉林人民出版社,2005.

卡茨,彼得斯,利比斯,等.媒介研究经典文本解读[M].常江,译.北京:北京大学出版社,2011.

莱文森.数字麦克卢汉[M].何道宽,译.北京:社会科学文献出版社,2001.

李洁.传播技术建构共同体?——从英尼斯到麦克卢汉[M].广州:暨南大学出版社,2009.

梁漱溟.东西文化及其哲学[M].北京:商务印书馆,2009.

马荣."新媒体"与"超级女声"[J].当代电视,2006(4).

马尔尚.麦克卢汉:媒介及信使[M].何道宽,译.北京:中国人民大学出版社,2003.

麦克卢汉.理解媒介——论人的延伸[M].何道宽,译.北京:商务印书馆,2000.

麦克卢汉,秦格龙.麦克卢汉精粹[M].何道宽,译.南京:南京大学出版社,2000.

麦克卢汉,等.麦克卢汉如是说——理解我[M].何道宽,译.北京:中国人民大学出版社,2006.

孟波.微博是如何颠覆传统传播方式的[J].社会观察,2010(10).

莫梅锋,刘欣."传受合一"传播模式的实证分析[J].新闻界,2007(4).

潘晓军,巫姝婷.从《美国偶像》到《超级女声》看全球化下的文化整合[J].华南理工大学学报(社会科学版),2007(5).

冉俐雯,田陌阡,邓洁,乔菲,曹华招.大学生观众群体在《超级女声》节目参与性调查[J].大学时代,2006(11).

施拉姆,波特.传播学概论[M].陈亮等,译.北京:新华出版社,1984.

童兵.中国新闻传播学研究最新报告(2007)[M].上海:复旦大学出版社,2007.

王菲.媒介大融合——数字新媒体时代下的媒介融合论[M].广州:南方日报出版社,2007.

王广生.中部地区留守农民的媒介使用状况研究[J].新闻爱好者,2008(3).

汪广松.胡适与陈寅恪的口述著作媒介考察[J].学术探索,2006(4).

王嘉颖.试探析国内当下网络自媒体传播模式的后现代主义特征[D].上海:复旦大学,2011.

王明轩.即将消亡的电视:网络化与互动视频时代的到来[M].北京:中国传媒大学出版社,2009.

魏武挥.从麦克卢汉到乔布斯:媒介技术与环境保护[J].新闻记者,2011(11).

翁.口语文化与书面文化:语词的技术化[M].何道宽,译.北京:北京大学出版社,2008.

吴信训.新媒体与传媒经济[M].上海:上海三联书店,2008.

王雅.真人秀与互联网时代的粉丝[D].北京:北京大学,2007.

西伯特,彼得森,施拉姆.传媒的四种理论[M].戴鑫,译.北京:中国人民大学出版社,2008.

刘涛,肖明珊."方韩事件"中的外部链接与长微博现象分析[J].新闻界,2012(6).

谢锐.传媒哲学视野下的麦克卢汉媒介观——兼论我们与世界的传媒性关系[D].兰州:兰州大学,2007.

谢莹晖.微博的偏向——微博的媒介特征新议[J].北京印刷学院学报,2012(1).

薛可,陈晞,梁海.微博vs茶馆:对人际传播的回归与延伸[J].当代传播,2011(6).

杨富波.麦克卢汉媒介理论研究[D].长春:吉林大学,2007.

杨玲.超女粉丝与当代大众文化消费[D].北京:首都师范大学,2009.

姚燕青.由冷热媒介融合引发的硬新闻软化[J].青年记者,2008(14).

依斯特曼,费格斯.媒介内容策划与运营:战略与实践[M].刘涛,何艳,张海华,译.8版.北京:清华大学出版社,2011.

伊尼斯.帝国与传播[M].何道宽,译.北京:中国人民大学出版社,2003.

喻国明.传播的语法革命和传媒竞争力构建[J].青年记者,2007(15).

喻国明.当前中国传媒业发展客观趋势解读[J].现代传播,2004(2).

喻国明.当前中国社会舆情的现状及特征——基于《中国社会舆情年度报告(2012)》蓝皮书的分析性结论[J].新闻与写作,2012(5).

喻国明."关系革命"背景下的媒体角色与功能[J].新闻大学,2012(2).

喻国明.关于传媒影响力的诠释——对传媒产业本质的一种探讨[J].新闻战线,

2003(6).

喻国明.嵌套性:一种关于微博价值本质的探讨(上)[J].新闻与写作,2011(8).

喻国明,欧亚,张佰明,王斌.微博:从嵌套性机制到盈利模式——兼谈Twitter最受欢迎的十大应用[J].青年记者,2010(21).

喻国明.2007年的传媒:向形式产品和延伸产品转型[J].新闻战线,2007(1).

喻国明."互联网发展下半场":关于技术逻辑与操作路线的若干断想[J].教育传媒研究,2017(6).

张滨.媒介向何方延伸——新媒介语境下的媒介发展[J].新闻传播,2011(10).

张洪忠,许航,何艳.超女旋涡的传播模式与传播效果研究——以北京地区大学生调查为例[J].国际新闻界,2006(1).

张立伟.媒介融合:犹如带橡皮的铅笔[J].新闻记者,2010(8).

赵勇.整合与颠覆:大众文化的辩证法[M].北京:北京大学出版社,2005.

赵元珂.媒介融合:传媒领域的革命性变革——以IPTV为例对媒介化社会的理论思考[D].上海:复旦大学,2008.

周笑.中国电视产业的本土化出路——《超级女声》实证研究[J].视听界,2006(1).

二、英文参考文献

BARRETT L F,NIEDENTHAL P M,WINKIELMAN P. Emotion and consciousness[M]. New York:Guilford Press,2005.

BARZUN J. From dawn to decadence:500 years of western cultural life,1500 to the present[M]. New York:Harper Collins,2000.

BELL C E. American idolatry:celebrity,commodity,and reality television[M]. Jefferson:McFarland & Company Publishers,2010.

BELL D. Children and the internet-by Sonia Livingstone[J]. British journal of educational technology,2010,41(1):144.

BLUMBERG F C. When east meets west:media research and practice in US and china[M]. Newcastle:Cambridge Scholars Publishing,2007.

BROOKS B S,MOEN D R. Telling the story:the convergence of print,broadcast and online media [M]. 2nd ed. Boston: Bedford/St. Martin's, 2004.

STEFIK M. Internet dreams: archetypes, myths and metaphors[M]. Cambridge: MIT Press, 1996.

CAREY J W, JOHN W C. Media, myths, and narratives: television and the press[M]. Beverly Hills: Sage Publications, 1988.

ASKWITH I D. Television 2.0: reconceptualizing TV as an engagement medium[J]. Massachusetts institute of technology, 2007(9).

DEBORD G. The society of the spectacle[M]. New York: Zone Books, 1995.

DE KERCKHOVE D. Brainframes: technology, mind and business[M]. Baarn: Bosch and Keuning, 1991.

DE KERCKHOVE D, DEWDNEY C. The skin of culture: investigating the new electronic reality[M]. London: Kogan Page, 1997.

DE KERCKHOVE D, DE ALMEIDA C M. The point of being[M]. United Kingdom: Cambridge Scholars Publisher, 2014.

DE KERCKHOVE D, LUMSDEN C J. The Alphabet and the brain: the lateralization of writing[M]. New York: Springer-Verlag, 1988.

ERICKSON B. The art of Xu Bing: words without meaning, meaning without words [M]. Seattle: University of Washington Press, 2001.

FLEW T. New media: an introduction[M]. 3rd ed. South Melbourne: Oxford University Press, 2008.

FISKE J, HARTLEY J. Reading Television[M]. London: Methuen, 1978.

GELB I J. A study of writing[M]. Chicago: University of Chicago Press, 1963.

GITELMAN L. Always already new: media, history and the data of culture[M]. Cambridge: MIT Press, 2006.

GORDON R, ed. The meanings and implications of convergence[M]//KAVAMOTO K. Digital journalism: emerging media and the changeing horizons of journalism. Lanham: Rowman & Littlefield, 2003.

HABERMAS J. The theory of communicative action[M]. Boston: Beacon Press, 1984.

INNIS H A. The bias of communication[M]. Toronto:University of Toronto Press,1951.

INNIS H A. Empire and communications[M]. Toronto:University of Toronto Press,1972.

HALL D L,AMES R T. Anticipating China :thinking through the narratives of Chinese and western culture[M]. Albany:State University of New York Press,1995.

HARTLEY J. Television truths[M]. Malden:Blackwell,2008.

HAVELOCK E A. Preface toplato[M]. Oxford:Blackwell Publishing,1963.

JENKINS H. The cultural logic of media convergence[J]. International journal of cultural studies,2004,7(1):33-43.

NETTLESHIP H. Essays by the late mark pattison[M]. Cambridge:Cambridge University Press,1889.

HILL A. Reality TV:audiences and popular factual television[J]. Visual studies,2006,21(2):198-200.

HOLMES H K. Coyoteuglyrtm librarian:a participant observer examination of knowledge construction in reality TV[D]. Denton :University of North Texas,2008.

HU J,HSU Y. Effects of China's communication industry policy on domesticcellphone manufacturers[J]. Technology in society,2007,29(4):483-489.

HUNDLEY H L. The digital dilemma:making the most of the digital communication technology and pedagogy[J]. Journal of broadcasting & electronic media,2005,49(1):147-152.

JACKSON L A,ZHAO Y,QIU W,KOLENIC A ,FITZGERALD H E,HAROLD R. Culture,gender and information technology use:a comparison of Chinese and US children[J]. Computers in human behavior,2008,24(6),2817-2829.

JENKINS H. Convergence culture:where old and new media collide[M]. New York:New York University Press,2008.

JAMIESON K H,CAMPBELL K K. The interplay of influence:news, advertising, politics,and the mass media[M]. San Francisco:Wadsworth Publishing Company,1992:224.

LAWSON-BORDERS G. Media organizations and convergence:case studies of media convergence pioneers[J]. Journalism&mass communication,2005(11).

LEVY P. Collective intelligence:mankind's emerging world in cyberspace[M]. Cambridge:Perseus Books,1997.

LIVINGSTONE S. On the mediation of everything:ICA presidential address 2008[J]. Journal of communication,2009,59(1):1-18.

LI Y. How the cell phone became the most important interactive communication medium in today's China[J]. Technology in society,2009,31(1):53-55.

LOTZ A D. What is U. S. television now? [J]. The annals of the American academy of political and social science,2009(625):49-59.

LYONS J K. Media globalization and its effect upon international communities:seeking a communication theory perspective[J]. Global media journal,2005,4(7):0-9.

MANOVICH L. The language of new media[M]. Cambridge:MIT Press,2001.

PRENSKY M. Digital natives,digital immigrants[J]. On the horizon,2001,9(5).

MCANEAR A. Communication and collaboration 2. 0[J]. Learning and leading with technology,2008,36(1):5.

MCLUHAN M,MCLUHAN E,ZINGRONE F ,MYILIBRARY. Essential McLuhan [M]. London:Routledge,1997.

MCLUHAN M. The gutenberg galaxy:the making of typographic man[M]. Toronto: University of Toronto Press,1962.

MCLUHAN M. Understanding media:the extensions of man[M]. Toronto:McGraw-Hill,1965.

MCLUHAN M,MCLUHAN E. Laws of media:the new science[M]. Toronto:University of Toronto Press,1988.

MCLUHAN S,STAINES D. Understanding me:lectures and interviews[M]. Toronto:M&S,2003.

JENKINS H. Convergence culture:where old and new media collide[M]. New York:

New York University Press,2008.

MEIZEL K. America singing:the mediation of identity politics in "American idol"[D]. Santa Barbara :University of California,2007.

FLEISCHMANN K R. The digital sublime:myth,power,and cyberspace[J]. Journal of the American society for information science and technology,2006,57(7):989-990.

NEEDHAM J. Time and eastern man:the henry myers lecture[J]. Royal anthropological institute occasional paper,1964(21).

NOLL A M. The evolution of media [M]. Toronto:Rowman & Littlefield Publishers,2007.

NORVELL G M. A reference dictionary of terms in the published works of Herbert Marshall McLuhan[M]. Ann Arbor:UMI,1995.

OBLINGER D. Boomers,gen-xers,and millennials:understanding the "new students" [J]. Educause review,2003,38(4):37-47.

PAVLIK J,MCINTOSH S,BUCY E P. Convergence,content,and interactivity[M]// Living in the information age:a new media reader. 2nd ed. Belmont:Wadsworth Thompson Learning,2005.

PFAU M. Epistemological and disciplinary intersections[J]. Journal of communication,2008,58(4):597-602.

POOL I D S. Technologies of freedom[M]. Cambridge:Belknap/Harvard University Press,1983.

ROSS S M. Beyond the box:television and the internet[M]. New Jersey:Wiley-Blackwell,2008.

RUSSELL C A,PUTO C P. Rethinking television audience measures:an exploration into the construct of audience connectedness[J]. Marketing letters,1999(10):393-407.

SCHRAMM W L,PORTER W E. Men,women,messages,and media :understanding human communication[M]. 2nd ed. New York:Harper & Row.

SEIB P. Going live:getting the news right in a real-time,online world[M]. Lanham:Rowman & Littlefield,2001:7.

SHLAIN L. Art & physics:parallel visions in space,time,and light[M]. New York:Harper Collins,2004.

SHLAIN L. The alphabet versus the goddess:the conflict between wordand image[J]. Leonardo,2000,33(2):151.

COWELL S. Idon't mean to be rude,but...:backstage gossip from American idol&the secrets that can make you a star[M]. New York:Broadway,2003.

SPIGEL L,OLSSON J (eds.). Television after TV:essays on a medium in transition [M]. Durham:Duke University Press,2004.

STORSUL T, STUEDAHL D. Ambivalence towards convergence:digitalization and media change[M]. Göteborg:Nordicom,2007.

SUROWIECKI J. The wisdom of crowds[M]. New York:Anchor Books,2005.

THORBURN D,JENLINS H,EAWELL B. Rethinking media change:the aesthetics of transition[M]. Cambridge:MIT Press,2003.

TIAN C. Chinese dialectics:from yijing to marxism [M]. Lanham:Lexington Books,2005.

VIRILIOP. Speed and politics:an essay on dromology[M]. New York:Semiotext (e),1986.

BENJAMIN W. One-way street and other writings[M]. London:Verso,1992:250.

WANG J. Youth culture,music,and cell phone branding in China[J]. Global media and communication,2005,1(2):185-201.

WATSON R. The Toronto school of communication theory:interpretations, extensions,applications[M]. Toronto:University of Toronto Press,2007.

WEINBERGER D. Everything is miscellaneous :the power of the new digital disorder [M]. New York:Times Books,2007.

WILLIAMS R. Television:technology and cultural form[M]. New York:Schocken Books,1975.

WIRTZ B W. Convergence processes, value constellations and integration strategies in the multimedia business[J]. International journal of media management,1999,1(1):14-22.

Wu W H, WANG X Y. Cultural performance and the ethnography of ku in China[J]. Positions east asia cultures critique,2008,16(2):409-433.

图书在版编目(CIP)数据

转变中的媒介生态与认知/余志为著. -- 北京:中国传媒大学出版社,2019.12
ISBN 978-7-5657-2646-0

Ⅰ. ①转… Ⅱ. ①余… Ⅲ. ①传播媒介—研究 Ⅳ. ①G206.2

中国版本图书馆 CIP 数据核字(2019)第 272767 号

转变中的媒介生态与认知
ZHUANBIANZHONG DE MEIJIE SHENGTAI YU RENZHI

著 者	余志为
策划编辑	蒋 倩
责任编辑	蒋 倩
封面设计	拓美设计
责任印制	李志鹏
出版发行	中国传媒大学出版社
社 址	北京市朝阳区定福庄东街 1 号 邮编:100024
电 话	86 - 10 - 65450528　65450532　传真:65779405
网 址	http://cucp.cuc.edu.cn
经 销	全国新华书店
印 刷	北京玺诚印务有限公司
开 本	710mm × 1000mm　1/16
印 张	14.5
字 数	200 千字
版 次	2019 年 12 月第 1 版
印 次	2019 年 12 月第 1 次印刷
书 号	ISBN 978-7-5657-2646-0/G · 2646　　定 价 68.00 元

版权所有　　翻印必究　　印装错误　　负责调换